日本語教師のための 実践・読解指導

石黒圭 [編著]

今村和宏, 烏日哲, 王麗莉, 木谷直之, 熊田道子, 胡方方, 佐藤智照, 朱桂栄, 鈴木美加, 砂川有里子, 大工原勇人, 野田尚史, 藤原未雪, ポクロフスカ オーリガ, 蒙韞, 築島史恵, 楊秀娥, Dang Thai Quynh Chi, Nguyen Thi Thanh Thuy [著]

くろしお出版

CONTENTS
目　次

■ 序　章　読解教育を考える　4

第１部 | 個別指導編　11

第１章　誤読の読解指導：誤読の仕組みとそれを減らすためのサポート　12

Q1：「誤読」とは何でしょうか。

Q2：学習者はどうして誤読をしてしまうのでしょうか。

Q3：学習者の誤読には、どのようなものがありますか。

Q4：誤読を減らすためにできるサポートとはどのようなものでしょうか。

第２章　語彙の読解指導：学習者の語の読み誤りから考える、語彙力をつけるための指導法　30

Q1：語彙力は読解でどのぐらい重要ですか。

Q2：語彙力とは何ですか。

Q3：文章を読んで理解するとき、語のどんな点で誤りやすいですか。

Q4：読解における未知語について、学習者はどのように理解しているのですか。

Q5：語彙力を伸ばすにはどうしたらいいでしょうか。

第３章　文法の読解指導：文の構造をとらえるための読解指導　46

Q1：読解にとって文法は重要ですか。

Q2：学習者にとって、読解では文法のどのようなことが難しいですか。

Q3：文法の読解指導は、具体的にどのようなことをすればよいですか。

Q4：読解指導では、文法の面から考えて、どのような文章を取り上げるのがよいですか。

第４章　中国語母語話者の読解指導：漢字圏の学習者の困難点とその指導法　65

Q1：中国語母語話者にとって、語彙面でどのような困難点がありますか。

Q2：中国語母語話者にとって、文・文章構成面でどのような困難点がありますか。

Q3：中国語母語話者にとって、背景知識面でどのような困難点がありますか。

第5章 ベトナム語母語話者の読解指導
: ベトナム語母語話者のメリットをフルに発揮する指導法................. 82

Q1: ベトナム語母語話者にとって、日本語の文章理解の際、語彙面でのメリットはありますか。

Q2: ベトナム語母語話者にとって、日本語の文章理解の際、文法面でのメリットはありますか。

第2部 | 教室活動編   97

第6章 反転授業による読解の教室活動：MOOCs を用いた読解実践................. 98

第7章 ピア・リーディングの教室活動
: JFL 環境で学ぶ中級学習者が学術的文章を読む試み...................118

第8章 多言語を母語とする読解の教室活動
: 協働学習による「多様な読解ストラテジー」の意識化................138

第9章 多読の教室活動：心理学の三つの理論をベースにした多読実践.............154

第10章 ジグソー・リーディングの教室活動：「対話」を促す読解の試み...........168

第11章 速読の教室活動：批判的で深い読みとしての速読................................186

第12章 批判的読解の教室活動：批判的思考を育てる読解授業のデザイン..............206

第13章 学習者主体型の読解の教室活動
: 教師がやってみせる「小説の宝探し」の授業実践.................223

■ おわりに 238 │ ■ 索 引 240 │ ■ 執筆者一覧 244

3

序 章	読解教育を考える

石黒圭

1. 読解教育は難しい

読解教育ほど難しいものはない。本書を手に取ってくださり、この「本書の紹介」を読みはじめられた方は、この考えにきっと同意してくださることでしょう。

「読む」「書く」「聞く」「話す」という四技能のなかで、「読む」授業は教えるのがもっとも楽なように思えます。「書く」授業には添削という面倒な作業が伴いますし、「聞く」授業には音声とスクリプトが欠かせません。「話す」授業は授業デザインが難しく、活動を組みこむセンスが問われます。どれもハードルが高い作業です。一方、「読む」授業にかんしては、テキストがあれば何とかなります。学習者たちに音読してもらい、意味を確かめ、文法を確認すれば、読解を教えている気になれます。とくに、海外で教えているその土地のネイティブの先生なら、日本語を翻訳してもらえば内容理解の確認ができますので、非常に簡単に授業が進められます。「書く」「話す」授業は日本人の先生に任せて、「読む」「聞く」授業はその土地の先生が担当するという傾向が海外でみられるのも、そうした事情によるのでしょう。

しかし、読解授業の質を高めようとすると、そうはいきません。読解授業は、日本語による学習者の文章理解力を伸ばすという重大な使命を帯びているからです。「書く」授業の場合、学習者の書いた作文が、「聞く」授業の場合、学習者の聞き取ったメモが、「話す」授業の場合、学習者の話した音声が、それぞれ学習者の伸びた能力を測る基準になります。「読む」授業の場合、学習者が母語に訳した翻訳がその基準になるでしょうが、そこで問われているのは読解力ではなく翻訳力です。学習者が日本語で書いた作文も、聞き取れたり話したりした音声も、作文力、聴解力、会話力に直結するものですが、読解力に直結するのは読み取れた内容そのものであり、それは心のなかにしかありません。作文力、聴解力、会話力と違い、読解力だけは目に見えないのです。

大人のための童話『星の王子さま』でキツネが王子さまにこう語りかけます。「ものごとはね、心で見なくてはよく見えない。いちばんたいせつなことは、目に見えない。」これはまさに読解にも当てはまります。

そうは言っても、私たちは心で何を見ているか、形にしなければ学ぶことも教えるこ

ともできません。外国語で文章を読むという心のなかでする作業を形にするためのポイントは何でしょうか。本書ではそれを学習者の「つまずき」にあると考えます。学習者が読めないところ、読むのに苦労するところ、それが学習者の「つまずき」です。

　学習者がふつうに読めているところに指導は不要です。学習者がつまずいているところだけを取りだし、手当てすればよいのです。学習者の「つまずき」を取りだすのに役に立つのが誤読です。学習者がどのように誤読しているかを知れば、その対策はおのずと見えてきます。

2. 学習者の「つまずき」と個別指導

　本書は二部に分かれています。**第1部「個別指導編」**では、教室活動の前提となる学習者の「つまずき」とその指導法を考えます。ここでは、学習者の「つまずき」を観点別・母語別に取りだし、手当てすることを目指します。

　第1章「誤読の読解指導」（ポクロフスカ オーリガ）は、誤読をテーマに博士論文を書いた筆者の総論で、博士論文のダイジェスト版ともいえる内容です。ポクロフスカさんは、ウクライナ人学習者の「つまずき」を丁寧に分析した経験を生かし、ボトムアップ処理にみられる誤読を、文字列の誤読、語彙レベルでの誤読、文法レベルでの誤読の3種に分けて整理し、①誤読にどんなタイプがあるか、②誤読はなぜ起きるか、③どう指導すれば誤読を減らせるかについて、わかりやすく説明しています。誤読の基本を知るために、最初に目を通したい論考です。

　第2章「語彙の読解指導」（藤原未雪）は、誤読のうち、とくに語彙を集中的に研究している、語彙の読み誤りのスペシャリストによる論考です。藤原さんは、語彙研究の大家 Paul Nation を引用しながら、語彙力を「形」「意味」「使い方」の三つに精通していることと定義し、その誤認が誤読につながることを豊富な例を挙げながら実証的に示しています。また、語彙力向上の方法として、多義語の整理、意味の再構築の促進、語彙ネットワークの構築を挙げ、生きた文脈で語彙を学ぶ重要性を強調しています。この章が頭に入れば、語彙の読解指導の基本は卒業といえるような内容です。

　第3章「文法の読解指導」（野田尚史）は、誤読のうち、とくに文法をめぐる問題について扱ったものです。文法研究の大家として知られる野田さんは、近年は読解研究に力を注いでおられます。野田さんは、話し言葉に比べ、書き言葉に長くて複雑な構造を持った文が頻出することに注目し、そうした構造を解読する「読むための文法」の重要性を説きます。「読むための文法」は、「書くための文法」や「話すための文法」とは逆の方向性を持つ独自の体系です。そのため、読解指導にあたっては「読むための文法」の勘どころを知っておく必要があります。その勘どころはこの章をお読みに

序章

読解教育を考える

5

なり、ご自身の目でぜひお確かめください。まさに目から鱗の体験が期待できます。

　第4章「中国語母語話者の読解指導」(蒙韜・烏日哲)は、世界最多の中国人学習者の読解における「つまずき」のポイントと手当てを、中国人日本語教師2名がやさしく解説したものです。中国人は漢字を熟知しているから読解が得意だと思われがちですが、じつはそのぶん、平仮名や片仮名を軽視してしまったり、漢字の微妙なニュアンスに気づかずに読み進めていたりします。また、文の構造や文章構成の読み誤りも少なくないようです。そうした中国人学習者の弱点を文脈、ジャンル、背景知識といった点から巧みに指導する方法が示されており、実際の指導に大いに参考になりそうです。

　第5章「ベトナム語母語話者の読解指導」(Nguyen Thi Thanh Thuy・Dang Thai Quynh Chi)は、近年急増するベトナム人学習者の母語であるベトナム語から日本語学習にフォーカスしたものです。ベトナム語は、漢越語というベトナム語固有の漢字音からなる語群を有しており、中国語ほどではありませんが、日本語学習に有利に働いています。また、中国語と異なり、オノマトペが豊富で、これもまた日本語学習にとってプラスです。一方、文法面では日本語とかなり離れており、とくに主題の省略や指示で混乱を来しやすいことが指摘され、その指導法が示されています。こうしたヒントがあれば、ベトナム語がわからなくても、ベトナム人学習者の教室での指導法が明日からでも改善されそうです。なお、蒙さん、烏さん、Thuy さん、Chi さんはいずれも本書の編者と一緒に国立国語研究所で文章理解の語義推測について研究してきたメンバーで、第4章と第5章にはその成果が随所に反映されています。

3. 読解指導が変わる教室活動

　第2部「教室活動編」では、第1部「個別指導編」を踏まえ、具体的な教室活動の実践をとおして読解指導の方法を考えます。

　読解授業を考える場合に軸となるのは、授業の目的です。授業の目的は、本書では大きく二つあると考えています。一つの目的は、いわゆる語学的読解力の養成で、「読む力」の養成と言い換えることもできそうです。第1部「個別指導編」で考察した学習者の「つまずき」を、実際の授業活動でどう解消するかが、読解授業設計のさいの課題となります。そのための多様な教室活動は、第6章から第9章で扱います。

　もう一つの目的は、広義の批判的思考力の養成です。「考える力」の養成と言い換えることもできるでしょう。語学的読解力が身についていることを前提に、読んだ内容についてさらに深く考える読解授業です。ここまで来ると、日本語母語話者を対象とした国語教育の読解授業と変わらないレベルに達します。読んだ文章の内容を自分の頭で考えるこうした教室活動は、第10章から第13章で扱います。

6

第6章「反転授業による読解の教室活動」（王麗莉）は、オンラインの公開授業である MOOCs を使った反転授業の試みを紹介したものです。反転授業では、与えられた課題を事前に家で学習し、授業では事前学習を前提とした発展的なアクティブ・ラーニングを行います。ICT 技術の進化とともに課題の事前学習が容易になり、近年注目されている学習法です。王さんは中国の吉林省で日本語の読解授業の MOOCs を独自に開発し、そこで行った実践を紹介されています。使われている教材は、学習者の「つまずき」を集中して扱ったものであり、学習者の声からは、「つまずき」を自らの力で克服し、「読むための文法」を体系化した様子がうかがわれます。

　第7章「ピア・リーディングの教室活動」（胡方方）は、ピア・リーディングを生かした授業実践を紹介したものです。ピア・リーディングは、読んだ文章の内容をグループで話し合い、互いの読みを可視化する方法で、これまでは日本国内の JSL 環境の上級学習者を対象にした実践が多かった印象があります。これにたいし、胡さんの実践は、中国国内の JFL 環境、しかも中級学習者を対象にしたもので、そうした環境でピア・リーディングが効果を上げるさまざまな工夫が紹介されています。学習者が自らの読みの「つまずき」を可視化するのに有効なピア・リーディングの授業運営をどうすればよいか、そのためのヒントがぎっしり詰まった論考です。

　第8章「多言語を母語とする読解の教室活動」（木谷直之・佐藤智照・築島史恵）は、第7章とは異なり、多国籍の学習者が集う、日本国内の JSL 環境での授業実践を扱ったものです。日本国内の JSL 環境でピア・リーディングを行う場合、多言語・多文化を背景とした学習者が集う教室は、学習者間の価値観のギャップが大きく、それ自体が一つの大きな財産です。しかし、そうした環境は話し合いが空中分解するおそれも含んでおり、そうした財産をどう生かすかが教師の腕の見せどころです。木谷さん・佐藤さん・築島さんのお三方は、文章中の空欄補充を用いて協働学習を行うという読解の推論能力を鍛える授業をとおし、多言語・多文化を持つ学習者どうしの交流を最大限引き出します。国際交流基金の熟練のスタッフの芸を堪能できる論考です。

　第9章「多読の教室活動」（熊田道子・鈴木美加）は、多読の授業実践を紹介したものです。多読は、学習者自身が自分の読みたいものを自分のペースで読むことによって読解力を伸ばす方法で、自律的な授業として近年注目を集めています。しかし、多読は、授業が始まるとすべてが学習者任せになり、学習者のモチベーションや満足度を保持するのに苦労します。多読についての実践を積み重ねてこられた熊田さんと鈴木さんは、他者と比較せず、自分の目標を持ち、読書シートで教師との関係性を、発表で学習者どうしの関係性を結ぶことで、そうした多読の弱点の克服に成功しています。多読の授業を試してみたい方には必見の論考です。

すでに述べたように、読解授業のもう一つの目的は「考える力」の養成です。外国語教育の場合、語学的読解力の養成が優先されがちですが、「読む力」だけでなく「考える力」の養成も、読解授業における重要な課題です。文章を読む真の理由は読むことそれ自体にはなく、読んだ内容を自分のために使うことです。そのため、外国語教育における読解力であっても、文章理解の技術を養うだけでは不十分であり、思考を鍛え、人間を育てるところに最終的な目標を置く必要があると思います。読解教育をとおして、他者と協力できる人、批判的な思考ができる人、新しいアイデアを創造できる人を育てるのです。こうした力を育てる教室活動が、第10章から第13章に当たります。

第10章「ジグソー・リーディングの教室活動」(砂川有里子・朱桂栄)は、各自が読んだテキストの断片を学習者が協働して組み合わせ、テキストの全体像を復元する活動を紹介したものです。ジグソー・パズルを組み立てるときに、それぞれのピースを丁寧に観察し、完成図を予想するように、ジグソー・リーディングでも、各自がテキストのそれぞれのピースの読解を担当し、他のピースを担当した人たちと対話しながらテキストを組み立てます。日本語教育におけるジグソー・リーディングの先駆者である砂川さんと朱さんの実践を読むと、ジグソー・リーディングでは、チームワークが要求される作業のなかで多様な視点から文章構成力が鍛えられ、四技能が総合的に高められる活動であることがわかります。

第11章「速読の教室活動」(今村和宏)は、常識を覆す破格の授業です。第1回の授業では、本屋での立ち読みという宿題が課されます。しかも、その宿題の内容が、面白そうな新書を5分で2冊選び、10分で概要をつかみ、タイトル以外のメモはとらずに帰宅して、それぞれ10行以内で文章化するというレベルの高いものです。しかし、こうした「見る」読み方は、仕事ができる母語話者が共通して身につけているもので、効率のよいアウトプットのために必須の技術です。この速読の授業は、新書の内容を自らの記憶につなぎ止め、それを批判的・創造的な活動に生かす力を養成するという今村さんの揺るぎない信念に貫かれています。

第12章「批判的読解の教室活動」(楊秀娥)は、批判的・創造的に読む力を養成することを目指したピア・リーディングの談話を対象に、そこに批判的な思考がどのように出現するかを、クリティカル・シンキングの専門家である楊さんが丁寧に分析したものです。この実践は、石黒圭(編)『どうすれば協働学習がうまくいくか—失敗から学ぶピア・リーディング授業の科学—』(ココ出版)で扱われた本書の編者の授業実践で、自己・他者・全体の三者との対話からなる読解授業が批判的・創造的思考を生みだすように設計した一つの試みです。この試みの成功のカギが、話し合う課題の設

定、読む素材の選択、教師のファシリテーションの三つにあることが示されています。

第13章「学習者主体型の読解の教室活動」（大工原勇人）は、村上春樹の小説のなかに埋まっている「宝」を探すという、遊び心に富んだ教室活動です。教師が「宝探し」をやってみせることで、学習者の成長を促すという方法を取ります。「宝」とは、学習者自身が見つけた疑問を自分の知識や創造によって解決した自分なりの解釈で、その宝の価値は、論の独創性、説得力、分かりやすさという三つの観点から評価されます。「宝探し」は、教師や出題者があらかじめ用意された正解を言い当てることではなく、学習者一人ひとりが自分なりの問いと答えに辿り着くことだと、学習者主体の実践を中国の教室で続けてこられた大工原さんは説きます。読解教育の限りない可能性を感じさせる実践です。

このように、学習者の「つまずき」を解消する丁寧な指導、そして、学習者の「読む力」と「考える力」を育成する個性的な教室活動が、本書が提案する読解授業を貫く柱です。読者のみなさん一人ひとりが、本書を「読む」、すなわち本書と対話し格闘するなかで、自分なりのあるべき読解教育の姿を考え、本書を貫く2本の柱を教室のなかで実現してくださることを心から期待しています。

第 **1** 部

個 別 指 導 編

第 **1** 章　誤読の読解指導
：誤読の仕組みとそれを減らすためのサポート

第 **2** 章　語彙の読解指導
：学習者の語の読み誤りから考える、語彙力をつけるための指導法

第 **3** 章　文法の読解指導
：文の構造をとらえるための読解指導

第 **4** 章　中国語母語話者の読解指導
：漢字圏の学習者の困難点とその指導法

第 **5** 章　ベトナム語母語話者の読解指導
：ベトナム語母語話者のメリットをフルに発揮する指導法

第1章 誤読の読解指導
：誤読の仕組みとそれを減らすためのサポート

ポクロフスカ　オーリガ

>>>>>

　母語話者・学習者にかかわらず、読解を行ううえで誤読はつきものです。では、母語話者と学習者の誤読は同じでしょうか。学習者の誤読とはどのようなものなのでしょうか。さらに、誤読を繰り返す学習者をどのように支援すればよいでしょうか。この章では、中級学習者がどのようにして誤読をするのか考え、教師がそれを見抜くためのヒントを提案します。

Q1：「誤読」とは何でしょうか。

A1：この章で言う「誤読」とは、「テキスト情報とずれている解釈」です。

　誤読には様々なタイプがあります。狭い意味では例えば「トレイ」を「トイレ」と読み間違えるのはわかりやすい誤読です。話を途中で止めようとして「まあ、よいでしょう」という意味で「まよいです」と書いたメッセージに対して、「何の迷いですか？」と返すのも誤読と言えるでしょう。勇気を振り絞って送ったプロポーズ・メールの「一緒に住まないか」に対して、「結婚しないで同棲なんて嫌だな」と考え断るのも、誤読と言えなくありません。

　ですが、同じ誤読でもこの3つは解釈の許容度が違います。

　「ま（あ、）よいです」→「迷いです」の場合、読み手が会話の流れを読めていないとも言えますが、書き手側にも問題があります。「一緒に住もう」で結婚を申し出た側からすると「理解してもらえなかった」気持ちが非常に大きいでしょうし、自分の性格や二人の関係性という大きな文脈を誤解されたと考えることができます。しかし、「住む」という言葉を選んでいる以上、文字通りの意味で捉えられても「誤り」と断言しがたいと思われます。

　それに対して「トレイ」は確実に「トレイ」であり、「トレイに戻した」と「トイレに戻した」とで、「戻した」の意味までが変わってしまいます。

　特に読むスキルが十分に発達していない中級学習者の場合、このような、「文章に書かれている情報と矛盾している誤読」が最も多く見られます。この章では解釈の自由には触れず、こういった明らかな誤読について説明します。なお、この章では母語話者と学習者を比較しますが、「一般的な内容の文章を支障なく理解できる成人母語

話者」と「母語の文章は大きな支障なく理解でき、日本語では平均的な成長を遂げている成人学習者」をそれぞれ想定しています。

Q2：**学習者はどうして誤読をしてしまうのでしょうか。**

A2：**誤読は主に、ボトムアップ処理の失敗や限界を、トップダウン処理で補いきれないときに発生します。**

「読み」という過程においては、「ボトムアップ処理」と「トップダウン処理」があると言われています。ボトムアップ処理とは文字から語彙へ、語彙から文節へ、文節から文、段落、談話へと、小さな部分を逐一解読して組み合わせ、文章の意味を捉えていく過程を言います。それに対して、トップダウン処理は背景知識や予測など、抽象的なものからヒントを得、テキスト情報に照らしながら理解していく過程です。ボトムアップ処理とトップダウン処理は独立して行われるのではなく、ボトムアップ的に解読した文字情報から背景知識が活性化され、その活性化された背景知識が正しいのかを、文字情報に戻り確認して読み進めます。例えば、次の2つの文を見てください。

(1) これを書いたのはポクロフスカです。
(2) これを書いたのはシェイクスピアです。

同じ構造の文章でカタカナ文字列を含んでいますが、(1)よりも(2)のほうが読みやすかったのではないでしょうか。(1)の「ポクロフスカ」は辞書で調べても出てきません。人に聞いたり調べたりするにしても、「ポ」「ク」「ロ」「フ」「ス」「カ」の6文字を正しく順番に読む必要があり、ボトムアップ的読みに頼ることになります。一方で、(2)の「シェイ」と「ピア」だけ見ても世界文学の有名人が思い浮かぶのではと推測します。このように、自分の中にある世界の知識を活かすことで、すべての文字を読まなくても単語の読みが成り立ちます。また、人によっては更に「『ハムレット』のことだろうか、それとも『ロメオとジュリエット』の話になるのか」などと、具体的な作品を思い浮かべるのかもしれません。書かれていない事柄までが思い起こされ、文章の続きについての予測が誘発されますが、これはトップダウン処理のなせる技です。

余談ですが、筆者は典型的なペーパードライバーです。実技試験から5～6年ほど経過した頃一度だけ、プライベートレッスンを受けて運転しました。そのときは100メートルごとに「何ちゅう運転をしてくれるんだ！　バックミラーのトラックが見えない

のか！」と、何かと講師に怒られました。悔しくて「トラックは見えます！　だからってどうすればいいのかはわかりません！」と言い返したことを今でも覚えています。

　母語話者のボトムアップ処理は手慣れた運転に似ています。義務教育を受けた日本語母語話者であれば、最低でも9年間の日本語読解経験があり、ボトムアップ処理が比較的自動化されています。日本語の知識も基本的に整っているので、少なくとも一般的な内容の文章であれば、文字情報に対して瞬時に必要な意味が活性化されます。一方で、初中級・中級学習者はペーパードライバーのように、同時に気にしなければならないものが多く、少しでも想定外のことがあると、危なっかしい運転をしてしまいます。文字を読み取り、文字列を語句に分け、語句の意味を思い出し、文法のルールも思い出しながら、これらの組み合わせが何を意味しているのかを捉えなければならないので、母語話者より多くの労力を必要とするのです。未習のものや定着が不十分なものは補うために工夫が必要になりますし、すべてのプロセスについて同じぐらい集中するのは不可能ですから、文章の要素に優先順位をつけて、順位の低いものの処理を省き、その省いた処理を背景知識や信念で補おうとします。その省いた処理の多くが誤読の発端となるのです。

Q3 ：学習者の誤読には、どのようなものがありますか。

A3 ：学習者の誤読は、ボトムアップ処理の各段階で見られます。具体的には、文字列の誤読、語彙レベルでの誤読、文法レベルでの誤読を挙げることができます。

　誤読は多様な分類が可能ですが、ボトムアップ処理上の失敗をきっかけに発生するものを考えると、文字列の誤読、語彙レベルでの誤読、文法レベルでの誤読が挙げられます。ここでは、筆者が行った誤読調査（ポクロフスカ 2015a, 2015b, 2016a, 2016b）を例にこれらの誤読を紹介します。日本語を専攻とするウクライナ人学部生12名（ロシア語・ウクライナ語母語話者で非漢字圏）を対象に、誤読に焦点を当てた調査を行いました。具体的には、ウクライナ人学部生（初中級・中級レベル）に意見文とショートショートの2種類の文章を読んで口頭で翻訳してもらい、最後にはフォローアップインタビューで感想を聞きました。主に意見文の「面倒くさいから　モノを捨てる」からの例を取り上げますので、本文を載せておきます。

---

[1] 「面倒くさいから　モノを捨てる」

[2] ときどき「いつか使う日がくるから」と、空き箱や古くなった品物をとってお

く人がいます。³ よくいえば物持ちがいい、という人たちです。

⁴ ただ、これは断言してもいいのですが、その「いつか使う日」がやってくることは永遠にありません。

⁵ あったとしても、そんな確率は数千分の一でしょう。⁶ この点を十分に理解していないから、なんとなくモノをとっておくのです。

⁷ そこでわたしは、なるべくモノを持たない生活を続けています。⁸ これは品物だけでなく、名刺も捨てるし、本や雑誌もどんどん処分します。

⁹ なぜなら、モノが増えていくほど、整理整頓にかかる時間と労力は増大していくからです。¹⁰ これは非常に面倒くさいことです。

¹¹ ここでもし、面倒くさいからと整理整頓を放棄して部屋を散らかしっぱなしにしておくと、スペースをとられるし、今度は探し物をするときに大変な苦労をします。¹² それに散らかった部屋では仕事に集中できず、ストレスもたまっていく。¹³ モノを増やしても、いいことなどひとつもないのです。

¹⁴ もちろん、必要なものは惜しみなく買います。

¹⁵ たとえば本や雑誌だと、月に 40 冊以上は読んでいます。¹⁶ しかし、よほど大切な本でないかぎり、読んだら処分します。¹⁷ 特にビジネス書などは、役立つ部分だけを抜き出してメモしておけば、それで「情報」は生かされるのです。

¹⁸ 名刺にしても、パソコンや携帯電話のアドレス帳にデータを移せば、もう捨ててかまいません。

¹⁹ ひと昔前なら「物持ちがいい」ことにも価値があったのでしょうが、これだけモノと情報が溢れた時代には、自分にとってほんとうに必要なモノと情報を峻別し、それ以外は捨てていくような一種の編集能力が求められるのです。

²⁰ モノを買うのは最小限。²¹ そして買うときには、買った分だけなにかを捨てる。²² それくらいの感覚でいるのがちょうどいいでしょう。

本田直之 (2009)『面倒くさがりやのあなたがうまくいく 55 の法則』大和書房、pp.92-93.
※文番号および下線は筆者による。

以下では、意見文から引用をするときは モノ2 というように、文番号を添えて記載します。また、ショートショートの「正直者のレストラン」(池田正暢 1992)から引用する場合は、正直179 と、ページ番号を添えて表記します。

Q3-1：文字列の誤読にはどのようなものがありますか。

A3-1：文字列の誤読には、「文字の誤読」と、「文字列の誤分節」があります。

文字列の誤読には大きく分けて「文字の誤読」と、「文字列の誤分節」があります。文字列の誤読の多くは、その場で修正されるため、意味の理解に直接影響を与えませ

んが、誤読が多い場合はボトムアップ処理がスムーズに進まなくなり、読みの流暢さ
が失われます。その結果としてワーキングメモリに余計な負担がかかり、読み飛ばし
が増えます。

① 文字の誤読

　学習者の読みにおける「文字の問題」を語る際には、まず「漢字の問題」が挙げら
れます。第2章で述べられるように、「徴」と「微」のような、字形の似た漢字は誤読
しやすいものです。また、第4章で示されるように、漢字圏の学習者であっても、母
語における本来の漢字の意味に頼るあまり誤読をしてしまう、という問題があります。
　しかし、問題になるのは漢字だけではありません。ポクロフスカ(2016b)では、字
形の類似したひらがなの読み誤りが見られました。小さなルビの「ぬきだして」を
「めきだして」、「じょうれん」を「じょうねん」、「あきばこ」を「あきぽこ」と読ん
でいた者がおり、普通の大きさの文字でも「散らかし」を「散ちっかし」、「これは」
を「いれは」と読んでしまうこともありました。また、共通して参加者に多かったの
はカタカナ語の誤読でした。特に「ノ」と「メ」「ン」、「フ」と「ワ」、「ツ」と「シ」、
「ル」と「レ」を誤読する者が多くいました((3)～(5))。

(3) モノ　　　→メモ、モン、モモ、メソ
(4) フルーツ　→フレーツ、フルーシ、ワレーツ、フルツ、フレシツ
(5) シェフ　　→シャフ、シュフ、チェフ、セフ、セイフ

　ここでは、「勉強せずとも英語の知識でなんとかなるもの」というカタカナ語の捉
え方が大きく影響しています。参加者にはわからない単語が出てきたらその意味を尋
ねてもよいと伝えてありましたが、カタカナ語について意味を確認する者はほとんど
いませんでした。しかし、実際には英語の知識が必ずしも役に立つわけではありませ
ん。「フルーツ」は正しく読めても、「果物」というれっきとした日本語が既に存在し
ているうえに、語末の「ツ」がfruitのtとはなかなか結び付かず苦労した者が多く
いました。また、「イ段＋ャ・ュ」の組み合わせは見慣れていても、「イ段＋ェ」は初
見の参加者がほとんどで、「シェフ」を何と発音すればよいのか戸惑っていました。
「モノ」は「物」をカタカナ表記したものですので、英語の知識はむしろ邪魔です。
「シェイクスピア」で実感していただいたように、当該の語が既習と未習とでは、正
確に読める確率が大きく違ってきますので、カタカナ語も英語頼みにせず語彙として
学ぶことが大切です。

② 文字列の誤分節

分かち書きをしない日本語を読む際には、文字列を適切に区切るといったプロセスも加わってきます。これは特に分かち書きをする言語の話者にとって大きな負担となります。英語母語話者に、語と語の間の空白をなくした文章を読ませた際に読む速度が44〜54％下がったという研究があります(Rayner, Fischer & Pollatsek 1998)。一方で、中国語母語話者の場合は単語間の空白が設けられても読む速度は上がらず、補助効果が認められないようです(Bai et al. 2008)。

日本語母語話者の眼球運動を調べたKajii ら(2001)の研究では、日本語母語話者は漢字列の頭を目で追って読み進め、表記が有効な分節の手がかりとして使われていることが明らかになっています。またSainioら(2007)によると、ひらがなのみの文字列に空白を設けることで母語話者の読む速度は12％上がりますが、漢字仮名交じり文では分かち書きの効果は認められません。

ポクロフスカ(2015a)でポーズの置き方、口頭翻訳と単語の意味を確認する際の切り出し方などから文字列の区切り方を調べたところ、学習者も漢字列の頭に比較的注目しやすいことがわかりました。しかし、それがさほど助けにならないいくつかのパターンがありました。以下では、参加者のポーズの置き方やその場でのコメントなどを示した読み上げの例(読み上げ と表示)、および口頭翻訳やインタビューから見えた参加者の解釈の例(解釈 と表示)を使って紹介していきます。

A. 漢字列の前後で区切る

漢語の意味を尋ねるときなど、(6)のように「する」動詞や助詞を除外し、コアの意味を担う漢字の部分だけを発音することが多く見られました。また、漢字が語の途中や語末に来る場合は、ひとつの語として捉えにくく、漢字が語頭として捉えられやすいようです((7), (8))。

(6) 変質(9名) 正直180 … 一流銘柄ですが、保存が悪く変質しているので…
    永遠(7名) モノ4 … 使う日」がやってくることは永遠にありません。

(7) モノ19 ひと昔前なら「物持ちがいい」ことにも価値があった…
    読み上げ ひと [ポーズ] 昔前なら／ひとは昔前なら
    解釈 昔の人々は必要なモノとそうでないモノを峻別していた

(8) モノ18 パソコンや携帯電話のアドレス帳にデータを移せば…
    解釈 メールアドレスや電話番号を手帳に移せる

B. 意味を担う部分の前後で区切る

　これは、例えば複合動詞を途中で区切ってしまう読み方(9)や、漢字部分直近の送り仮名のみ拾う読み方(10)などに現れます。

(9) 正直180 ステーキは、先程ミスで作りすぎたものがありますので、それを温め直して出します。

　　読み上げ ステーキは、先程ミスで作り［ポーズ］すぎたものがありますので、それを温め［ポーズ］直して出します。

　　解釈 (うまくできなかった)ステーキを温めることで直した

(10) モノ1 面倒くさいから　モノを捨てる

　　読み上げ んー、〔めんどく〕の意味は？

C. 既知要素に似ている語形の前後で区切る

　これは特に、ひらがな文字列の場合に顕著に現れます。(10)の「めんどく」もそうですが、イ形容詞に似た「つもない」や「名詞＋から」に見えるものが分節の対象となります。

(11) モノ13 モノを増やしても、いいことなどひとつもないのです。

　　読み上げ いいことなど、ひとつもらないのです。

(12) 正直179 あきこが店に入ると、シェフがみずから迎えてくれた。

　　読み上げ ここでの〔みず〕とはどういう意味でしょう。

　日本語は漢字・ひらがな・カタカナと文字の種類が分かち書きの代わりを務めると言われています。これは語彙・文法の知識が比較的揃った状態であれば参考にはなりますが、学習者の場合は苦戦の種となることがあります。

Q3-2：語彙レベルでの誤読はどのようにして起こりますか。また、どのような特徴がありますか。

A3-2：語彙レベルでの誤読は、自分の語彙知識を参照する際に「誤検索」を起こしたときに発生します。語彙レベルでの誤読は一語の範囲を超えて、周りの要素の誤読を誘発しやすいという特徴があります。

　文章理解における語彙の役割は最も大きいと言えます。未知語を含む割合が2%を超えると母語話者読み手の理解が妨げられ(Carver 1994)、第二言語学習者がアカデ

ミックな文章を円滑に読めるためには95%以上の語彙が既知である必要があるというデータがあります（Laufer 1989）。単語の意味がわかっていれば文章の大意を掴むことが可能になる反面、たった一つの語を誤読することで文章全体を誤解することもあります。

　語彙レベルにおける誤読は、「語そのものの誤読」と、「別語との混同による誤読」とに分けられます。前者については第2章に譲り、ここでは後者について詳しく検討します。前述した読解調査では、(13)のような誤読が見られました。難しい文字はないので文字の誤読というよりは、単語単位で誤読が起きています。

(13) 面倒くさい → 面倒ください　　　散らかしっぱなし → 散らかしっぱい
　　していないから → していながら　　ほんとうに → ほとんどに
　　モノ → メモ　　　アドレス → アドバイス　　　データ → デパート

　人は必ずしも文字を一つひとつ順番に読んでいるわけではなく、「シェイクスピア」のように同時に複数の文字を認識し、それらが組み合わさったパターンを自身の語彙・文法知識の中から「検索」すると言えます。

　読みの過程において、文字情報をもとに語彙を「検索」することは「活性化」と言い、検索の対象となる「データベース」は「心的辞書」あるいは「メンタルレキシコン」と言います。母語話者の心的辞書のエントリーは豊富で、また比較的整理されています。頭の検索エンジンはデータベース全体を探し、頻出度の高い要素、また基本的には「完全一致」したものを挙げていきます。

　一方で、学習者の心的辞書はエントリーの数が限られており、また整理されておらず混沌としている状態にあると考えられます。ですから、限られた要素の中では学習者が個人的に学習・意識した要素、いわば「検索履歴」の役割が大きく、また少しでも似た要素があれば引っかかってしまう「あいまい検索」の度合いが強いと考えられます（単語の誤認識のきっかけになる要素については第2章で詳しく述べられています）。「モノ」と「メモ」を間違えるなんて、と思うかもしれませんが、ノとメの字形の類似、モが含まれていること、2文字からなること、外来語を思わせるカタカナ表記であることを考えると、むしろ自然な誤読とも考えられます。そこで誤読した部分が文脈とミスマッチしていれば誤読に気づくことができるのですが、「モノ」が登場する部分が「モノを捨てる」「モノをとっておく」「モノが増えていく」などと「メモ」と置き換えてもさほど不自然ではない場合は、誤読を修正するのも難しくなってきます。

　語彙は意味理解の中心的な立場にありますので、語彙の誤読はさらなる誤読を誘

発しがちです。誤読の影響範囲が広がると、文や段落、また文章の理解が左右されます。例として、筆者が調査で使ったもう一つの、「正直者のレストラン」のキーセンテンスを紹介します。主人公のあきこが友達に勧められたレストランで、シェフにお勧め料理の説明を求めます。すると、「ダメになりそうな魚を使っている」「作りすぎてしまったから始末したい」「材料が余ったフルーツ」など、注文してもらえるとオーナーが助かるような品を勧められ、あきこはそれ以外の料理を注文するところで話が終わります。そこで話のオチにつながるセリフがあるのですが、(14)のような解釈が見られました。

(14) 正直180 これらの品を注文してもらえると、私は助かるわけです
　　 解釈1 でも、私がこれを注文したら、死にはしません。
　　 解釈2 なので、注文の品が運ばれたら、ほっといてもらえますか?

　解釈1は「こんなにひどい料理だが、食べても死にはしませんので」と客をなだめているもの、解釈2ではシェフが客に対して失礼な態度を取っているものになってしまい、文章全体の解釈が誤ったものになっています。一見、かなり飛躍した解釈に見えますが、もとを辿れば、「助かる」という、一語の誤読であることがわかりました。調査参加者にとって他動詞の「助ける」は既知であったものの「助かる」を知っている者はおらず、多くは意味を確かめていました。ロシア語・ウクライナ語にはここでの「助かる」の語義を持つ自動詞が存在せず、辞書には「生き残る」「危険を逃れる」という意味の訳語で説明されており、生死にかかわる意味として捉えられていました。そのために、解釈1をした参加者は「生き残る」→「死なない」と理解しています。辞書にあるもう一つの訳語は、英語で言うと「get rid of」(「何かを切り捨てる」もしくは「誰かを追い払う」)であり、解釈2をした参加者が「あなたを追い払えるか」→「ほっといてもらえるか」という解釈に至っています。このように、一つの語の誤読から、話全体の解釈が覆されることがあります。

Q3-3:文法レベルでの誤読はどのようなものですか。

A3-3:文法レベルでの誤読は、「文法要素そのものの誤読」と、「文法要素の読み飛ばし」による2タイプに大別できます。

　文法レベルにおける誤読には、「文法要素そのものの誤読」と、「文法要素の読み飛ばし」によるタイプに分けられます。前者は、語彙そのものの誤読に似たところがあります。例えば、形式名詞「こと」を「もの」と誤解してしまう例が挙げられます。

これは、参加者の半分がしてしまった誤読です。

(15) モノ13 モノを増やしても、いいことなどひとつもないのです。

解釈 モノが増えても、その中には本当に良い／必要なモノはない。

　学習者としての感覚でいえば、「こと」と「もの」は使用の面においても区別が難しいです。「いいことない」(＝やめたほうがよい)という組み合わせを知らなければ、持ち物のミニマリズムを推奨する文脈が最大の手がかりとなり、「多くのものを持っていても、その中には必要なものがごく一部である」と解釈してしまうのも無理はありません。

　当然、母語にはない、もしくは原理の違う文法も誤読の対象となります。母語の語順がSVO(主語→述語→目的語)のウクライナ・ロシア語母語話者にとっては日本語のSOV(主語→目的語→述語)という語順が直感を逆なでするものとなり、連体修飾や長い文章においては誤読の要因となりやすいと考えられます。筆者の学習者時代には、「文は後ろから翻訳していく」というルールを教わり、最も大事な部分が文末に来ることを意識させられました。しかし、いざ長い文の読解に取りかかるときには必ずしもこのルールを適用できるわけではありません。例えば、(16)の参加者は「ひと昔前」の誤読も絡み、「ものを長持ちさせようと努力しました」「峻別がなされていました」と、複文の最後にたどり着く前に短いスパンで文意を完結させようとしています。文頭と文末の間にある内容を小刻みに捉えた結果、それぞれの文間関係も逆接(「でしょうが」)から順接(「また」)に変わり、また「峻別する」が「能力」を修飾している理解には至っておらず、「昔の人」の強みにされてしまっています。これは英語や中国語母語話者などにとっても問題になりうると思われます。

(16) モノ19 ひと昔前なら「物持ちがいい」ことにも価値があったのでしょうが、これだけモノと情報が溢れた時代には、自分にとってほんとうに必要なモノと情報を峻別し、それ以外は捨てていくような一種の編集能力が求められるのです。

解釈 人は昔、ものに価値があると考えてそれを長持ちさせようと努力したものです。また、その時代は情報が溢れていたので、本当に必要な情報とは何かについてはっきりとした峻別がなされていました。

　日本語独特の問題として、省略された情報の復元が挙げられます。「面倒くさいか

ら　モノを捨てる」では、一連の「主語のない文」がありますが、それぞれの文の動作主が誰なのかをうまく見抜けず、多くの参加者が何らかの誤読をしていました。具体的には、一人称動作主（「わたし」）が省略された部分ではそれを見抜けず「文章全体が読者に向けられたアドバイスだから」と、「われわれ人間は」や「すべての人は〜べきです」のように、一般的な話として解釈されていました。逆に、直前の文脈では語り手が登場しているため、また文章全体が「わたし」の話であるという解釈から、一般者が動作主となっている文では、直前の文脈や文章についてのイメージにつられて、そこにいないはずの「わたし」を登場させるという誤読も見られました。

文	原文	解釈の例	解説
1	面倒くさいから　モノを捨てる	わたしは面倒くさがってモノを捨てている。	「冒頭で主語がない場合は基本的に一人称省略」という知識に基づく。
14〜16	もちろん、必要なものは惜しみなく買います。たとえば本や雑誌だと、月に40冊以上は読んでいます。しかし、よほど大切な本でないかぎり、読んだら処分します。	必要なものは惜しみなく買わなければなりません。われわれが月に40冊を読むとしたら、読み終わったら捨てるべきです。	「文章全体が読者に向けられたアドバイスと感じた」などの理由で、語り手の話ではなく一般的な事柄として解釈。日本語能力のより低い参加者に多かった。
20〜22	モノを買うのは最小限。そして買うときには、買った分だけなにかを捨てる。それくらいの感覚でいるのがちょうどいいでしょう。	わたしは買うモノは最小限に抑え、何か買うときにはその分何かを捨てるようにしています。そのときの感覚がとても気持ちが良いのです。	「文章全体が語り手の話だから」との理由で「わたし」を登場させている。

　このように、文法レベルでの誤読には文型定着の強さや母語干渉の影響が現れます。ただ、ここで厄介なのは、文法要素はそもそも処理されないまま読み飛ばされがち、ということです。文章理解においては漢字や語彙、つまり意味を担う要素の処理が最優先されます。文が長く、負担の大きい語彙が多いほど、それらの処理で容量いっぱいになり、文末形式や文型までをしっかり解読するだけの余裕がなくなります。そうすると、理解できた部分を忘れてしまう前に、それらを常識などでつなぎ合わせようとします。少し難しい文型や苦手意識のある文型は意識して思い出そうとしますが、初級で学んだ否定形は肯定形として解釈したり、因果関係の前件と後件を入れ替えたりしてしまいます。文法レベルでの誤読の多くはこの読み飛ばしや、（場合によっては間違った）語彙の意味に無理やり合わせた解釈によるものです。

(17) モノ12 …散らかった部屋では仕事に集中できず、ストレスもたまっていく。

解釈 片付いた部屋はより集中しやすく、ストレスもありません。

これは実は自然で、効率を追求した読み方であり、母語話者らしい読み方であると考えられます。母語話者であれば語彙的意味を担う要素を中心に読み進め、文法的要素や接続表現などをあくまでも「自分の解釈が間違っていないのか」の参考にしているだけ、という考え方もあります。問題は、学習者の場合、意味を担う要素の処理も不完全であるので、それらをなんとか結び付けようとしたときには無理のある解釈が生まれやすいということです。

Q3-4：学習者の誤読には文章の内容と全く関係のないものがあったりします。どうしてでしょうか。

A3-4：一度誤読をしてしまうと、それにつじつまを合わせようとして他の部分の理解も歪んでしまうので、文章にはない内容が解釈に現れます。

誤読の難しさの一つは、一つの誤読がさらなる誤読を生み出し、場合によっては誤読の連鎖を引き起こすところにあります。学習者はときに書かれもしない内容を読み取り、教師を唖然とさせることがあります。これは多くの場合、誤読の連鎖によるものです。一つの例をご紹介します。

Q3-2でも少し触れましたが、読解調査の中では「モノ」を「メモ」と読んでしまう誤読が見られました。この「モノ」は、課題文のタイトルから登場しているキーワードであり、文章全体の理解において中心的な役割を占めています。しかし、調査参加者12名のうち8名がそれを何らかの形で「メモ」として誤読してしまっています。一人の参加者は更に、それを「覚書」ではなく、「記憶」（メモリー）と誤解していました。読み進めるにつれて「何かがおかしい」と感じながらも途中まで読みを修正できず、代わりに他の語彙の意味を「モノ」の誤読に合わせようとしていました。以下では、参加者の解釈を挙げながら、Q3で前掲の本文の文番号をもとにその読み方を紹介していきます。なお、〔かっこの部分〕は参加者が日本語を発音する部分で、それ以外の部分は参加者のコメントを日本語に翻訳したものです。引用の最初に ✔ と書かれている部分はフォローアップインタビューでの本人のコメントとなります。

まずは文1の解釈です。

(18) あー、まずはタイトル。〔メモ〕は「記憶」ということかな。〔メモを捨てる、捨てる〕は「捨てる」という意味だから、〔メモを捨てる〕は「忘れ

る」。〔面倒くさいから〕…〔めんど〕の意味はなんですか？　＜「面倒くさい」の意味が書かれたカードを提示される＞　「面倒くさい」「だるい」。面倒くさがるために忘れる。何かを忘れる。

　ここでタイトルの段階から、「怠け癖」(面倒)と「記憶」がキーワードであるとの前提ができてしまい、これが、「モノ」が登場しない文2の口頭翻訳にも影響を広げています((19))。文章に一貫性を求めるあまり、「無理やりにでもタイトルに結び付け」るために「日」のみをもとに文全体の意味を推測しようとしていました。

　(19)ときどき、今日は何曜日なのかを忘れてしまう人が多くいます。
　　　　イ〔モノ〕ではなく〔メモ〕だと思っているから、無理やりにでもタイトルと結び付けたかった。面倒くさがるがために復習せず、結果として忘れてしまう。どうにかして最初の文と結び付けたかったから、知っている言葉ですら飛ばしてしまった。…〔日〕とあるので、最初は日付の話かと思ったけど、なぜか曜日にした。適当に作ってしまった。

　「モノ」が次に登場する文6では更に「十分」をひとつの言葉と見なせず分解し((20))、「分」の意味に関する正しい知識を持っていながら、「記憶する」から離れずにいるため同音語の「文」から「単語」を連想して誤読をしています。

　(20)〔十〕は10、〔分〕は時間の単位か部分…　＜「理解する」の意味を確認する＞〔この点を〕…「このことから」…あるいは「10個の単語から」…。　＜中略＞　〔なんとなくメモ〕…理解するなら？　意味を理解していれば、一部の単語が覚えられる、ということだろうか。
　　　　イこの漢字、〔分かる、分かれる、ぶん、ぷん、ふん〕——確か、「分子」「一部」という意味もあった。…文脈によっては時間にも使えるし「一部分」という意味でも使える。ここでは、時間ではないのであれば、「一部分」か、もしくは「語」か「センテンス」と思った。　＜中略＞　以前、確か〔メモする〕のような語句を「暗記する」という意味で学んだことがあり、〔とっておく〕が目に入らず〔メモする〕かと思った。

　ここまで来るとかなり違和感が生じているはずですが、この参加者は誤読を修正することができず、むしろ「記憶を捨てる＝忘れる」「記憶をとっておく＝覚える」と、

動詞の意味も自分の誤読に合わせています。次の文7では「記憶」と「持たない」の意味が自然に結び付かなくなっても、「メモ」ではなく「持たない」の意味で悩み込んで、課題文のキーセンテンスを結局「わからない」と理解を放置してしまいます。

> (21)…〔メモ〕は「記憶」、〔持たない〕は？　ここで〔持たない〕はどのような意味だろう。　＜中略＞　やっぱりわからない。
> ☑ 〔持たない〕の意味は確実に知っているはずなのに、〔メモ〕とは結び付かなかった。それに、〔なるべく〕もわからなかった。

　文8では「メモ」が登場しませんが、「名刺」という未知語の意味を確認してもなお、「メモ」が生み出した誤読にその意味を合わせて捉えています。

> (22)〔名刺〕は…　＜「名刺」の意味を確認する＞　「ビジネスカード」？　なぜか「名詞」のことと思った。　＜中略＞　カードを捨ててしまえば、本や雑誌が使える。ここはつまり、情報、いや、単語を覚えるメソッドの話だろうか。持ち歩けるカードか、本を使うか雑誌を使うか。
> ☑ 「カード」と言われて「ビジネス」の部分を見逃して、漢字などを覚えるのに使える「単語カード法」が浮かんだ。〔名刺〕はそういうカードのことだと思い、カードで勉強したほうが本や雑誌より効果的だと翻訳した。これなら、タイトルの〔メモを捨てる〕と結び付くし。

　「モノ」が次に登場する文9でも、「なぜなら」の誤読も重なって「それならなぜ、より多く記憶するために多くの時間と努力をかけなければならないのか」と理解していますが、続く文10‐12では「モノ」が登場しないこともあり、意味の把握には大きな問題はありません。インタビューでは「一瞬、〔メモ〕と結び付けなければならないことを忘れたので、よりスムーズに翻訳できた」と述べ、また突然理解できるようになったため「二つの文章がひとつになっている気がした。ここまでは「記憶の部屋」の比喩だったのに対し、ここからはその説明が始まるのではと思った」と話しています。「記憶の部屋」とは、一連の事柄を空想の宮殿の決まった位置に置くイメージを通して覚える「メモリ・パレス(記憶の宮殿)術」のことだと思われます。課題文に登場した「部屋」がキーワードの読み誤りに加わったことにより、参加者の背景知識が活性化され、さらなる誤った文脈が構築されているのです。
　文14からは、ひらがな表記の「もの」が出てきたこともあり、おおむね妥当な

解釈をしています。そして、文17では今度は本物の「メモ」が登場したため、ようやくカタカナの読み誤りに気づきます。ただ、「メモ＝記憶」という誤読はそのまま残っており、繰り返される中で定着しているとも考えられます。

> (23) なるほど。つまりは、タイトルすら読み間違えてしまったわけだ。〔メモ〕ではなく〔モノ〕だった。そういうことだったのか。　＜中略＞　…私はすべてのビジネス書から役に立つ部分だけ抜き取って暗記している。

最後に課題の感想を聞いたところ、円滑に読めた部分があまり記憶に残らず、必死でつじつまを合わせようとした部分の印象が強かった、とのコメントをしています。誤読が誘発する問題解決に力を注ぐあまり、正しく読み取れた部分があってもそれをうまく活かせなくなる、というのも誤読の厄介な点です。

> (24) ✓ …完全に混乱してしまった。〔メモ〕ではなく〔モノ〕だとわかった後でも。なかなか見えてこない話の解説を求めすぎて、スムーズに読めた部分は割と軽く見ていたし、翻訳はできても後で何と書いてあったか、思い出せなかった。

このようにキーワードひとつの誤読がきっかけで、「断捨離」「ミニマリズム」についての文章が「記憶テクニック」の文章として解釈されてしまいます。参加者は「メモリ・パレス」など、背景知識を豊かに活性化していますが、ボトムアップ処理の段階での失敗を補うにはそれがむしろ害を与えています。

Q4：誤読を減らすためにできるサポートとはどのようなものでしょうか。

A4：学習者を支援するにはボトムアップ処理の自動化を促す訓練とモニタースキルの育成が必要です。

筆者は現在日本語教育現場を離れて、民間企業に就職しています。職場では以前日本語学習者だったスタッフが多くいるので、毎日のように誤読に直面しています。日本のインターネットストアで買い物したい海外のお客様のため、ウェブサイトの内容やお店からのメールを読み、必要な情報を探したり質問に答えたりする仕事ですが、非母語話者スタッフは「ガンホルダー」を「カレンダー」、「別売りスカートもあります」を「スカートも付いてきます」などと読み間違えたりします。どれも非常に興味

深く、今まで述べてきた原理にかなうので研究者として興味をそそられます。ただ、その結果として「カレンダー」の件では1万円、「スカート」の件では1万3千円の賠償を支払うことになってしまいました。仕事上の誤読には、コストがかかります。

　教師も学習者も、「日本語をもっと勉強して」「注意を払いながら読む」ことが正確に読むカギだと考えがちです。しかし、今まで見てきたように既知の日本語でも誤読をすることがありますし、すべての文章情報について同等に注意を払うことは不可能です。「日本語の知識を増やす」のと同時に「読む訓練を重ねる」こと、「もっと注意をする」読み方を求める前に、いわゆるモニタースキルを育てることが大切になります。

　誤読を減らすために一つできることは、純粋に読む経験を増やすことです。再び未熟な運転手に例えると、実技対策本をいくら読んでも、実際に教習所の外でハンドルを握る時間を過ごさないことには、路上の状況に合わせて瞬時に必要な反応をするための運転スキルは身につきません。同じように、バラバラで身につけた言語要素を様々な文脈の中で認識する訓練を重ねることで、ボトムアップ処理の自動化を促すことができ、学習者の読みに余裕を持たせることができます。これは、日頃の読解指導に加えて多読をさせることが役に立ちます。

　モニタースキルについては、筆者の読み方を例に説明します。先日ある絵本を読むことがあり、(25)の文章を読んでいたところ、ひらがなの羅列に足を取られ(26)のような読み方をしました。

(25)村のはずれまでくると、おんなのこがいいました。
　　「わたしのいえは、もうすこしいったところにある
　　赤いやねのいえなの。お花ばたけは、まださきよ。
　　ここでおわかれね。さようなら」　　　（亀岡亜希子『はるをさがしに』p.16)
(26)村のはずれまくると¹、おんなのこがいました。
　　²「わたしといえば、³もうすこしいったところにある。
　　赤、いやね、のいえ⁴なの。お花はだけば⁵まだききよ⁶」

とても他人の誤読を語れた読み方ではありませんが、途中で(27)のように、1〜6の順で誤読に気づいているので、全体の理解には影響が出ていません。

(27)¹「〜のはずれまくる」はおかしい。「村のはずれまで」か。
　　²引用が始まっているみたいだから、前文の文末は「言いました」。
　　³前後のつながりが悪い。「私の家は」か。

⁴「のいえ」は変。「赤い屋根」か、なら前の文はまだ続いている。

⁵「はだけは」はおかしい。ここは「お花畑」。

⁶「ききよ」なんて文末は見たことがない。「さきよ」だ。

このように、自分の読みが妥当なのか、前後の理解が矛盾していないかを認識し、確認しながら読むことをモニタースキルと言います。モニタースキルを働かせていれば、随時文字一つひとつに注目しなくても済みますし、ボトムアップ処理に一度失敗しても早い段階で「立ち直る」ことができます。モニタースキル育成には学習者が自問自答できるようにする必要がありますので、問いを取り入れた読解指導が一つの方法となります。また、予測困難なオチを持つショートショート、ひらがなばかりの絵本、何文字かごとに一文字の空白を設けた文章など、「シカケあり」題材を読ませることで「増していく違和感を放置せずにその都度対処する」癖を身につけることができます。さらに、一人ではできない気づきを与えるピア・リーディング（第7章）や、レベルが進めば批判的リーディング（第12章）指導も効果的です。媒介語が使用可能な教育現場であれば、訳読法を使って手っ取り早く誤読を発見して修正のヒントを与えてから、もう一度読み直してもらうことで自分の間違いやすい部分に気づかせることができます。

まとめ ⟩⟩⟩⟩⟩

この章では誤読、つまりテキスト情報とは異なる理解をする過程について考えました。誤読は、ボトムアップ処理上の失敗をうまく修正できないときに発生します。また、学習者の読み手としてのリソースが限られていますので、処理に優先順位をつける過程で読み飛ばされた部分も誤読のきっかけとなります。誤読には「文字列の誤読」（文字の誤読と文字列の誤分節）、「語彙レベルでの誤読」、「文法レベルでの誤読」を取り上げ、また一つの誤読が文章全体の理解を崩していく例を取り上げました。最後に、本書で紹介される指導法を含め、誤読を減らすためにできるサポートについてまとめました。

この章でご紹介できた誤読はごく一握りです。日頃から自分や非母語話者同僚の読みを観察していても、誤読は実に多様多彩で、その人の性格や癖による部分も大きいことがわかります。ですので、誤読を未然に防ぐことに神経質になる必要はないと思います。それより、読解中の違和感を放置する癖をつけさせないように気をつけながら、学習者が自分の誤読に気づきそれを修正する能力を育成すること、そして教師も誤読とその原因を見抜く目を養っていくことが大切です。

用例出典

池田正暢（1992）「正直者のレストラン」星新一（編）『ショートショートの広場(4)』pp.179-180, 講談社.

亀岡亜希子（2004）『はるをさがしに』文溪堂.

本田直之（2009）「面倒くさいから　モノを捨てる」『面倒くさがりやのあなたがうまくいく55の法則』pp.92-93, 大和書房.

参考文献

ポクロフスカ・オーリガ（2015a）「ウクライナ人中級日本語学習者の読解における文字列分節の課題」『一橋日本語教育研究』3, pp.49-60.

ポクロフスカ・オーリガ（2015b）「日本語学習者は『語り手』をどう読みとるか―ウクライナ人中級学習者の一人称の省略復元プロセス―」『一橋大学国際教育センター紀要』6, pp.137-149.

ポクロフスカ・オーリガ（2016a）「キーワードの読み誤りが文章理解に及ぼす影響―ウクライナ人初中級日本語学習者のケーススタディ―」『日本語／日本語教育研究』7, pp.149-164.

ポクロフスカ・オーリガ（2016b）「中級日本語学習者の文章理解に見られる読み誤りの諸相―ロシア語・ウクライナ語母語話者を対象に―」一橋大学大学院言語社会研究科博士学位論文.

Bai, X., Yan, G., Liversedge, S. P., Zang, C., & Rayner, K. Y.（2008）Reading spaced and unspaced Chinese text: Evidence from eye movements. *Journal of Experimental Psychology: Human Perception and Performance*, 34（5）, pp.1277-1287.

Carver, R. P.（1994）Percentage of unknown vocabulary words in text as a function of the relative difficulty of the text: Implications for instruction. *Journal of Reading Behaviour*, 26（4）, pp.413-437.

Kajii, N., Nazir, T. A., & Osaka, N.（2001）Eye movement control in reading unspaced text: The case of the Japanese script. *Vision Research*, 41（19）, pp.2503-2510.

Laufer, B.（1989）What percentage of text-lexis is essential for comprehension? In C. Lauren, & M. Nordman（eds.）*Special Language: From Humans Thinking to Thinking Machines*, pp.316-323. Clevedon: Multilingual Matters.

Rayner, K., Fischer, M. H., & Pollatsek, A.（1998）Unspaced text interferes with both word identification and eye movement control. *Vision Research*, 38（8）, pp.1129-1144.

Sainio, M., Hyönä, J., Bingushi, K., & Bertram, R.（2007）The role of interword spacing in reading Japanese: An eye movement study. *Vision Research*, 47（20）, pp.2575-2584.

第 **2** 章

語彙の読解指導

：学習者の語の読み誤りから考える、語彙力をつけるための指導法

藤原未雪

>>>>>

　読解を適切に行うためには、語彙力が重要だと言われています。では、読解における語彙力とはどのようなものでしょうか。また、語彙力がある人は、どのようなことができる人なのでしょうか。さらに、文章を読んで理解するとき、学習者は語のどのような点で誤りやすいのでしょうか。この章では、上級レベルの学習者が文章を読んで理解するとき、語のどのような点で誤りやすいかを整理して紹介し、読解のための語彙力をつける指導法を考えます。

Q1：語彙力は読解でどのぐらい重要ですか。

A1：先行研究からは、日本語では、概ね読解力の半分が語彙力で説明されるのではないかと結論づけられています。

　文章は単語からできています。ですから、日本語の文章を読むときに語彙知識が必要であることは言うまでもありません。これまでの研究から、読解に占める下位能力のうち語彙力が最も大きな要素であると言われています。日本語の読解において、松下 (2016) は次のように先行研究を概観しています。読解力のうち語彙力が占める割合は、Koda (1989) で 55％、小森・三國・近藤 (2004) では 47％、野口 (2008) では少なく見積っても 40％以上で、基礎的なレベルほどその割合が高くなっているということです。読解力や語彙力の測定法がそれぞれ異なるため一概には言えませんが、日本語では読解力の半分程度が語彙力で説明されると考えられています。

Q2：語彙力とは何ですか。

A2：「形」「意味」「使い方」の3つを知っていることです。

　語彙研究の世界的大家である Paul Nation は一連の研究の中で、語を知っているとは、「形」「意味」「使い方」の3つを知っていることだとしています。さらに、それぞれは3つずつに分かれます。まず、「形」は、音声、つづり、語の構成に、そして、「意味」は、形と意味、概念、連想に、最後に、「使い方」は、文法、コロケーション（どのような単語と一緒に使われるか）、使用の制限というように全部で9つに下位分

類されます。さらにその9つについて、受容的に知っているのか、または、産出的に知っているのかという2つに分けられます。したがって、1つの単語を知っていることは、18の下位分類について知っていることになります。ここまで説明した語の知識について、望月(2008)は図1のようにまとめています。

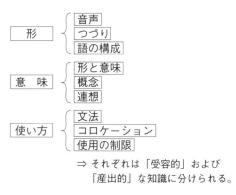

図1　語の知識(望月 2008: 2)

　それでは、語彙力のある人とはどのような人でしょうか。まず、たくさん単語を知っている人は語彙力があると考えられます。また、1つの単語について詳しく知っている人も語彙力があると言えます。さらに、単語をすばやく使える人も語彙力があると言えます。このように語彙力とは3つの側面で考慮すべきものだとわかります。言い換えると、どれくらいたくさんの単語を知っているかという「広さ」の側面、1つの単語をどれくらいよく知っているかという「深さ」の側面、どれくらい速くある単語を認知できるかという「認知速度」の側面です(図2)。

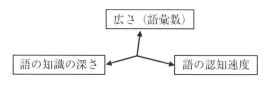

図2　語彙力の3つの側面(望月(2008: 4)を一部改変)

Q3：文章を読んで理解するとき、語のどんな点で誤りやすいですか。

A3：視覚から情報を取り込む読解活動において、読み手が語の「形」に正しくアクセスできないこと、文章中での語の「意味」にたどり着けないこと、語の「使い方」（コロケーション）が適切に理解できないことなどが原因で誤りやすいと考えられます。

　語の読み誤りについての研究には、藤原(2016, 2017)や野田・花田・藤原(2017)などがあります。これらの研究では、上級日本語学習者に日本語で書かれた文章を読んでもらい、その内容をどのように理解したかを母語で話してもらう調査を行っています。上記を含めたこれまでの研究から、語について次の①から⑧のような誤りをすることがわかりました。以下、具体的に説明します。

　　① 字形の認識で誤る
　　② 音形の類似で誤る
　　③ 語の分節で誤る
　　④ 複合語の解釈で誤る
　　⑤ 多義語の解釈で誤る
　　⑥ 固有名詞か普通名詞か判別できず誤る
　　⑦ 慣用表現で誤る
　　⑧ 語の品詞の把握で誤る

① 字形の認識で誤る

　漢字を母語として使用しない非漢字圏の学習者は、漢字の字形認識を誤ることで、語や文の意味を誤読することがあります。小説(森絵都(2005)「彼女の彼の特別な日、彼の彼女の特別な日」)を読んでもらった調査では、韓国語母語話者と英語母語話者に次のような誤りがありました。どれも字形の類似が原因で別の語と取り違えています。

　　(1) 自分はちゃんと<u>微笑</u>んでいるか。　　　　　　　　　　　　　(p.29)
　　(2) 来てくれてありがとうって彼が声をかけてきたときも、元同僚として当然
　　　　よ、なんて<u>突っぱねて</u>ね。　　　　　　　　　　　　　　　　(p.30)
　　(3) <u>妙</u>に胸を騒がせる疑念は、久々に芽生えた好奇心だった。　　(p.31)

　(1)の下線部を、韓国語母語話者は「特徴のある笑い」と解釈しました。(2)の下線

部を、英語母語話者は「笑ってね」と解釈しました。(3)の下線部を、韓国語母語話者は「一秒ごとに」と解釈しました。

② 音形の類似で誤る

　学習者は母語背景を問わず、カタカナ表記の語を、その音形の類似から別の語と取り違えることが多いこともわかりました。日本語学習者にとってカタカナ語は鬼門の1つです。たとえば、中国語母語話者に学術論文を読んでもらった調査では、次のような誤りがありました。

　　(4) 日ごろのジョギングの先にある「非日常」としての<u>ホノルルマラソン</u>や
　　　　ニューヨークマラソンへの参加（後略）

　　　　　　　　　　　　　　（山崎良夫「スポーツツーリズムと旅行ビジネス」p.186）

という文で、学習者はカタカナ語の「ホノルルマラソン」という名詞を実際に発音し、その音形の類似から、「ホノルル」は「whole（全部）」のことだと言い、「ホノルルマラソン」は「フルマラソン」のことだという解釈にいたりました（藤原 2016）。
　また、ひらがな表記を含めた、同様の例として次のようなものもありました。

　　(5) コンベンション → コンビネーション　　ストレージ → ストラテジー
　　　　プレーヤー → プレッシャー　　　　　　かつ → かつて

③ 語の分節で誤る

　日本語は英語などと異なり、分かち書きをしないため、読み手が語の分節を考えて読む必要があります。文字列の中でどこからどこまでを1つの語とするかという区切り方が不適切なために誤読することがあります。1つ例を示します。中国語母語話者が学術論文を読んだときの誤読です（野田他 2017）。

　　(6) すると、穴と穴の隙間は均質な物質で埋められ、<u>あたかも 物体</u>が通り抜けられるトンネルが出現したかのように錯覚される。

　　　　　　　　　　　　　　　　（池田文人「錯視とその情報処理モデル」p.34）

という文で、「あたかも」は「まるで」という意味の副詞で、「出現したかのように」を修飾しています。しかし、学習者にとって「あたかも」は未知語であったため、

「あたかも物体」で1語だと捉え、その意味を文脈から「形のない物体」だろうと誤って解釈しました。他にも、「2.5トントラック」の「トントラック」を1語だと捉えた例もありました。

④ 複合語の解釈で誤る

複合語は、複数の語または語基(語幹)の合成により作られた語です。学習者は複合語が出てきたとき、語の構成要素を手がかりに意味を推測することがありますが、それがうまくいかずに誤ることがあります。例を見てみましょう。小説(森絵都(2005)「彼女の彼の特別な日、彼の彼女の特別な日」)を読んだときの誤読です。

(7) この人はキザなのかお人良しなのか。それともただの世話好きか。　(p.31)

(7)の下線部の「世話好き」は、「世話」と「好き」からなる複合語で、その意味は「世話をすることが好き」です。しかし、学習者は「世間の話をするのが好き」と解釈しました(中国語・韓国語・英語母語話者)。これは学習者は複合語の意味がわからないときには、漢字1つひとつの意味からその意味を推測していると考えられます。

また、「おばあちゃんっ子」は「おばあちゃん」と「子」からなる複合語で、その意味は「おばあちゃんにかわいがられた子」ですが、学習者は字義通りに「おばあちゃんの子ども」と解釈することも見られました。これは語の組み合わせからその意味を推測していると考えられます。

⑤ 多義語の解釈で誤る

基本語の多くは複数の意味があり多義的です。そのため、読解中に文脈にあうように意味を1つに決める必要があります。しかし、辞書で語の意味を調べながら文脈に一番あいそうな意味をあてはめようとしても、その処理の負担が重く、失敗してしまうことがあります。語の多義性について、日本語教育で最も問題になりやすいのは、その数の多さから和語動詞の多義語です。1つ例を示します。

(8)「切る」
  ・はさみで紙を切る。(中心義)
  ・社員の首を切る。(派生義)
  ・失業率が5%を切って4.9%になった。(派生義)
  ・試験のときには携帯電話の電源を切ってください。(派生義)

34

・疲れ切った顔をしている。（派生義）

（森山新（編著）『日本語多義語学習辞典　動詞編』pp.164-171）

　学習が進むと、既習の単語でも最初に覚えた意味（多くの場合は中心義）とは違った意味（多くの場合は派生義）で使われているのを目にする機会が増えてきます。しかし、学習者は既習語が初めて出会ったときと違う意味で使われていることに気づかず、覚えている意味で無理に訳そうとすることも多いようです。学習者は中心義のみを覚え、その他の派生義はなかなか覚えられない、また、母語の対応語がある語義は覚えるが、そうではない語義は覚えられないという困難点を抱えています。

　カタカナ語にも要注意です。たとえば、「点火器（lighter）」と「作家（writer）」は日本語ではどちらも「ライター」と同一表記になります。また、「ソフトウェア（software）」が略語化されると「ソフト」と表記されます。辞書では、「ソフト」には、①やわらかいこと、②「ソフト帽」「ソフトフェア」などの略。ソフトウェア（コンピューターを働かせるためのプログラム）、ソフトクリーム（やわらかいアイスクリーム）、ソフトドリンク（アルコール分を含まない飲料）、ソフト帽（フェルトなどで作った、やわらかい中折帽子）、ソフトボール（大型のやわらかいボール。それを使った野球に似た競技）などの語釈があり（『岩波 国語辞典 第7版 新版』2011）、多義的であることがわかります。このように、表記原語が違うものが同一表記されたり、略語化が原因で、外来語等のカタカナ語の多義性が増大します。

　1つ具体例を示します。中国語母語話者が学術論文を読んだときの誤読です（藤原2016）。

(9)　日本レコードセンターは音楽ソフトメーカーの共同出資によって設立された共同物流の運営会社である。

（下村博史「共同物流事業の成長メカニズム」p.147）

という文における「ソフト」の意味は「市販の音楽CD」のことですが、学習者は「パソコンのアプリケーションソフト」のことだと考えました。前述したように、「ソフト」は多義的な語ですが、この文での意味である「市販の音楽CD」の用法は、辞書の語釈になく、「音楽ソフト」という単語を知らないかぎり理解できません。

　とくに新しい概念を表す学術用語はカタカナ表記の外来語で定着し、また、分野によって意味が異なるものが多いため注意が必要です。たとえば、「プラットフォーム」という語は使われる分野によって次のように意味が異なります。

(10)「プラットフォーム」

・【日常的な場面】

鉄道駅などで車両を横付けして人の乗り降りや荷の積み下ろしを行う土台状の設備を指すことが多い。この意味では通常「プラットホーム」あるいは略して「ホーム」と表記する。（IT用語辞典 e-Wordsより一部抜粋・改変）

・【情報技術の分野】

アプリケーションが動作する環境のこと。ハードウェアの場合はコンピューター自体、ソフトウェアの場合はOSを指す。（後略）

（ASCII.jpデジタル用語辞典）

・【ビジネスの分野】

基盤や土台、環境を意味する言葉。ビジネス用語としては、商品やサービスを提供する企業と利用者が結びつく場所を提供することを、プラットフォームと表現する。主にネット上のショッピングサイトや音楽配信サイトなどを指すが、市場や証券取引所なども意味する。（後略）

（実用日本語表現辞典（Weblio辞書））

・【工学の分野】

海底の油田やガス田を開発する際に、洋上に建設する鋼構造物の総称。（後略）　　　　（ブリタニカ国際大百科事典 小項目事典（コトバンク））

　日常的な場面で使用される意味以外を知るには、専門語辞典にあたる必要も出てくるでしょう。すでに基本語化されたカタカナ語は日本語母語話者にとってはとくに難しくないように思えます。しかし、その意味が拡大して多義語となり、原語と意味範疇が異なることも多く、学習者には理解しにくいようです。また、新しい概念を取り入れる必要のある学術論文では、カタカナ語が頻出し、このことが読解を難しくさせる要因になります。中山(2008)は、日本語教育ではカタカナ語はついでにしか教えられていないことが問題だと指摘しています。日本語教育におけるカタカナ語の扱いは日本語の実態に見合った改訂が必要でしょう。

⑥ 固有名詞か普通名詞か判別できず誤る

　学習者は普通名詞を会社名や人名などの固有名詞と捉えたり、反対に固有名詞を普通名詞と捉えたりします。次の例は小説(森絵都(2005)「彼女の彼の特別な日、彼の彼女の特別な日」)中に見られる「新郎」という普通名詞の誤読です。

(11) 今日、別の女と晴れやかに笑っていた<u>新郎</u>がまだ私の恋人だった二年前。
(p.28)

という文において、韓国語母語話者と英語母語話者は「新郎」を「結婚したばかりの男性、花婿」ではなく、「新郎」という男性名であると誤読します。また、「新郎」を「シンタロウ」という男性名であると解釈した学習者も複数いました。これは日本語で「太郎」は男性名であるという知識を使って、推測したものと思われます。

(12)は学術論文に出てくる「プラネット物流」が会社名を表す固有名詞とは捉えられず、辞書にある「プラネット」の語釈から、普通名詞と解釈した例です。

(12) 阿保は、日用品業界の共同物流を運営する「<u>プラネット物流</u>」を題材に深い
洞察を行っている。　　（下村博史「共同物流事業の成長メカニズム」p.146)

という文では、「共同物流を運営する『プラネット物流』」とあることから、「プラネット物流」は会社名であると判断できます。しかし、学習者は「プラネット物流」を会社名と考えず、翻訳アプリ〈Google 翻訳〉で「プラネット」の意味を調べ、「惑星」と理解し、「プラネット物流」の意味を次のように解釈します。

(13)「地球物流」つまり「地球全体が繋がるようなシステムを持つ物流」のこと。

このように、固有名詞か普通名詞かは表記や語構成だけからは判断できず、述語情報や文章全体の文脈を使わないと難しいことがわかります。

⑦ 慣用表現で誤る

日本語が上級レベルの中国語母語話者と韓国語母語話者、英語母語話者に慣用表現を含んだ短い文章を読み、母語で翻訳してもらったところ、次のような誤読が多いことがわかりました。ここで言う慣用表現とは、コロケーションや慣用句を指し、具体的には「傘をさす」「頭に来る」のような決まり文句的な表現とします。

(14) 父は小さいころから<u>甘いものに目がない</u>。
(15) 私のお店の隣にあるA社の課長はいろいろな場所で<u>油を売っている</u>。今日も
私のお店に来た。一度来ると長いのだ。あれで仕事ができるなら問題ないが、そうではないらしい。本当に困った人だ。ある日、首にされないか、気

が気でない。

(16)柔道は多くの技を覚えなければなりませんから、<u>骨が折れる</u>スポーツです。

　(14)の文では、「甘いものが好きではない」と解釈した学習者が多くいました。(15)の文章では、ほとんどの学習者が「油を売っている」を「むだ話などをして仕事を怠ける」ではなく、字義通りに「油(または石油)を販売している」と解釈しました。(16)の文では、多くの学習者が「骨が折れる」を「労力を要する」ではなく、字義通りに「骨折する」と解釈しました。また、調査では慣用表現を含んだ文章を翻訳してもらった後に、自分の理解度を0から100%の間で自己申告してもらったのですが、学習者はたとえ誤読をしていても、自分の理解度を高く申告する傾向がありました。このことから、学習者はこれらの慣用表現が自分にとって未知表現であることに気がついていない可能性が高いと言えます。この調査から言えることは、知っている単語なのに、うまく意味がとれない場合は、コロケーションや慣用句として違った意味になっている可能性があることを教える必要があるということです。そのような場合には面倒がらずに辞書を引いてもらうといいでしょう。

　ここまで見てきたように、コロケーションの運用能力がないということは、いくら多くの語彙を知っていても、実際のコミュニケーション上、支障をきたすことがあるということに繋がります。支障をきたしても、産出活動である会話や作文であれば、誤りに対して、聞き手や読み手からフィードバックが得られることで、コミュニケーションの修正も可能でしょう。しかし、受容活動である読解においては、たとえ支障をきたしても自身の誤りに気づきにくく、テキストとの誤ったコミュニケーションが修正されることは難しいでしょう。その意味でも、読解においては語のコロケーション的知識が一層重要であると言えます。

⑧ 語の品詞の把握で誤る

　語の文法的な側面の1つとして、品詞があります。たとえば、学術的な文章には漢語が多く使われているため、品詞がわかりにくくなることがあります。次の例では副詞と名詞の形が同じであり、形の上で競合しています。

(17)副詞と名詞の競合(学術的な文章)

　　a.　技術が進歩した<u>今日</u>、人々は利便性を当然のものとして享受している。(副詞)

　　a'.　<u>今日</u>のエレクトロニクス全盛の基盤をなしたものは、日本企業の高い

技術力である。（名詞）

b.　Aの引用に関しては頁数のみを<u>直接</u>本文中で指示する。（副詞）

b'.　今回の円高の<u>直接</u>の原因は米国における雇用不安である。（名詞）

また、日常的な文章においても、次のように同様の例が見られます。

(18)副詞と名詞の競合（日常的な文章）

a.　みんなは<u>それぞれ</u>意見を言った。（副詞）

a'.　家族の<u>それぞれ</u>がパソコンを持っている。（名詞）

b.　<u>今後</u>、このようなことがないように気を付けてください。（副詞）

b'.　会社を辞めた。<u>今後</u>のことはまだ何も決まっていない。（名詞）

（安藤他『どんなときどう使う日本語語彙学習辞典』p.179、273の例文を一部
改変）

語の品詞を認識することは文の統語的処理の出発点となりますから、正確な把握が不可欠です。同形であっても、違う品詞となる場合もあるので注意が必要です。

Q4：読解における未知語について、学習者はどのように理解しているのですか。

A4：多様な方略を使って意味を分析し、未知語の意味を理解しているようです。

一口に「未知語」と言っても、「この単語を見たことがない」というレベルから、語の側面のうち、「語構成や意味の一部は知っている」というレベルまで、その内実は多様です。たとえば、学習者は小説（森絵都(2005)「彼女の彼の特別な日、彼の彼女の特別な日」）を読んだとき、次のように未知語を解釈しました。

(19)来てくれてありがとうって彼が声をかけてきたときも、元同僚として当然
よ、なんて<u>突っぱねて</u>ね。　　　　　　　　　　　　　　　　（p.30）

(19)の下線部を、中国語・韓国語母語話者は「突然言ってね」と解釈しました。

学習者は語の意味がわからないときには、自分が持っている漢字の知識を使って意味を推測する方略を使っています。また、(20)はひらがな表記の語の例です。

(20)「<u>さしあたり</u>君の電話番号を知りたい」　　　　　　　　　　（p.28）

(20)の下線部を、韓国語母語話者は「人を指して」と解釈しました。

これは、学習者はひらがなの音韻を使って語の意味を推測していると考えられます。また、略語や新語も学習者にとって未知語となりやすいでしょう。次の例は中国語母語話者が学術論文を読んだときの誤読です。

(21)民放によるインターネットビジネスに関する報告は別の機会に譲り、本論文
では「テレビ局—視聴者間関係」に関する分析、考察に絞る。
（松野良一「インターネットが「視聴者→テレビ局」のフィードバック過程
に及ぼしている影響に関する一考察」p.209）

という文において、「民間放送」の略語である「民放」を、学習者は漢字の知識を使って「民間の人に向けた放送」と解釈しました。

学習者にとって、ある語が略語か否かを判断する手がかりは乏しく、略語の知識がないかぎり正しく理解することは難しいでしょう。略語の他の例として、「高速（高速道路）」があります。略語は和語では比較的少なく、漢語と外来語では多く、また、紙幅に限りのある新聞では多いそうです。一方、新語は、略語から派生するものが多く、たとえば、「アカハラ（アカデミックハラスメント）」や「読モ（読者モデル）」があります。新語の出現は文章のジャンルによって多様です。

> **Q5**：語彙力を伸ばすにはどうしたらいいでしょうか。

A5：語彙そのものに注意を向けた意図的な語彙学習が必要です。

学習者の語彙力を伸ばすためには、語彙そのものに注意を向けてもらう必要があります。つまり、「意図的な」語彙学習です。意図的な語彙学習は処理が深くなり効果があるとされています。では、教師は学習者にどのような意図的な語彙学習を提供できるでしょうか。以下、①から③の具体的な方法を見ていきましょう。

① 多義語を整理する
② 意味の再構築を促す
③ 語彙ネットワークを構築する

① 多義語を整理する

学習者にとって多義語の解釈は困難点となりやすいものです。単語は通常、最初に

40

覚えた意味で記憶されていて、どんな文脈で出会っても最初に覚えた意味がまず頭に浮かぶそうです。基本語(使用頻度が高く、日常生活に欠かせない語)の多くは、中核的な意味から周辺的な意味まで広がりがあり、どの意味になるかは使われている文章によって決まります。では、「基本語の多くには複数の意味があり、文脈によって意味が決まる」ということに気づかせるにはどうしたらよいでしょうか。

1つには、与えられた複数の語義から、文の中での多義語の意味を選ばせる練習をすることです。この活動は、辞書の語義の中から適切な意味を選び出すプロセスと似ています。辞書を引いて、最初の意味だけを読みとるのではなく、丹念に文脈にあう意味を読みとる習慣を身につけるように工夫しましょう。例として、和語動詞の「きる」で説明します。「きる」は、中心義が「続いている物を分断する」とあり、派生義が11あります。学習者にまずはこの中心義を理解してもらいます。さらに、次のような問題を通して文脈によって意味が少しずつ異なることに気づかせます。

次の(1)から(3)の文の下線部の単語は、(a)から(c)のどの意味で用いられていますか。正しい意味を選び記号で答えましょう。

(1) 社員の首を<u>切る</u>。

(2) 失業率が5%を<u>切って</u>4.9%になった。

(3) 疲れ<u>切った</u>顔をしている。

(a) to fall below　(b) completely done　(c) to fire　(学習者の母語で示す)

---

② 意味の再構築を促す

読解では語の意味の再構築ができることが、語の罠にひっかからないために必要です。中川(2009: 97-99)は日本人英語学習者による語義解釈の例をあげながら、意味の再構築を促す方法について次のように説明しています。

(22) Scotland is a cold <u>place</u>.　　　　　　　　　　　　　(p.97)

(23) Chris was the second <u>place</u> in the race.　　　　　　　　(p.97)

どちらの文にも place という語が使われていますが、(22)は中心義である「空間的な場所」として使用されている place であり、(23)は派生義の「競争における場所、順位」として使用されている place です。日本人学習者は(22)を正しく訳せているにもかかわらず、(23)では「クリスはそのレースの第2レーンにいた」「クリスはレースの2週目だった」のように、間違った訳をしたそうです。同じ place という語、し

かも、どちらも「場所」という概念から大きく逸脱していないにもかかわらず、(22)は正しく解釈でき、(23)では間違った解釈をしました。

　ここからわかるのは、英文を和訳することで、place という非常に簡単で学習者が知っているだろうとされる語でも、まだ知らない側面があるということです。上記の誤りの原因は、「place＝場所」というように、英単語と日本語訳を1対1で結びつける方法で語を覚えているためです。このような1対1方式から脱却し、英語の語を英語特有のさまざまな意味や概念と結びつけられるようになることを再構築と呼びます。教師が学習者の母語がわかる場合に限られますが、学習者に母語で翻訳してもらうことは非常に有効です。翻訳してもらうことによって、語が文脈によっていろいろな意味で使われていることを、学習者が理解しているかどうか、つまり、意味の再構築が起こっているかどうかを知ることができると、中川(2009)はまとめています。

　このような意味の再構築は読解では重要なプロセスですが、暗示的知識(implicit knowledge)にあたるため、直接教えることは困難だとされています。しかし、母語で翻訳することで、学習者に「この意味は知らなかった」という気づきを起こさせ、それによって、語の罠にひっかからない学習者を育てることができるでしょう。

　上記は英語での例でしたが、日本語の場合は次のような文を母語で翻訳してもらうことで、意味の再構築を促すことができるでしょう。

　　(24)野菜は生で食べるより、煮た方がたくさん食べられる。
　　(25)コンサートを生で見たのは初めてだが、本当にすばらしい。

　(24)は中心義である「加熱処理をしていないこと」として使用されている「生」であり、(25)は派生義の「その場で見聞きすること」として使用されている「生」です。このような問題作成には、『日本語多義語学習辞典』(名詞編／形容詞・副詞編／動詞編：荒川(編著) 2011、今井(編著) 2011、森山(編著) 2012)が役立ちます。

③ 語彙ネットワークを構築する

　語彙の意味的ネットワークと文法的ネットワークは読解の手助けになると考えられています。意味的ネットワークとは、上位語、下位語、同義語、類義語、反義語のような関係です。一方、文法的ネットワークとは語のコロケーション的知識です。秋元(2016)は、両方のネットワークを包含した形での語彙的コロケーションの学習が語彙習得には欠かせないとして、具体的に次のような提案をしています。

・初級段階から、語結合（例：ちょっと飲む）もコロケーション（例：風邪をひく）もチャンク（語のひとまとまり）で記憶するように指導する。

・中級では、コロケーションを取り出し、意識させ、母語との違いにも気づかせる。多義語の存在を意識させる。視覚的な絵を利用するのも効果的である。

・中上級・上級では、次に示すように、名詞を中心に、paradigmatic set（入れ替え可能な語のかたまり）を考え、それと共起する述語を提示する方法がよい。

〈名詞　　＋　　動詞〉
迷惑
心配　＋　を　＋　かける
疑い

(pp.126-127)

　日本語教育では、語彙教育におけるコロケーションの重要性が認識されてきて、教材として小野・小林・長谷川（2009）『コロケーションで増やす表現』などが出版されています。また、第二言語学習者の語彙ネットワーク構築について、谷口他（1994）は次のような仮説を述べています。まず、初級段階では自分の経験を通して獲得した語彙が記憶に残りやすく、また想起されやすいということです。そのため、語彙のネットワークは、エピソード（自分の経験に基づく記憶）の連鎖という形で構築されます（例：犬―ほえる）。その後、学習が進み中級段階になると、既習語彙が意味的に体系化されて、かっちりとした概念構造を示すようになる（例：動物…犬―猫―馬）というものです。この仮説を考慮すると、語彙学習のために授業で教師がやるべきことのヒントが見えてきます。まず、初級段階では、学習者が自分の経験について語る機会を多く設けてエピソードの連鎖を十分に構築できるようにします。次に中級段階では、そのエピソードの連鎖から意味的に体系化された概念構造へ移行できるように、既習語彙を学習者自身がまとめ直して体系化を意識できるような活動を導入することが大切だと考えられます。

Q5-1．学習者に語彙知識を定着させるには、どうしたらいいですか。

A5-1：1つの単語を異なる文脈の中で繰り返し触れさせることが大切です。

　語の習得について松下（2017）は次のようにまとめていて、参考になります。

　一つの語の学習には、それなりの手間がかかる。語義を提示するぐらいでは不十分で、ふさわしい文脈や各種の制約を学ぶ必要がある。語彙学習ストラテジーを教え、学習者自身の努力を促すと同時に、授業では読解、聴解、会話、作文等を通じて同じ語に何回も少しずつ違う文脈で出会うように仕組むのがよい。そうし

て語彙の多様な側面について学んでいくものである。　　　　　　　　　　　（p.19）

　授業で時間がとれないときには、復習プリントを作成するなど、教師による意図的な語彙学習の仕込みが、学習者が効果的に語彙力をつける手助けとなるでしょう。

Q5-2：易しい語から難しい語の順に学習するのが習得に効果的ですか。

A5-2：読解では、語の難易度よりも、文章に出てくる「頻度」や、学習者にとって読む必要がある文章に出てくる語を優先させるとよいでしょう。

　理解活動である「読む」ことにおいては、難しくても頻度の高い語は、産出ができなくても理解できるようにするということを原則とし、特に内容語（直接に意味を担う語）の理解は初級レベルでもできるほうがよい（松下 2016）とされています。さらに、領域別語彙という考え方を活用し、その学習者が学習すべき領域の高頻度語に注目してもらうことも有用です。

まとめ 〉〉〉〉〉

　この章では、読解における語彙の重要性と、語のどのような点で誤りやすいかについて整理した上で、語彙力を伸ばすための具体的な方策について紹介しました。読解で重要な部分を占める語彙の学習負担は大きいにもかかわらず、語彙学習の効率についての研究は少ないのが現状です。まず教師がすべきことは、学習者がどのような語彙を苦手としているのかを把握することです。そうすれば文章のどの箇所で学習者の理解を確認すればよいかがわかり、学習者に語の意味の再構築を促すことができます。学習者の読解をよく観察することで、学習者が苦手とする部分を補強する「効率のよい、意図的な語彙学習」をデザインできるのではないでしょうか。

用例出典

池田文人（2009）「錯視とその情報処理モデル」『情報処理』50(1), pp.29-36.

『岩波 国語辞典 第7版 新版』岩波書店.

実用日本語表現辞典（weblio辞書）「プラットフォーム」<https://www.weblio.jp/content/プラットフォーム>（2019年8月8日閲覧）

下村博史（2007）「共同物流事業の成長メカニズム」『日本物流学会誌』15, pp.145-152.

ブリタニカ国際大百科事典 小項目事典（コトバンク）「プラットフォーム」<https://kotobank.jp/word/%E3%83%97%E3%83%A9%E3%83%83%E3%83%88%E3%83%95%E3%82%A9%E3%83%BC%E3%83%A0-2749>（2019年8月8日閲覧）

松野良一（2002）「インターネットが「視聴者→テレビ局」のフィードバック過程に及ぼしている影響に関する一考察—TBSのWebサイトの機能分析を中心として—」『マス・コミュニケーション研究』61, pp.207-220.

森絵都（2005）「彼女の彼の特別な日、彼の彼女の特別な日」ダ・ヴィンチ編集部（編）『秘密。―私と私のあいだの十二話―』pp.28-37, メディアファクトリー.

山崎良夫（2014）「スポーツツーリズムと旅行ビジネス―旅行産業におけるスポーツツーリズムの可能性―」『日本国際観光学会論文集』21, pp.183-189.

ASCII.jpデジタル用語辞典「プラットフォーム」<http://yougo.ascii.jp/caltar/プラットフォーム>（2019年8月8日閲覧）

IT用語辞典 e-Words「プラットフォーム」<http://e-words.jp/w/プラットフォーム.html>（2019年8月8日閲覧）

参考文献

秋元美晴（2016）「第二言語としての日本語の語彙習得と学習」斎藤倫明（編）『講座　言語研究の革新と継承2　日本語語彙論Ⅱ』pp.97-132, ひつじ書房.

荒川洋平（編著）（2011）『イメージでわかる言葉の意味と使い方　日本語多義語学習辞典　名詞編』アルク.

安藤栄里子・惠谷容子・阿部比呂子・飯嶋美知子（2014）『どんなときどう使う日本語語彙学習辞典』アルク.

今井新悟（編著）（2011）『イメージでわかる言葉の意味と使い方　日本語多義語学習辞典　形容詞・副詞編』アルク.

小野正樹・小林典子・長谷川守寿（2009）『コロケーションで増やす表現　vol.1―ほんきの日本語―』くろしお出版.

小森和子・三國純子・近藤安月子（2004）「文章理解を促進する語彙知識の量的側面―既知語率の閾値探索の試み―」『日本語教育』120, pp.83-92.

谷口すみ子・赤堀侃司・任都栗新・杉村和枝（1994）「日本語学習者の語彙習得―語彙のネットワークの形成過程―」『日本語教育』84, pp.78-91.

中川千佳子（2009）「第6章　英文理解と和訳」邑城祐司（編著）『英語リーディングの科学―「読めたつもり」の謎を解く―』pp.90-104, 研究社.

中山恵利子・陣内正敬・桐生りか・三宅直子（2008）「日本語教育における「カタカナ教育」の扱われ方」『日本語教育』138, pp.83-91.

西尾実・岩淵悦太郎・水谷静夫（編）（2011）『岩波 国語辞典 第7版 新版』岩波書店.

野口裕之（2008）「試験結果の分析」国際交流基金・日本国際教育支援協会（編）『平成17年度日本語能力試験　分析評価に関する報告書』pp.45-111, 凡人社.

野田尚史・花田敦子・藤原未雪（2017）「上級日本語学習者は学術論文をどのように読み誤るか―中国語を母語とする大学院生の調査から―」『日本語教育』167, pp.15-30.

藤原未雪（2016）「中国語を母語とする上級日本語学習者が学術論文を読むときの困難点―名詞の意味の誤った理解を中心に―」『日本語／日本語教育研究』7, pp.165-180.

藤原未雪（2017）「上級日本語学習者が小説を読むときに見られる誤読―中国語を母語とする大学院生の事例から―」『読書科学』59(2), pp.43-57.

松下達彦（2016）「コーパス出現頻度から見た語彙シラバス」森篤嗣（編）『現場に役立つ日本語教育研究2　ニーズを踏まえた語彙シラバス』pp.53-77, くろしお出版.

松下達彦（2017）「語彙リストの利用法―コーパス分析に基づく語彙研究は何を目指すべきか―」『専門日本語教育研究』19, pp.19-24

望月正道（2008）「「語彙力」とは何か」『TEACHING ENGLISH NOW』11, pp.2-5, 三省堂.

森山新（編著）（2012）『イメージでわかる言葉の意味と使い方　日本語多義語学習辞典　動詞編』アルク.

Koda, K. (1989) The effects of transferred vocabulary knowledge on the development of L2 reading proficiency. *Foreign Language Annals*, 22(6), pp.529-540.

第**3**章 文法の読解指導
：文の構造をとらえるための読解指導

野田尚史

≫≫≫≫≫

　書きことばでは、話しことばに比べ、長くて複雑な構造を持った文がよく出てきます。学習者はそのような文を読むとき、特にどのような文の構造を適切にとらえられないのでしょうか。この章では、学習者にとって読解では文法的に見てどのようなことが難しいのかを説明します。また、学習者にとって難しいことに対してどのような読解指導を行えばよいかについて提案をします。

Q1：読解にとって文法は重要ですか。

A1：読解にとっては文法より語彙のほうが重要ですが、特に長くて複雑な構造を持った文が多い文章を読むときには、文法も重要になります。

　読解というのは、書かれた文字からその意味を理解することです。一般的には意味の理解にとっては文法より語彙のほうが重要だと言えるでしょう。たとえば、(1)では「2016年」「実質GDP成長率」「前年」「低下」「6.7％」という語彙がわかれば、「より」や「となった」の文法がわからなくても、文の意味は理解できそうです。

　(1)　2016年の実質GDP成長率は、前年より低下して6.7％となった(第I-3-1-1 図)。

(経済産業省(編)『平成29年版 通商白書』p.76)

　しかし、(2)のような複雑な構造を持った文は、個々の語彙の意味をつなぎ合わせただけでは、その意味を正確には理解できないでしょう。

　(2)　その寄与度を前年と比較すると、純輸出がマイナス幅を拡大させるなど内需中心の成長であり、内需の中では、投資の寄与が縮小し、消費の寄与が拡大するなど、投資から消費への転換の動きも見られる。

(経済産業省(編)『平成29年版 通商白書』p.76)

　この文の意味を理解するためには、(3)のa.からc.のような文法的なことを考えて、文の構造をとらえる必要があるからです。

(3) a. 「純輸出がマイナス幅を拡大させるなど」はどこを修飾しているのか。また、「など」は何を表しているのか。

b. 「投資の寄与が縮小し、」は「消費の寄与が拡大する」と並列になっているのか。それとも、「投資から消費への転換の動きも見られる」と並列になっているのか。

c. 「消費の寄与が拡大するなど」はどこを修飾しているのか。また、「など」は何を表しているのか。

Q1-1：読解にとって重要な文法というのは、文型のことですか。

A1-1：読解にとって重要なのは、文型というより、文の構造をとらえる「読解のための文法」です。

「文型」は、一般的には日本語教育で取り上げられるさまざまな文法項目のことを指します。「象は鼻が長い」などの「〜は〜が……」構文や、「〜たら、……」という仮定条件文のように「文の型」といってよいものが文型らしい文型です。それだけではなく、助詞の「も」や接続詞の「つまり」のような機能的な語句も文型に含めるのが普通です。

たとえば、前の(2)の意味を理解するには、この文に出てくる2つの「など」を理解することが重要です。といっても、「など」という文型が重要だとは言えません。一般の日本語教育で扱われている「など」は、(2)の「など」とは違うからです。

一般の日本語教育では、「など」について(4)の a. のような説明がされ、b. のような例文が示されます。

(4) a. 「など」は挙げられている要素の他に同類のものが存在することをより明示的に示すために最後の名詞に添えられます。「など」を添えても基本的な意味は変わりません。

b. 昨夜はみんなでパスタやピザなどを食べた。 （庵(他) 2000: 29)

しかし、前の(2)の「など」は名詞ではなく動詞に添えられています。また、この「など」は他に同類のものが存在することを示しているだけでなく、「純輸出がマイナス幅を拡大させる」が「内需中心の成長」の具体例だということを示しています。そのような文の構造をとらえられないと、この文の意味を正確に理解することはできません。

このように、一般的な「文型」の知識だけでは読解に役に立たないことがあります。そのため、複雑な構造の文をとらえる「読解のための文法」が必要になります。

Q1-2：読解のための文法というのは、作文のための文法と同じですか。

A1-2：違います。読解のための文法は、文の構造をとらえて意味を理解する文法です。作文のための文法は、語句を選んで文を作る文法です。

　読解のための文法というのは、意味を理解するための文法です。たとえば、(5)を読んで、「そのため」は理由ではなく目的を表していると理解するための文法です。

> (5) 冨田は、ヒトは環境の変化に対して柔軟に適応し、バリエーションのある多種多様な動きが可能であるが、<u>そのためには</u>身体機能と環境との相互関係の中で情報を探索し、重要な情報をピックアップしながら活動することが重要であると述べている。
> （村田伸(他)「在宅障害高齢者の転倒に影響を及ぼす身体及び認知的要因」p.93）

具体的には、(6)のような文法です。

> (6) a.　「そのためには」という形は、理由ではなく目的を表している。
> 　　 b.　「そのため」が係っていく述語（前の(5)では「重要である」）が非過去形であれば、理由ではなく目的を表しているのが普通である。

　一方、作文のための文法というのは、文を作るための文法です。たとえば、(7)のような文を書くとき、目的を表すために□□□に入れる接続表現として、「そのため」や「そのために」ではなく「そのためには」を入れればよいと判断するための文法です。

> (7) 冨田は、ヒトは環境の変化に対して柔軟に適応し、バリエーションのある多種多様な動きが可能であるが、□□□身体機能と環境との相互関係の中で情報を探索し、重要な情報をピックアップしながら活動することが重要であると述べている。

具体的には、(8)のような文法です。

> (8) a.　「そのため」は理由を表すと思われやすいので、目的を表すときには「そのため」ではなく「そのために」や「そのためには」を使うほうがよい。
> 　　 b.　個別の事態ではなく、必要性などの一般論を述べるときは、目的を表すのに「そのために」ではなく「そのためには」を使うのが普通である。

このように、読解のための文法と作文のための文法では、何から何を判断するのかという方向が違います。読解では、書かれた文字から、その文字が表している意味が何であるかを判断します。作文では、自分が表したい意味から、その意味を表すための文字として何がよいかを判断します。

読解では、「そのために」と「そのためには」のような類義表現の使い分けがわからなくても、意味を適切に理解できることが多いです。それに対して、作文では「そのために」と「そのためには」のような類義表現の使い分けがわからないと、文を適切に作れないことが多いです。その意味では、読解のための文法のほうが作文のための文法より簡単だと言うことができそうです。

Q2 ：学習者にとって、読解では文法のどのようなことが難しいですか。

A2 ：学習者の日本語レベルによって違いますが、大まかに言えば、見慣れない機能語の意味を読みとることや、どの部分がどの部分を修飾しているかをとらえること、省略されている語句が何であるかを推測することなどです。

学習者にとって読解でどのようなことが難しいかという研究としては、ドイツ語・フランス語・スペイン語を母語とする初級・中級学習者を対象にした野田他(2018)や、フランス語を母語とする初級から上級の学習者を対象にした野田(2018b)があります。また、中国語を母語とする上級学習者を対象にした野田(2014, 2017)、野田・花田・藤原(2017)のほか、いろいろな言語を母語とする初級から上級の学習者を対象にした野田(編)(2020予定)もあります。その他、ウェブサイト「日本語非母語話者の読解コーパス」(https://www2.ninjal.ac.jp/jsl-rikai/dokkai/)には日本語非母語話者に対する読解調査のデータが掲載されています。この「読解コーパス」については，野田(2019)に説明があります。

そうした研究の結果を見ると、学習者にとって読解で文法のどのようなことが難しいかは、学習者の日本語レベルによって違います。ただ、学習者のレベルにかかわらず広く見られる難しさとして、①から③のようなことがあります。

① 見慣れない機能語の意味を読みとる

② どの部分がどの部分を修飾しているかをとらえる

③ 省略されている語句が何であるかを推測する

① 見慣れない機能語の意味を読みとる

　実際の読解では、見慣れない機能語が出てくることがあります。「～として」や「～にかかわらず」など助詞のような機能を持った語句や、「～とされる」や「～べきだ」など助動詞のような機能を持った語句などです。

　このような機能語はひらがなで書かれていることが多いため、学習者はあまり重要だとは思わずに無視し、その意味を読みとれないことがよくあります。

　たとえば、(9)を読んだ中国語を母語とする上級学習者が「こととしている」を無視し、「中古住宅流通市場整備・活性化を行う。」という意味だと不適切に理解した事例があります。

> (9) 本年度予算においても、中古住宅流通市場整備・活性化を行う<u>こととしている</u>。　　（野村正史「低炭素都市・地域づくりに向けての不動産政策」p.69）

　この文の意味を適切に理解するためには、「こととしている」は「ことに決められている」というような意味を表す表現だという文法的な知識が必要です。

　一般的な日本語教育では、学習者が自分で使う必要が少ない機能語はあまり積極的に扱われません。しかし、この「こととしている」のように、自分で使う必要はないけれど読解には必要な機能語が実際にはたくさんあります。

② どの部分がどの部分を修飾しているかをとらえる

　実際の読解では、どの部分がどの部分を修飾しているかという修飾先の候補が複数考えられる文が出てくることがあります。そのような場合、学習者は修飾先を適切にとらえられないことがあります。

　たとえば、(10)を読んだスペイン語を母語とする中級学習者が「ひさびさに」が「呼ばれる」ではなく「ひやひやする」を修飾していると不適切に理解した事例があります。

> (10) 名前を呼ばれてはっとした。<u>ひさびさに</u>呼ばれると、ひやひやする。いやな予感がする。　　（青山七恵『ひとり日和』p.10）

　「ひさびさに」の修飾先を適切に判断するためには、「たぶん」のようなモダリティにかかわる副詞はすぐ後の述語ではなく文末の述語を修飾することが多いが、「ひさびさに」のような動詞の様態を表す副詞はすぐ後の動詞を修飾するのが普通だという

文法的な知識が必要です。

　このように、どの部分がどの部分を修飾しているかをとらえるためには、どのような文法的な語句が使われているかを手がかりにして文の構造をとらえたり、前後の文脈を考えたりしなければなりません。それは、初級学習者だけではなく上級学習者にとっても難しいことがあります。

③ 省略されている語句が何であるかを推測する

　実際の読解では、主語などが省略されている文が出てくることがあります。そのような場合、省略されている語句を適切に推測できないことがあります。

　たとえば、(11)を読んだフランス語を母語とする初級学習者が、「まったく、くそいまいましい雀じゃ。しっ、しっ」の省略されている発話者を推測できなかった事例があります。

> (11)ちゅんはパタパタ飛んではおじいさんの肩にとまり、パタパタ飛んではおじ
> 　　いさんの頭にとまり、ちゅんちゅんといい声で鳴きます。おじいさんの行く
> 　　ところへはどこへでもついていきます。
> 　　おじいさんが厠へ行くときは、扉の前でぎょうぎよく待ってます。
> 　　<u>「まったく、くそいまいましい雀じゃ。しっ、しっ」</u>
> 　　おばあさんはたまにちゅんと目があうと、ええうっとうしいとちゅんを追っ
> 　　払います。
> 　　　　　　　（左大臣プロジェクト運営委員会「左大臣どっとこむ」、「舌切り雀」）

　「まったく、くそいまいましい雀じゃ。しっ、しっ」の省略されている発話者を適切に推測するためには、物語の文章では発話者は発話文の前の文で示されることも後の文で示されることもあるという文法的な知識が必要です。そして、発話文の前後に「おじいさんが言った」や「おじいさんは言った」のような発話者を明示する文がなければ、発話者はその前後の文で「〜は」で示される人物であることが多いという文法的な知識も必要です。

　このように、省略されている語句を推測するためには、省略されている語句がある文の前の文も後の文も見ながら、「が」や「は」のような文法的な語句も手がかりにして考えなければなりません。それは、初級学習者だけではなく上級学習者にとっても難しいことがあります。

Q2-1：初級レベルの学習者にとっては、特にどのようなことが難しいですか。

A2-1：ひらがなや漢字が連続している部分を語の単位に切り分けることや、機能語や活用形を手がかりにして語句どうしの関係をとらえることです。

初級レベルの学習者にとって難しいのは、①や②のようなことです。

① ひらがなや漢字が連続している部分を語の単位に切り分ける
② 機能語や活用形を手がかりにして語句どうしの関係をとらえる

① ひらがなや漢字が連続している部分を語の単位に切り分ける

初級学習者にとっては、ひらがなや漢字が連続している部分を適切に語の単位に切り分ける分節が難しいことがあります。

たとえば、(12)を読んだスペイン語を母語とする初級学習者が「2分半蒸らします」の部分を「2分」と「半蒸らします」に不適切に切り分けた事例があります。

(12) キャベツ、天かす、(2) の麺の順にのせて、約2分半蒸らします。
（オタフクソース「オタフク」、「おウチで簡単！焼き方レシピ」）

「2分半蒸らします」を適切に語の単位に切り分けるためには、「半蒸」が熟語として1つの単位になっていないと判断する必要があります。そのためには、もし「半蒸」が熟語だとすると、その直後が「し（ます）」や「す（る）」になることはあっても、「ら」にはならないのが普通だという文法的な知識が必要です。その知識があれば、「半蒸」が熟語である可能性は低いと判断できます。また、「半」は「年」「キロ」などの数量単位の後や「世紀」「ダース」などの数量単位の前に付いて「半分」という意味を表すことが多いという知識や、「半」は他の漢字1字といっしょになって熟語を作ることはあまりないという知識もあるとよいでしょう。

このように、ひらがなや漢字が連続している部分を適切に語の単位に切り分けるためには、動詞の活用や語構成などの知識を活用しなければなりません。それは、特に初級学習者にとっては難しいと言えます。

② 機能語や活用形を手がかりにして語句どうしの関係をとらえる

初級学習者にとっては、機能語や活用形を手がかりにして語句どうしの関係を適切にとらえるのが難しいことがあります。

たとえば、(13)を読んだフランス語を母語とする初級学習者が「ときどき魚屋に出る

川のスズキ」と「びっくりするうまさ」の関係をとらえられなかった事例があります。

(13)ときどき魚屋に出る川のスズキの、びっくりするうまさ。（Editions Ilyfunet
『Ovni』No.831「ときどき魚屋に出る川のスズキの、びっくりするうまさ。」）

「ときどき魚屋に出る川のスズキ」と「びっくりするうまさ」の関係を適切にとら
えるためには、「ときどき魚屋に出る川のスズキ」の後の「の」を手がかりにして、
これが「びっくりするうまさ」という名詞を修飾していると判断する必要がありま
す。そのためには、「〜の」の直後に名詞がない場合はそれより後の名詞を修飾する
ことがあることや、直後の名詞を修飾しないときには「〜の」の後に「、」が入って
いることがあるという文法的な知識が必要です。

このように、語句どうしの関係を適切にとらえるためには、「の」のような機能語
や述語の活用形などの知識を活用しなければなりません。それは、特に初級学習者に
とっては難しいと言えます。

Q2-2：中級レベルの学習者にとっては、特にどのようなことが難しいですか。

**A2-2：比喩的表現に対して比喩的表現だと判断することや、述語が複数ある文でそれ
ぞれの述語の主語を特定することです。**

中級レベルの学習者にとって難しいのは、①や②のようなことです。

① 比喩的表現に対して比喩的表現だと判断する
② 述語が複数ある文でそれぞれの述語の主語を特定する

① 比喩的表現に対して比喩的表現だと判断する

中級学習者にとっては、比喩的表現が出てきたときに、それを比喩的表現だと判断
するのが難しいことがあります。

たとえば、(14)を読んだドイツ語を母語とする中級学習者が「肩身は狭かった」
を、比喩的な「居心地が悪かった」というような意味ではなく、比喩的ではない「体
が小さかった」という意味だと不適切に理解した事例があります。

(14)あの場所では、やはり日本人の肩身は狭かった。　　　（朝日・日経・読売
3社共同プロジェクト「あらたにす」、「もし、あなたが真珠湾に訪れたなら」）

「肩身は狭かった」を比喩的な表現だと適切に判断するためには、「体が小さかった」という意味ではこの文が前後の文脈とうまくつながらないので、比喩的な表現かもしれないと推測する必要があります。そのような推測ができれば、「肩身が狭い」の意味を知らなくても、辞書を調べることによって比喩的な表現だと判断できます。

このように、比喩的表現に対して比喩的表現だと判断するためには、前後の文脈との整合性から比喩的表現かもしれないと推測しなければなりません。それは、中級学習者にとっては難しいと言えます。

② 述語が複数ある文でそれぞれの述語の主語を特定する

中級学習者にとっては、述語が複数ある文でそれぞれの述語の主語を適切に特定するのが難しいことがあります。

たとえば、(15)を読んだスペイン語を母語とする中級学習者が「楽しみにしている」の主語を「あたし」だと不適切に理解した事例があります。

(15)「あのとき、あたしが行くのちょっと楽しみにしている感じだったんだよねえ。おばちゃんも一人じゃさみしいだろうしさ、ちょうどいいじゃない。」

(青山七恵『ひとり日和』p.30)

「楽しみにしている」の主語を「おばちゃん」だと適切に特定するためには、「あたし」には「が」が付いているので、「あたし」はすぐ後の動詞「行く」の主語であるだけで、「楽しみにしている」の主語にはならないという文法的な知識が必要です。

それとは対照的に、もし「あたし」に「は」が付いていれば、「あたし」はすぐ後の動詞「行く」の主語になるだけでなく、「楽しみにしている」の主語にもなります。そのような文法的な知識もあれば、述語が複数あるさまざまな文で、それぞれの述語の主語を適切に特定できます。

このように、述語が複数ある文でそれぞれの述語の主語を適切に特定するためには、主語に「が」が付いているか「は」が付いているかで文の構造が大きく違うという文法的な知識を活用しなければなりません。それは、中級学習者にとっては難しいと言えます。

Q2-3 : 上級レベルの学習者にとっては、特にどのようなことが難しいですか。

A2-3 : 類似の機能語を見わけた上で文の意味を理解することや、文の部分的な構造を組み合わせて文全体の構造をとらえることです。

上級レベルの学習者にとって難しいのは、①や②のようなことです。

① 類似の機能語を見わけた上で文の意味を理解する
② 文の部分的な構造を組み合わせて文全体の構造をとらえる

① 類似の機能語を見わけた上で文の意味を理解する

上級学習者にとっては、類似の機能語を見わけた上で文の意味を適切に理解するのが難しいことがあります。

たとえば、(16)を読んだ中国語を母語とする上級学習者が「あまりにも」を「あまり」と同じだと考え、「あまりにも異例なことである」を「あまり異例ではない」つまり「そんなに驚くことではない」という意味だと不適切に理解した事例があります。

> (16)中国政府が外国企業の名前を道路の名前として用いたことは、<u>あまりにも異例なことである</u>が、中国の威海市には、「三星路」(サムスン路)がある。
> （犬塚正智「韓国半導体産業のDRAM戦略—サムスン電子のケースを中心に—」p.34）

「あまりにも異例なことである」の意味を適切に理解するためには、「あまりにも」は「あまり」とはまったく違うという文法的な知識が必要です。そのような知識がなくても、「あまり」であれば、その後の述語が否定の形になっているはずなのに、そうなっていないことに気づく必要があります。そうすれば、「あまりにも」は「あまり」とは違うのではないかと推測することができます。

このように、類似の機能語を見わけた上で文の意味を適切に理解するためには、さまざまな文法的な知識を活用しなければなりません。それは、上級学習者にとっても難しいと言えます。

② 文の部分的な構造を組み合わせて文全体の構造をとらえる

上級学習者にとっては、文の部分的な構造を組み合わせて文全体の構造を適切にとらえるのが難しいことがあります。

たとえば、(17)を読んだ中国語を母語とする上級学習者が下線部の構造をとらえ

られず、「介護負担感が精神的健康に影響を与えているという見解の研究」と、それとは逆方向の「精神的健康が介護負担感の上昇要因となっているという見解の研究」があることを理解できなかった事例があります。

> (17) しかし、従来の研究には、横断的データを基礎とした介護負担感と精神的健康の強さ及びその要因に関するものが多く、<u>介護負担感が精神的健康に影響を与えているのか、精神的健康が介護負担感の上昇要因となっているのか</u>は、研究により見解が異なっており、しかも縦断的データを用いて、介護負担感と精神的健康の双方向の関係を明らかにしている研究はほとんど見られない。　　　　　　　　　　　　　　　　　　　　　　　　　　　　　　　（東野定
> 律(他)「続柄別にみた家族介護者の介護負担感と精神的健康の関連性」p.98)

　この文の下線部の構造を適切にとらえるためには、まず、「〜のか」が複数あり、それぞれの「〜のか」の内部の構造が対比的になっているので、これらの「〜のか」は並列されていると分析することが必要です。この文では、2つの「〜のか」の内部は、「影響を与えている」と「上昇要因となっている」がほぼ同じ意味であり、「介護負担感が精神的健康に」と「精神的健康が介護負担感の」の部分が対比されていることをとらえるということです。さらに、「〜のか、〜のかは、研究により見解が異なる」は、単純化すれば「Aは研究によって見解が異なる」という構造であり、「A」の部分に2つの「〜のか」が選択肢として入っている構造だと分析する必要があります。
　このように、複雑な文全体の構造をとらえるためには、さまざまな文法的な知識を活用しながら文の部分的な構造を組み合わせて判断しなければなりません。それは、上級学習者にとっても難しいと言えます。

Q3：文法の読解指導は、具体的にどのようなことをすればよいですか。

A3：学習者にとって読解ではどのようなことが難しいかを踏まえた上で、「読解のための文法」を具体的に示し、文章例を使って練習するのがよいです。

　学習者にとって読解で難しいことは、Q2で見たことをはじめ、たくさんあります。読解指導では、そのような点を中心に、「読解のための文法」を一つひとつ具体的に示す必要があります。
　たとえば、Q2-2の②で見た「述語が複数ある文でそれぞれの述語の主語を特定する」ことについて指導するのであれば、次のような「読解のための文法」を示すこと

になります。基本的には(18)のような文法です。これは、野田(2018a)で示されたものの一部です。

(18) a. 「〜は」は、基本的に文末まで係っていく。
　　 b. 「〜が」は、基本的にその後に出てくる最初の述語までしか係っていかない。

これをわかりやすく図で示すと、(19)のようになります。基本的には、実線の矢印のような係り方になります。点線の矢印のようにも係ることが多いです。しかし、「×」のような係り方はしません。

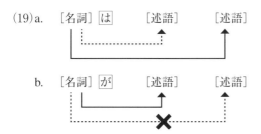

たとえば、(20)は前の(19)a.と同じ構造なので、「彼女は」は「住んでいる」に係るとともに「入学した」にも係ります。つまり、「入学した」の主語も「住んでいる」の主語も「彼女」ということになります。

(20) 彼女は大学に入学したときから、松山に住んでいる。

一方、(21)は前の(19)b.と同じ構造なので、「彼女が」は「入学した」には係りますが、「住んでいる」には係りません。つまり、「入学した」の主語は「彼女」ですが、「住んでいる」の主語は「彼女」ではない人になるということです。

(21) 彼女が大学に入学したときから、松山に住んでいる。

「住んでいる」の主語が誰であるかは、この文だけからはわかりません。この文より前で誰かについて述べているなら、その人が「住んでいる」の主語です。そのような人がいなければ、普通は「私」が主語です。

ただし、前の(19)a.で、「[名詞]は」と次の述語の間に「[名詞]が」があれば、(22)のように、「[名詞]は」は最初の述語には係らず、その後の述語に係っていきます。「[名詞]が」が最初の述語に係ります。

たとえば(23)では、「彼女は」は「入学した」には係らず、「住んでいる」に係ります。「妹が」が「入学した」に係ります。つまり、「入学した」の主語は「妹」で、「住んでいる」の主語は「彼女」ということになります。

(23)彼女は妹が大学に入学したときから、松山に住んでいる。

また、前の(19)a.で、最初の述語の後に「[名詞]は」があれば、(24)のように、「[名詞]は」は最初の述語までしか係りません。その後の「[名詞]は」がその後の述語に係ります。

たとえば(25)では、「彼女は」は「入学した」には係りますが、「就職した」には係りません。「妹は」が「就職した」に係ります。つまり、「入学した」の主語は「彼女」で、「就職した」の主語は「妹」ということになります。

(25)彼女は大学に入学したが、妹は銀行に就職した。

さらに、前の(19)b.で、最初の述語が「〜ながら」「〜て」など従属度の高い節の中に入っているときは、(26)のように、「[名詞]が」は最初の述語だけでなく、その後の述語にも係っていきます。

たとえば(27)では、「弟が」は「読みながら」だけでなく「聞いている」にも係ります。つまり、「読みながら」の主語も「聞いている」の主語も「弟」ということになります。ただし、このような形で「～が」が使われている文は実際にはあまりありません。

(27)<u>弟が</u>本を<u>読みながら</u>音楽を<u>聞いている</u>。

ここで例として取り上げた「述語が複数ある文でそれぞれの述語の主語を特定する」ことは、中級学習者の多くが適切には行えません。初級学習者が読むものには述語が複数ある文が少ないですが、初級学習者ももちろんできません。上級学習者になると、適切に主語を特定できる人が増えますが、できない人もかなりいます。

実際の読み物から取った文章例を使いながら、このような「読解のための文法」を指導する必要があります。

Q3-1：会話や作文の時間に文法の指導をしているので、読解では文法の指導はしなくてもよいですか。

A3-1：会話や作文のための文法と読解のための文法では方向が逆なので、「読解のための文法」として指導する必要があります。

会話や作文のための文法は、自分が表したい意味からその意味を表す形を作り出すためのものです。読解のための文法は、逆に、形から、その形が表している意味を読みとるためのものです。

勘のよい学習者は、試行錯誤しながら、会話や作文のための文法から読解のための文法を導き出せることがありますが、多くの学習者にそれは望めません。「読解のための文法」として指導する必要があります。

たとえば，Q3で見た主語に付く「は」と「が」の使い分けは初級の段階で習うのが普通です。(28)のような文の(　)には「は」ではなく「が」を使うことを習い、練習も行っているはずです。

(28)山田さんはヤンさん(　)作った料理を食べました。

初級の段階で習っていても、作文でこのような「が」が使えない中級学習者は多いですが、それ以上に、このような文法を読解のために応用できる中級学習者はほとんどいません。

「ヤンさんが作った」のような節の中では「～は」ではなく「～が」を使うという

「会話や作文のための文法」と、「〜が」はその直後の述語にしか係らないという「読解のための文法」は、本質的には同じです。「節の中だけの主語には「が」を使う」というのが本質だからです。しかし、「会話や作文のための文法」と「読解のための文法」では、表面的に見ると大きく違います。「会話や作文のための文法」から「読解のための文法」を導き出すのは、多くの学習者にとっては難しいことです。

「このような形があったら、このように理解する」という読解の方向で文法の指導をしなければ、多くの学習者は読解のための文法を習得できません。

Q3-2：漢字系学習者と非漢字系学習者では読解指導の内容を変える必要がありますか。

A3-2：語彙の指導では漢字系学習者か非漢字系学習者かで指導内容を変える必要がありますが、文法の指導では基本的に変える必要はありません。

日本語を学習する前に中国語などの漢字を知っていた漢字系学習者は漢字語彙に強いため、漢字語彙の指導にあまり時間をかける必要がありません。それに対して、日本語を学習する前に漢字を知らなかった非漢字系学習者は漢字語彙に弱いため、漢字語彙の指導に十分な時間をかける必要があります。

このように語彙の指導では漢字系学習者と非漢字系学習者では指導内容を変えることになりますが、文法の指導では基本的に指導内容を変える必要はありません。学習者にとって読解でどのようなことが難しいかを調査しても、漢字系学習者と非漢字系学習者で大きな違いが見られないからです。

ただし、漢字系学習者は漢字に強いので、漢字の部分を中心に読む傾向が強く、相対的にひらがなの部分を軽視することになります。その結果、全体的には比較的よく理解できているのに、ひらがなで書かれている文法的に重要な部分を適切に理解できていない事例が目立ちます。

漢字系学習者には漢字語彙の指導などに時間をかけなくて済む分、ひらがなで書かれた文法にかかわる部分の指導に十分な時間をかけるとよいでしょう。

Q3-3：読み物をたくさん読めば、文法的な読解能力は自然に習得できますか。

A3-3：たくさん読むだけで文法的な読解能力が習得できるとは言えません。具体的な「読解のための文法」の指導が必要です。

文法的な読解能力は、自然に習得するのがいちばん難しいものの一つではないかと思われます。

会話能力の場合は、日本語をたくさん聞いていく中で、自分の日本語の話し方を修正し、習得していける人が少なくありません。たとえば、自分のことを話すときに、

日本語を学び始めたころは必ず「私は」から話を始めていても、母語話者の日本語を聞いていると「私は」を言っていないことに気づいて修正していくといったことです。

　会話能力は、他の人がどう話しているかが外からわかるので、自然に習得しやすいということです。それに対して、読解能力は、書かれた日本語の意味を他の人がどう理解しているかが外からはわからないので、自然に習得するのが難しいと言えます。

　読解でも、語彙については自分で辞書を調べればわかることが多く、指導を受けなくても、自分の努力で習得することができます。しかし、文法については辞書や文法書を見ても、読解のための文法については書かれていません。自分の努力だけではなかなか習得できません。具体的な指導が必要です。

Q4：読解指導では、文法の面から考えて、どのような文章を取り上げるのがよいですか。

A4：文法のことは考えずに、学習者が読みたいと思う、生（なま）の文章を取り上げるのがよいでしょう。

　実際に読解の練習をするために使う文章は、あくまでも学習者が読みたいと思う、生（なま）の文章を使うのがよいでしょう。文法のことを考えて文章を選ぶのではなく、その文章の中に文法的に理解しにくい表現が出てきたら、それについて説明し、指導するということです。

　もちろん、「読解のための文法」の説明をするときには、説明したい部分に焦点を当てるために、難しい語彙や文型が使われていない文を使うほうがわかりやすくなります。

Q4-1：読解で使う文章は、読みやすいように、難しすぎる構造の文を入れないようにしたほうがよいですか。

A4-1：読解では難しすぎる文も使い、それを読めるようにするほうがよいです。

　会話や作文のモデル文として示す文は、同じような意味を表すのであれば、難しい構造の文よりやさしい構造の文のほうがよいです。そのほうが、学習者は実際に話したり書いたりできるようになります。

　しかし、読解ではやさしい構造の文ばかり読んでいては、実際の読解には役に立ちません。現実の日本語には難しい構造の文も入っています。わからない部分を読み飛ばすことを含め、そうした文にも何とか対処できるようにならないと、学習者用の特別な読み物しか読めないことになってしまいます。

Q4-2：読解で生の文章を使いたいのですが、文法的に間違った表現が入っていることがあります。修正したほうがよいですか。

A4-2：修正するのはよくありません。間違った表現でも適切に理解できるようにするのがよいです。

　まず、生の文章を勝手に書き換えるのは、著作権法で認められていません。

　教育的な面から考えても、生の文章をそのまま使うのがよいです。文法的に間違った表現でも、適切に理解できるようにするのがよいということです。

　たとえば、(29)のような「～が～ていただきます」という表現は間違っていると考えられてはいますが、実際には使われています。

　　(29)瓦版さまが、ベツルートエージェント小堀について記事を掲載していただきました！　　　　　　　　　　　　　　　　　　　　　（アドヴァンテージ
　　　「アドヴァンテージ」、「弊社小堀が瓦版さまに取材をしていただきました！」）

　この文の意味は、「ウェブマガジンの「瓦版」がベツルートエージェントの小堀という自社の社員についての記事を掲載してくれた」ということです。一般的には「瓦版さまが～掲載していただきました」ではなく、「瓦版さまが～掲載してくださいました」か「瓦版さまに～掲載していただきました」にしなければならないとされています。

　読解では、この文を読んで、「瓦版が記事を掲載し、私たちが利益を受けた」という意味である可能性が高いと判断する必要があります。文法的に考えると、「誰かが記事を掲載し、瓦版が利益を受けた」という意味になりそうですが、そのような意味である可能性は低いと判断しなければなりません。

　このように、間違った表現であっても、書いた人が書きたかった意味を適切に理解できるようにすることが読解では必要です。

まとめ ▶▶▶▶▶

　この章では、学習者にとって読解では文法的に見てどのようなことが難しいのかを説明しました。また、学習者にとって難しいことに対してどのような読解指導を行えばよいかについて提案をしました。

　学習者にとって読解で難しいのは、見慣れない機能語の意味を読みとることや、どの部分がどの部分を修飾しているかをとらえること、省略されている語句が何であるかを推測することなどだということを述べ、学習者の日本語レベル別に何が特に難しいかを説明しました。

読解指導としては、学習者にとって読解ではどのようなことが難しいかを踏まえた上で、「読解のための文法」を一つひとつ具体的に示し、文章例を使って練習することを提案しました。

　これまでの読解教育では、「読解のための文法」について指導することはほとんどありませんでした。辞書や文法書を調べても、「読解のための文法」について具体的な説明はないというのが現状です。

　これからは、学習者にとって読解では文法的に見てどのようなことが難しいのかを調査しながら、野田(2016)で示されているような「読解のための文法」を一つひとつ作っていくことが重要な課題になります。

用例出典

青山七恵 (2007)『ひとり日和』河出書房新社.

朝日・日経・読売 3社共同プロジェクト「あらたにす」、「もし、あなたが真珠湾に訪れたなら」 <http://allatanys.jp/blogs/3350/>（2019年8月7日閲覧）

アドヴァンテージ「アドヴァンテージ」、「弊社小堀が瓦版さまに取材をしていただきました！」 <https://ad-vantage.jp/news/kawara4.html>（2019年8月7日閲覧）

犬塚正智 (2010)「韓国半導体産業のDRAM戦略—サムスン電子のケースを中心に—」『創価経営論集』34(2・3), pp.23-42. <https://soka.repo.nii.ac.jp/?action=repository_uri&item_id=37548&file_id=15&file_no=1>（2019年8月7日閲覧）

オタフクソース「オタフク」、「おうチで簡単！焼き方レシピ」<http://www.otafuku.co.jp/recipe/cook/noodle/nood01.html>（2017年5月12日閲覧）

経済産業省（編）(2017)『平成29年版　通商白書』<https://www.meti.go.jp/report/tsuhaku2017/2017honbun/i1310000.html>（2019年8月7日閲覧）

左大臣プロジェクト運営委員会「左大臣どっとこむ」、「舌切り雀」<https://yomukiku-mukashi.com/shitakiri.html>（2019年8月7日閲覧）

野村正史 (2012)「低炭素都市・地域づくりに向けての不動産政策」『日本不動産学会誌』26(1), pp.66-70. <https://www.jstage.jst.go.jp/article/jares/26/1/26_66/_pdf/-char/ja>（2019年8月7日閲覧）

東野定律・中島望・張英恩・大野賀政昭・筒井孝子・中嶋和夫・小山秀夫 (2010)「続柄別にみた家族介護者の介護負担感と精神的健康の関連性」『経営と情報』22(2), pp.97-108. <https://u-shizuoka-ken.repo.nii.ac.jp/?action=repository_uri&item_id=2123&file_id=40&file_no=1>（2019年8月7日閲覧）

村田伸・津田彰・稲谷ふみ枝・田中芳幸 (2005)「在宅障害高齢者の転倒に影響を及ぼす身体及び認知的要因」『理学療法学』32(2), pp.88-95. <https://www.jstage.jst.go.jp/article/rigaku/32/2/32_KJ00003946835/_pdf/-char/ja>（2019年8月7日閲覧）

Editions Ilyfunet『Ovni』No.831（2017年6月1日号）「ときどき魚屋に出る川のスズキの、びっくりするうまさ。」<https://ovninavi.com/%E3%81%A8%E3%81%8D%E3%81%A9%E3%81%8D%E9%AD%9A%E5%B1%8B%E3%81%AB%E5%87%BA%E3%82%8B%E5%B7%9D%E3%81%AE%E3%82%B9%E3%82%BA%E3%82%AD%E3%80%81%E3%81%9D%E3%81%AE%E7%99%BD%E8%BA%AB%E3%81%AE%E3%81%86%E3%81%BE/>（2019年8月7日閲覧）

参考文献

庵功雄・高梨信乃・中西久実子・山田敏弘 (2000)『初級を教える人のための日本語文法ハンドブッ

ク』スリーエーネットワーク.

野田尚史（2014）「上級日本語学習者が学術論文を読むときの方法と課題」『専門日本語教育研究』16, pp.9-14.

野田尚史（2016）「非母語話者の日本語理解のための文法」庵功雄・佐藤琢三・中俣尚己（編）『日本語文法研究のフロンティア』pp.307-326, くろしお出版.

野田尚史（2017）「中国語話者の日本語読解―調査方法と調査結果―」『中国語話者のための日本語教育研究』8, pp.1-15.

野田尚史（2018a）「日本語教育はどのように新しい日本語文法研究を創出するか―「聞く」「話す」「読む」「書く」ための文法の開拓―」『日本語文法』18(2), pp.45-61.

野田尚史（2018b）「聴解・読解における日本語のバリエーションの難しさ」大島弘子（編）『フランス語を母語とする日本語学習者の誤用から考える』pp.1-19, ひつじ書房.

野田尚史（2019）「読んで理解する過程の解明―「読解コーパス」の開発―」野田尚史・迫田久美子（編）『学習者コーパスと日本語教育研究』pp.23-42, くろしお出版.

野田尚史（編）（2020予定）『日本語学習者の読解過程』ココ出版.

野田尚史・穴井宰子・中島晶子・白石実・村田裕美子（2018）「ヨーロッパの日本語学習者に有益な読解教育」『ヨーロッパ日本語教育』22, pp.218-236.

野田尚史・花田敦子・藤原未雪（2017）「上級日本語学習者は学術論文をどのように読み誤るか―中国語を母語とする大学院生の調査から―」『日本語教育』167, pp.15-30.

第**4**章　中国語母語話者の読解指導
：漢字圏の学習者の困難点とその指導法

蒙　韞・烏日哲

>>>>>

　読解指導において、中国語母語話者は日本語母語話者と同じく漢字圏であるため、非漢字圏の学習者よりアドバンテージがあると思われがちです。果たして本当にそうでしょうか。この章では、①語彙面、②文・文章構成面、③背景知識面という三つの観点から、読解における中国語母語話者の困難点とその改善策を探り、指導上のポイントを考えます。

Q1：中国語母語話者にとって、語彙面でどのような困難点がありますか。

A1：同じ漢字圏であるため、漢字を利用できますが、それによる漢字語彙の誤解も生じます。また、カタカナ語やひらがな語の理解が相対的に苦手です。

　中国語と日本語は同じ漢字圏であるため、漢字語彙は中国語母語話者にとって理解しやすいだろうと思われがちですが、同じ漢字を使っているからこそ、理解の妨げになる場合もあります。日本語と中国語で同じ漢字で表記されるものは同形語と呼ばれますが、その中で形は同じだけれど意味が異なる「同形異義語」は中国語母語話者にとって大きな落とし穴だと言われています。

　また、中国語母語話者はどうしても漢字が目に入ってしまうと、そちらの理解を優先し、カタカナ語やひらがな語の理解を軽視しがちです。カタカナ語による外来語の理解は中国語の外来語の理解と相当異なりますし、ひらがな語はそもそも理解せずに読み飛ばしてしまうことも多く、誤解が生じる原因となっています。

Q1-1：漢字語彙を中国語の意味で理解してしまう学習者には、どう指導すればよいでしょうか。

A1-1：「日中の同形異義語」「中国語にない日本語特有の漢字語彙」を中心に、文体や文化的背景を意識して指導すればよいでしょう。

　日中両言語において、形は同じなのに意味が異なる「同形異義語」、特に和語の漢字語彙の意味判断が中国語母語話者の一番の苦手だと思われます。例えば、「手紙」の場合、日本語では「用事などを書いて他人に送る文書、書簡」という意味ですが、中国語では「トイレットペーパー」の意味です。また、「汽車」の場合、日本語では

「蒸気機関車」を指していますが、中国語では「自動車」を指しています。さらに、「娘」の場合、日本語だと「(親から見て)自分の女の子どもか(若い)未婚の女性」を指していますが、中国語だと「(子どもから見て)自分の母親」を指しています。

　和語の漢字語彙における意味判断の改善策としては、上述した「同形異義語」の例を学習者に示しながら、日中両言語におけるその意味の違いを説明すると、面白くて覚えやすくなるでしょう。加えて、中国語にない日本語特有の漢字語彙を指導することが有効になるでしょう。例えば、「心配」「注文」「割引」「中古」「口座」のような語彙は中国語にないので、日常的によく使われるものから授業で教えていくとよいでしょう。

　また、書き手の意図や文章のジャンルなどを判断する方法の一つとして、学習者に、「遺憾」と「残念」、「青年」と「若者」などの相違を把握させることも有効かと思われます。さらに、日本の文化背景に関わっているものだと、より分かりにくくなることもあるので、文化背景から説明するのも大切です。例えば、日本社会・労働事情に関わる読み物に出てくる「寿退社」という語彙を中国語母語話者はよく「定年退職」だと誤って理解してしまいます。それは「寿」は中国語では「長寿」の意味で使うことが多いからです。それに、結婚をきっかけに退社することは中国ではまだまだ珍しいため、「寿退社」が「女性社員が結婚をきっかけに会社を辞めること」だと推測できないわけです。

Q1-2：カタカナ語が苦手な学習者には、どう指導すればよいでしょうか。

A1-2：まずは、教師が日本語のカタカナ表記の特徴を教えること、また学習者にその特徴に対して自ら気付かせることが大切でしょう。そして、カタカナ語を含む複合語についても指導が必要でしょう。

　中国語母語話者は文章を読む過程で、漢字語彙の比率の高い人文学分野の読解では母語からの類推が有効に作用した一方で、外来語やカタカナ語の比率の高い自然科学分野ではそうならなかったという報告があります(斎藤・玉岡・母 2012)。中国語母語話者はカタカナ語に対して「きっと外国からきた言葉に違いない」「パッと見て字面から意味が判断できない」という認識が働き、カタカナ語の意味について労力をかけて詮索しない傾向があります。

　その改善策としては、まず、教師が日本語のカタカナ表記の特徴を教えること、また学習者にその特徴に対して自ら気付かせることが大切です。具体的には、教師は日本語のカタカナ表記には様々な機能があり、外来語を表す時以外、特に注目してほしい時などにも用いられることを学習者に認識させるとよいでしょう。そして、書き手

の意図を読み取るのにもヒントになるため、安易に読み飛ばさないほうがよいことを
教えましょう。

　次に、カタカナ語が入っている複合語についても指導が必要だと思われます。例え
ば、「ポスト」だと、「郵便ポスト」「赤ちゃんポスト」はありますが、「ポスト小泉」
のような「ポスト〜」という表現もあることを教えるべきです。中国語母語話者に
は、外来語の基本的意味は複数あるので、カタカナ語でも多義的に使われる場合があ
ることを意識させることが大切です。

Q1-3：ひらがな表記を軽視してしまう学習者には、どう指導すればよいでしょうか。

**A1-3：まずは、学習者にひらがな表記を安易に読み飛ばさないようにと指導すること
が大切です。次に、日本語表記の変遷や日本語母語話者の最近の表記習慣を意
識させるのも有効でしょう。**

　中国語母語話者は日本語で文章を書く時に、漢字表記があるものをなるべく漢字で
書こうとする傾向があります。したがって、昔は漢字表記で表していたけれど、今は
ひらがなで書くことが多い助動詞、副詞などを軽視してしまうのです。

　例えば、「違法すれすれの行為」という表現をどう理解するかというと、中国語母
語話者は「すれすれ」の意味が分からなければ、「違法行為」だと理解してしまうで
しょう。そこで、学習者に「すれすれ」が用いられるのには書き手なりの意図があっ
たはずだと促し、ひらがな表記を安易に読み飛ばさないようにと指導することが大事
です。

　また、日本語表記の変遷や日本語母語話者の最近の表記習慣を意識させるのも有効
です。中国の教育機関で学習者が目にする参考書は古いものが多く、その影響で学習
者は漢字があるものはできるだけ漢字で書いたほうがより専門的で、日本語能力が高
く見られると勘違いしています。まずこの誤解を解くことから始めましょう。

Q1-4：では、上述した語彙面における中国語母語話者の陥りやすい点について、どう
指導したらよいですか。

**A1-4：内容語一つ一つの意味に注目するだけではなく、統語的関係、共起する言葉、
文の前後の繋がりを意識するように指導するとよいでしょう。**

　以下の文章を例に、中国語母語話者に気を付けてほしいポイントを教案例としてま
とめてみました。ご参照ください。

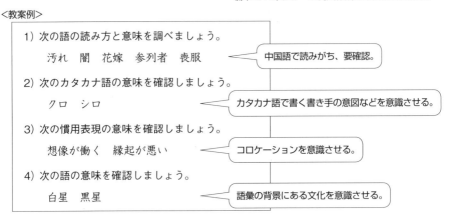

　以上、中国語母語話者の文章理解について、漢字が共通していることが語彙に与える影響を中心に検討してきました。しかし、実は、堀場(2015)でも指摘されているように、SVO対SOVという基本語順の違いや、日本語は中国語より語順の自由度が高いことなどから、母語である中国語の統語知識を活用することがあまり有効ではないため、文章理解では、漢字で表記された内容語からの意味抽出に頼りがちで、統語解析にあまり積極的に従事しない傾向があります。そこで、教師は語と語の統語的関係にも十分気を配るように意識させることが大切ではないかと考えられます。では、中国語母語話者の構文レベルでの統語解析を中心とした文章理解の特徴にはどんな傾向が見られるでしょうか。次の節で説明します。

Q2：中国語母語話者にとって、文・文章構成面でどのような困難点がありますか。

A2：先行研究でも指摘されているように、少なくとも、「文の構造のとらえ方」「文脈との関連付け」「文章構成の理解」という3点において、それぞれ、困難点があります。

　中国語母語話者の読解において、文・文章構成面での問題点や困難点が見られた先行研究としては、文・文章構成について考察した深尾(1994)や山本(1995)、読解過程に注目した谷口(1991)、舘岡(1996, 1998)、田川(2012)、再話・筆記再生タスクの分析から中国人上級日本語学習者の読解の問題点を探った高橋(2012)、中国人日本語学習者の読解教育を考察した中西(2012)、上級学習者が学術論文を読む時の方法と抱えている課題を扱った野田(2014)、中国語を母語とする上級学習者の学術論文の誤読箇所とその状態を詳しく調査・分析した野田・花田・藤原(2017)などがあります。こうした文献から、少なくとも、以降で説明する「文の構造のとらえ方」「文脈との関連付け」「文章構成の理解」という3点に中国語母語話者の困難点があることが分かります。

Q2-1：文の構造のとらえ方に困難がある場合、どう指導すればよいでしょうか。

A2-1：教師はどれが文全体の主語なのか、学習者と一緒に整理する必要があるでしょう。また、長文の読解指導上、句読点、特に読点の使用に十分に留意させましょう。

　中国語母語話者は、修飾部分が長い、あるいは引用を含むなどの長文は、文のどの部分がどの部分を修飾しているか、文のどの部分とどの部分が並列されているか、文の構造を間違って理解しがちです。

　例えば、次のような、修飾部分が長い文や長い引用を含む文は、1文に「〜は／が」や述語が複数あり、文全体の主語と述語が何か、どこからどこまでが修飾部分か、中国語母語話者にとって整理が難しいものです。

　(略)ところが人間の脳では、言語能力に関係する側頭連合野などが発達した代わりに、直観像記憶を行う部分が退化した、と研究所所長の松沢哲郎さんは考えます。

山口美佳「サイエンスリポート」(東京新聞 2008.9.30)(小野恵久子・遠藤千鶴・
大久保伸枝・山中みどり(2016)『話す・書くにつながる！　日本語読解 中上級』(アルク、p.24)より)
※下線は筆者による。

　その改善策として、まず、教師はどれが文全体の主語で、どれが修飾部分の主語かを学習者と一緒に整理する必要があります。上記の文章のように、「は」の前は文全

体の主語、「が」の前は修飾部分や引用部分の主語であることが多いことを学習者に知ってもらいます。また、文全体の主語か、修飾部分の主語かで、文の意味が大きく変わる場合もあると学習者に知ってもらうことも大切です。例えば、次の(1)と(2)のようなものを挙げながら、学習者に説明したほうがよいでしょう。

(1) ケイコはヒロシと結婚した夢を見た。
(2) (私は)ケイコがヒロシと結婚した夢を見た。

(1)では、夢の内容は「ヒロシと結婚した」で、夢の中でヒロシと結婚したのも、この夢を見たのも、両方とも「ケイコ」です。一方、(2)では、夢の内容は「ケイコがヒロシと結婚した」で、この夢を見たのは省略された「私」です。

さらに、長文の読解指導上、十分に留意するべきこととして、読点の理解を挙げることができます。文中に何度も現れる読点は、異なる意味や働きを持っているのではないかと思われるため、構文解析の際に学習者を惑わす要素となります。

Q2-2：文脈との関連付けにおいて困難が見られた場合、どう指導すればよいでしょうか。

A2-2：前後の文の繋がり、指示詞の具体的な意味、および、省略された語に注意しながら読ませることが大切でしょう。

一般に、学習者にとって、長い文章を読む時には、文章の中の指示詞「コ」「ソ」などが何を指すか、省略されている語句は何か、照応先の語句は何かを前後の文脈から適切に特定することが困難です。

例えば、以下のような長い文章を読む時には、中国語母語話者を含めた学習者一般が次のような困難にぶつかると思います。

1980年代に入ってコンピュータ化が進み、やがてインターネットが普及したことによってその情報化を利用した個人の活動が活発になり、個同士、個と何らかの組織との結び合いによる働きをする人たちが増えてきた。
　藤倉潤一郎さんは、①そうした人たちのひとりだ。(中略)藤倉さんは1968年生まれ、1990年に学生起業家としてネクステージ・システムという会社を興し、コンピュータを活用した出版などの事業を続けてきた。その過程で個人で仕事をする人たちの仕事環境を良くし、互いに切磋琢磨しようと自社を同志の交流の場とした。1997年には、全国デジタル・オープン・ネットワーク事業協同組合(D-one)を仲間と組織した。
　②そうして2004年10月、千代田区神田錦町に開設された「ちよだプラット

フォームスクウェア」（「ちよだ」）と呼ばれる施設の運営を担当する、プラットフォームサービス株式会社を設立して代表取締役に就いた。藤倉さんは以前からナレッジワーカー、藤倉さんのイメージでは「紙と鉛筆で仕事をする人」といった幅広い職域で活動する知識労働者たちが自由に活動できる拠点となるプラットフォームを構築したいと考えていた。一方、千代田区側は神田地域にある約1000棟、総床面積約35万坪の中小ビル群の活性化をしたいという思いがあった。③その双方が知恵を出し合って、④先の「ちよだ」が開設された。「ちよだ」は千代田区中小企業センターをリニューアルした施設である。インターネット上のオンラインのプラットフォームを維持するためには、人々が出会い、働き合えるオフラインのプラットフォームも必要だ。「ちよだ」はその役割を担うものである。プラットフォームサービスは、藤倉さんと思いを共にする人々とのコンセプトづくりと資金集めで、資本金1750万円の株式会社としてスタートし、2006年3月現在、資本金7000万円の会社に成長した。

森清（2006）『働くって何だ　30のアドバイス』岩波書店、pp.143-144.(小野恵久子・遠藤千鶴・
大久保伸枝・山中みどり（2016）『話す・書くにつながる！　日本語読解 中上級』（アルク、p.66）より）
※文番号および一部の下線は筆者による。

　まず、下線①「そうした人たち」とはどのような人たちなのか、下線③「その双方」とは誰（何）と誰（何）のことなのか、指示詞をもとに前の段落や前後の文の繋がりに注意しながら読まないと、文章の意味の繋がりを正しくつかめなくなってしまいます。次に、下線②の長い文の主語が省略されています。新しい段落の最初の文でもあり、前の段落と違うことを述べているようにも見えるため、この場合、省略されている情報が何かを間違いやすいです。最後に、下線④「先の『ちよだ』」は一体どのような施設なのか、前後の文脈から適切に特定することが中国語母語話者を含めた学習者一般にとって難しいです。

　その改善策として、長い文章を読む時には、文の連続をうまく理解するために、教師は学習者に次の三つのことを教えたほうがよいのではないかと思います。

1. 文章は、単なる文の羅列ではなく、文レベルを超えた全体で首尾一貫した意味のまとまりを有しています（柏崎 2010）。首尾一貫した意味のまとまりは、文と文、段落と段落が論理的に関係付けられた構造によって成り立っており、情報と情報について一般的な論理関係を反映しています（Meyer & Poon 2001）。そのため、長い文章を読む時には、前後の文の繋がりに注意しながら読むことが大切です。

2. 文章の中で指示詞「ア」はあまり使われません。「ソ」と「コ」がつく指示詞に注意しましょう。また、指示詞が指す内容は、多くの場合、指示詞の前に出てきます。ただし、指示詞「コ」の前に指すものがない場合、後を確認しましょう。さらに、指示詞が、連続する文のような長い内容を指すこともありますので、連続する文を指す指示詞にも気を付けましょう。

3. 日本語の文章では、主語、話題、その他を繰り返しては言わず、省略することが多く、省略されているものは、前の文に出てくることが多いです。そのため、何が省略されているか、前の文との話の繋がりを考えながら読み進むことが大切です。

Q2-3：学習者が文章構成の理解につまずきがちな場合、どう指導すればよいでしょうか。

A2-3：日本語の文章を日本語として捉え、日本語で読み、日本語で考え、理解できるようにするための指導が必要でしょう。

　まず、文章構成について、舘岡（1996）では、英語母語話者に比べて中国語母語話者は起承転結型の解釈を当てはめようとする傾向があると述べられています。また、舘岡（1998）では、文章構成が母語と異なると違和感があるかと聞いたところ、中国語母語話者の40％が「はい」と答えたそうです。このことは、中国語の文章構成が読解に何らかの影響を与える可能性があることを示唆しています。また、田川（2012）では、中国人中級学習者にとって因果型説明文の全体構造の理解は容易ではないが、構造を探索してから要点を探索させる活動が、中国人中級学習者の文章理解の一助となることが示唆されました。さらに、高橋（2012: 370）によると、中国人上級学習者が新聞記事を読む時、以下の問題点が見られました。

1. 原文への依存度が高いので、日本語母語話者のように原文を言い換えたり、要約したり、内容を再構築したりすることが難しい。

2. 日本語母語話者のように相手に応じて内容を自由に言い換えて再生することは困難である。

3. 大意がつかめているように見えても、結論部分が読めていないことが多い。

4. 原文中の具体例は再生できているが、その具体例が結論とどのように結びつくかまでは理解できていない。

　その改善策としては、日本語の文章を日本語として捉え、日本語で読み、日本語で考え、理解できるようにするための指導が必要でしょう。以下、上級学習者と中級学

習者、意見文、文章構成のサインと教室活動を例として具体的に見ていきましょう。

1. **上級学習者に対して**：藤井他(2012: 156)が「上級学習者はさまざまな推測ストラテジーを使って、無理にでも自分なりの解釈をして納得してしまうため、よく分からないと思うことがほとんどない」と指摘しているように、上級学習者が自分の読みを意識して、問題点を自覚することはなかなか難しいのではないかと思われます。また、石井(2006)が第二言語学習者の読み手が読む過程で重要なアイデアを選択するのは容易ではないと指摘しているように、テキストの重要な部分を見つけ出し、その根拠を示す練習などを上級であっても取り入れていく必要があるでしょう。

2. **中級学習者に対して**：L1（母語または第一言語）の成人は、なじみのない内容の文章を読む場合にボトムアップ処理に加えて、文章の論理関係や構造に関連する知識をトップダウン処理の資源として自動的に使っています(綿井・岸 1990)。また、田川(2012)の報告によると、構造要点探索活動で学習者が全体構造を探索してから内容の重要性に着目することは、L1成人のような熟達した読み手の読み方を促すことに繋がるものであり、結果からも文章の要点理解、要点構造の理解を促すことが示唆されました。このことから、構造を探索してから要点を探索させる活動が、中級学習者の文章理解の一助となる可能性があると言えるでしょう。

3. **意見文について**：意見文を読む時は、教師が学習者に書き手の意見を、その根拠となる事実と区別して読ませる必要があります。また、意見が述べてある文章に、書き手の意見が二つ以上書いてあることはよくありますが、最も大切なことは、文章の終わりに書いてあることが多いです。しかしながら、最も大切なことが文章の最初に書いてある場合もあります。その場合でも、文章の終わりにもう一度、違う言い方で同じ意見が繰り返されることがあります。書き手が最も伝えたかったことを正しくつかむためには、特に最後の段落に注目して、「〜とは思えない／〜と言える／〜と言ってもいい（だろう）」のような特定の文末表現と「本当に〜だろうか／果たして〜なのか」のような疑問文を探す方法も、一つの有力な方法です。それから、意見文の中でも、意見が対立する内容について、賛成あるいは反対の立場から根拠とともに主張するものがあります。その場合、二つの対立する立場が両方紹介されますので、どちらが書き手の立場なのかを正しく区別しなければなりません。この時、逆接の前の譲歩に注目したり、逆接の接続詞に注目したりし

て、書き手の立場を見分けましょう。

4. **文章構成のサインについて**：文章には、「ここから本題が始まる」「ここで内容をまとめる」など、大切なことを伝えるサインが出てきます。教師は学習者がそのサインを知り、そのサインを上手に使って文章構成をつかむように指導しましょう。

5. **教室活動について**：学習者同士の相互学習・協働を促し、学習者の学習意欲を向上させるため、ピア・リーディングやコミュニケーションを重視した教室活動も文章構成の理解に役に立ちます。

Q2-4：上述した困難点を踏まえてN2〜N1レベルの学習者に対してどう指導すればよいですか。

A2-4：「文の構造のとらえ方」「文脈との関連付け」「文章構成の理解」に分けて、それぞれ指導していくことが有効でしょう。

以下の文章を教材の例として一緒に考えてみましょう。

一人ひとりの「私」を活かす

（略）①2003年に大ヒットした、SMAPの「世界に一つだけの花」（作詞・作曲 槇原敬之）という歌を聴いたことがあるでしょう。私には、この曲の歌詞には、この本が理想とする人間観を考えるためのヒントが隠れているように思えます。

とくに「そうさ僕らは世界に一つだけの花／一人一人違う種を持つ／その花を咲かせることだけに／一生懸命になればいい／小さい花や大きな花／一つとして同じものはないから／No.1にならなくてもいい／もともと③「特別なOnly one」というくだりは、この本の出発点としたい箇所です。なぜなら、この歌詞のように、「私」という個人は、互いに置き換えることのできない④「独自性」をもって生きているからです。

まず、人間の身体は、それぞれ異なった組み合わせをもつDNA（デオキシリボ核酸）と呼ばれる遺伝情報を担う物質によって規定されています。②そして最近の研究によって、人間のDNAには大きな個人差が存在しており、そのちがいは、病気の発症のしやすさなどの差となって現れることが広く知られるようになりました。また、体型や体力や身体能力が人それぞれでちがっていることは、みなさんのこれまでの学校生活からも、よくおわかりでしょう。このように、自分の生まれついた身体には、他者と置き換えることのできない多様性＝個性差が存在します。これを互いに認めあうことは大切なことです。

次に、人それぞれの性格や得意分野にも独自性があります。みなさんの周りを

見まわしても、活発で明るい人もいれば、はにかみがちでシャイな人もいることでしょう。そうした性格のちがいは認めあわなければなりません。また、スポーツが得意な人、音楽や美術が得意な人、数学や理科が得意な人、社会科が得意な人、英語が得意な人、国語が得意な人などさまざまでしょう。それらを互いに認めあい、それぞれの得意分野を各自が伸ばしていくことが大切です。

　さらに、みんながいだく将来の夢も、多様であってこそ、色とりどりの花が咲くおもしろい社会が実現可能になります。みんなが、よい大学に入ってよい会社に就職することだけを夢見るような社会では、同じ花しか咲かない退屈でつまらない社会になってしまうことでしょう。その意味で、この歌詞は、大いに歌い継がれてほしいと私は思います。

山脇直司 (2008)『社会とどうかかわるか—公共哲学からのヒント—』岩波書店、pp.66-68.(小野恵久子・遠藤千鶴・大久保伸枝・山中みどり(2016)『話す・書くにつながる！　日本語読解 中上級』(アルク、pp.60-61)より)
※文番号、下線、囲み、およびルビは筆者による。JASRAC 出 1907650-901

＜教案例＞

> 文の構造のとらえ方に関する困難点の改善策として。

1) 下線①と②のような、修飾部分が長い文を分析してみましょう。

> 文脈との関連付けに関する困難点の改善策として。

2) 以下の問題に答えましょう。

　Q1：四角に囲まれた③「特別なOnly one」と同じような意味の表現を同じ段落の中から探して書き出しなさい。

　Q2：四角に囲まれた④「独自性」について、筆者は3つの点からどのような例を挙げていますか。

　　(1)＿＿＿＿＿＿＿＿＿＿＿＿＿＿＿＿＿＿＿＿＿＿＿＿＿＿＿＿＿

　　(2)＿＿＿＿＿＿＿＿＿＿＿＿＿＿＿＿＿＿＿＿＿＿＿＿＿＿＿＿＿

　　(3)＿＿＿＿＿＿＿＿＿＿＿＿＿＿＿＿＿＿＿＿＿＿＿＿＿＿＿＿＿

> 文章構成の理解に関する困難点の改善策として。

3) 下の空欄に言葉を入れ、筆者が言いたいことを完成させましょう。

　　人は一人ひとり＿＿＿＿＿＿＿＿＿＿＿＿＿＿＿＿＿＿ことはできない。

　　それを＿＿＿＿＿＿＿＿＿＿＿＿＿＿＿＿＿＿＿が大切だ。

※問題2)、および3)は、小野恵久子・遠藤千鶴・大久保伸枝・山中みどり(2016)
『話す・書くにつながる！　日本語読解 中上級』(アルク、p.62)より一部改変

　また、文の構造のとらえ方や文章構成への理解などが学習者の背景知識にも影響されると考えられます。そのため、中国語母語話者の背景知識の多寡が、文章理解にどの

ような影響を与えるでしょうか。次の節で説明します。

Q3：中国語母語話者にとって、背景知識面でどのような困難点がありますか。

A3：「文章構成の背景知識との関連付け」「記述内容の背景知識との関連付け」という2点において、それぞれ、困難点があります。

　中国語母語話者は、文章構成に関して自分が持っている背景知識と文章との関連付けが適切にできないことが見られました。また、記述内容に関する理解や判断は、母語や目標言語の文化などに関する既有知識の影響で、適切に行うことができないことが明らかになりました。

Q3-1：文章構成の背景知識との関連付けに困難がある場合、どう指導すればよいでしょうか。

A3-1：文章のジャンル（学術論文・説明文・意見文・エッセー・小説など）の違いに応じて、文章構成や高頻度表現の特徴を比較しながら説明するとよいでしょう。

　野田・花田・藤原(2017)では、中国語を母語とする上級学習者は、下記の(3)のような学術論文を読む時、論文の文章構成に関して自分が持っている背景知識と本文との関連付けが適切にできないことが観察されました。

> (3) そこで本研究では、フライアッシュおよび高炉スラグの組合せによるコンクリートの「基本性能」と「ローカーボン」の最適化を図るための基礎的な情報を得るために、フライアッシュおよび高炉スラグの組合せによる置換率がコンクリートのフレッシュ性状および硬化特性に及ぼす影響と上記の混和剤利用に伴う環境負荷低減効果について明らかにすることとした。
>
> （野田・花田・藤原 2017: 25）

　(3)はこの論文の研究目的を述べている部分ですが、学習者は「学術論文には研究結果が書かれている」という論文の文章構成についての背景知識にしたがって読んで、「本研究」と「明らか」があるから、この部分に研究結果が書かれていると判断し、「この研究では置換率が明らかになった」ということだと理解したと指摘されています。

　これについて、初級・中級学習者は、母語である中国語の文章構成に関する背景知識に影響を受け、文章の意味を不適切に理解する可能性が考えられます。例えば、意

見文に関して、中国語の文章なら、書き手の意見や立場が文章の最初に書いてあることが少なくありません。そのため、初級・中級学習者は日本語の意見文を読む時、この母語の文章構成の背景知識に左右されて書き手の意見や立場を正しく見抜けないかもしれません。

　その改善策として、どのレベルの学習者にも、その読解ニーズに応じて、文章のジャンル（学術論文・説明文・意見文・エッセー・小説など）により、文章構成上の特徴や高頻度表現のジャンル別の異なりなどを比較しながら説明したほうが、学習者にとって分かりやすく、さらに覚えやすくなるでしょう。

Q3-2：記述内容の背景知識との関連付けにつまずく学習者には、どう指導すればよいでしょうか。

A3-2：既有知識に基づく不適切な理解をなくすには、「自分の既有知識に合うような内容が書かれているとは限らない」という意識を強く持たせ、記述内容の背景知識との関連付けをうまくさせるトレーニングが必要です。

　まず、初級・中級学習者は日本語の習熟度が低いため、様々なジャンルの文章を読むことにより、日本や日本文化などに関する知識を増やすことには限界があります。そのため、目標言語の文化などに関する背景知識が乏しい場合、初級・中級学習者の場合は特に、日本語の文章を読む時、記述内容に関する理解や判断は母語の文化などに基づくことが多く、それが原因で、間違うケースが増加します。したがって、母語を用いた説明で、背景知識を積極的に補う必要があるでしょう。

　それに対して、上級学習者は日本語の習熟度が高くなるにつれて日本の文化などに関する背景知識も増えていく傾向が見られました。しかしながら、上級学習者は必ずしも増えてきた目標言語の文化的知識に基づき、文章の意味を推測、理解するとは限りません。場合によって、既有の、目標言語の文化的知識ではなく、母語の文化的知識に基づいて文章の意味を推測、理解することも観察されました。つまり、上級学習者は、母語の文化的知識しか頼りにできない初級・中級学習者と異なり、文章理解における目標言語か母語の既有文化的知識の選別に困難が見られました。例えば、野田（2014）では、上級学習者は学術論文を読む時、下記の(4)のように、自分の既有知識に合うような内容が書かれていると思い込み、不適切な理解をすることが明らかにされています。

　(4)　けだし、およそいかなる国家でも、領域内にある住民を登録し、「国民」として把握する制度を持たないものはないのである。
　　　　　　　　　　　　　　　　　　　　　　　　　　　　　　（野田 2014: 13）

この(4)の実際の意味は、「どんな国家でも、領域内にある住民を登録し、「国民」として把握する制度を持っている」となりますが、この上級学習者は、「満州国は国らしい国ではなく、傀儡国家だった」のような既有の母語の文化的知識から、「どんな国家でも、「国民」として把握する制度を持たない」という正反対の意味に理解したことが指摘されています。その原因として、次の二つが挙げられています。一つは、この学習者の日本語能力を考えると、「～ないものはない」は二重否定になるという知識がなかったとは考えにくく、既有知識に基づいて既有知識に合うように文の意味を理解した結果、二重否定に気付かなかった可能性が高いという点。もう一つは、この学習者は「いかなる国家でも」の意味を「どんな国家でも」と適切に理解していて、「どんな国家でも「国民」として把握する制度を持たない」というのは、常識的に考えてもおかしいはずであり、前後の文脈ともうまく繋がらないのに、それに気付かず、「満州国」の話だと思い込んでいたのだろうと考察されています。

　その改善策としては、初級・中級学習者に対して、目標言語の文化などに関する背景知識を、母語を用いてなるべく早めに増やしたほうがよいでしょう。また、その方法としては、読解授業の中で、語彙、文法と文型以外に、記述内容に関わる背景知識も一緒に取り入れたほうが、授業が面白くなります。例えば、茶の湯に関する文章なら、記述内容である茶の湯の第一人者千利休の話が出てきた場合、わび茶の創始者である村田珠光、利休の生涯に大きく関わった織田信長と豊臣秀吉、その時代、つまり戦国時代の話などを背景知識として合わせて導入すると、学習者の関心を呼ぶでしょう。一方、学習者のレベルを問わず、目標言語の文化に関する背景知識を増やすと同時に、既有知識に基づく不適切な理解をなくすためには、「自分の既有知識に合うような内容が書かれているとは限らない」という意識を強く持たせる必要があります。そして、自分の既有知識とは違う内容が書かれている可能性を考えながら、文・文章の構成や前後の文脈との関係をよく検討しなければならないと教えるべきでしょう。

Q3-3：上述した背景知識の困難点を踏まえて、N2～N1レベルの学習者に対してどう指導すればよいですか。

A3-3：「文章構成の背景知識」と「記述内容の背景知識」に分けて、それぞれ指導していくことが有効でしょう。

　日本文化を背景とした文章を選んで読解教材を作ってみましたので、ご参照ください。

江戸時代はエコ時代

　江戸時代の日本が循環型だったといえる理由は、あの時代の社会が太陽エネルギーだけで維持できていたことが明らかだからである。

　当時として最大の産業だった農業を考えるとよくわかる。まず、現在ではほとんど機械化している動力の99％は人力だった。牛や馬を使うこともあったが、昔の農業はほとんど人手頼りだ。人はいうまでもなく穀物などの食料で生きているが、穀物は前年度の太陽で育つから、人力の源泉も太陽エネルギーだった。

　その人間の排泄物を下肥として利用したばかりか馬の糞まで拾い集めたほどだから、肥料もすべて循環型資源で、かつての農業は、完全に太陽エネルギーだけで成り立つエコ農業だったのである。（中略）

　また、18世紀には百万都市だった江戸の上水道は、市中の地下水道管（木製）の総延長が150キロ・メートルに達し、地上の穴からつるべでくみあげる世界最大の水道網だったが、この巨大システムは、上流から流れる水が市街全体に届く巧妙な配水法により、すべてを人力と重力で運用できた。つまり、人口、面積とも世界最大の都市となっていた江戸を支える大量の食料と上水道でさえ、見事なエコシステムで運営できて、立派な循環構造が成り立っていた、と書けば、「待ってました」とばかり、人手だけに頼った産業の非能率性を指摘する人も多いはずだ。

　しかし、生産の能率の悪さを裏返せば、エネルギー効率の信じられないほどの高さが見えてくる。江戸時代は、産業でさえエネルギー消費なしですべてのものを作りだしていたため、マクロに見ればほとんど無から有が生じるといっていい状態が現実に成り立っていたのである。

　人は、ただ走っていても生産に従事していてもエネルギー消費は同じだから、製造のための動力エネルギー消費はゼロとみなせる。また、商品の材料として使う植物の大部分は、せいぜい過去数年以内の太陽エネルギーの蓄積によって育ったものだ。陶磁器や金属の原料になる鉱物の精錬・加工も動力は人力で、熱源はカーボン・ニュートラルな燃料の薪炭だった。つまり、現代の基準ではいずれもエネルギー消費ゼロとみなせる。

　太陽エネルギーだけでできた原料を使い、人間が自分の手足を動かして作る産業では、あらゆる商品が、大きな循環構造の中でほとんど何も消費せずに生まれていた。全体としては、日光と水だけで植物が成長する自然現象と大差なかったのである。それにもかかわらず、江戸時代の製品を見ればわかるが、製造技術の水準は驚くほど高かった。

　大きいものでは建築物、身近なものでは衣類や金属製品、陶磁器、木工品などの様々な生活用品、さらに書籍、錦絵のような印刷物など、いずれも今ではすでに作

れないほど完成度の高い製品が多い。わがご先祖は、こういう製品のすべてを、電力も石油動力も石油製品も使わず、手作業だけで生産し、市場へ安定供給していたのだ。

石川英輔「循環型社会だった日本　江戸時代はエコ時代」(読売新聞 2008.1.1)(小野恵久子・遠藤千鶴・大久保伸枝・山中みどり(2016)『話す・書くにつながる！　日本語読解 中上級』(アルク、pp.42-43)より)

<教案例>

> 文章構成の背景知識を要確認。

1) ここでは、新聞の論説文の文章構成を例として考えましょう。

Step1 この論説文の文章構成を背景知識として隣の人に説明してみましょう。例えば、書き手の考えやその根拠はどのような形で示していくかを説明したりしましょう。

Step2 この文章を通して、新聞の論説文の文章構成はどのような特徴があるかを探してまとめてみましょう。

> 記述内容の背景知識を要確認。

2) 下記のことについてペアやグループで話し合いましょう。

Q1：江戸時代(1603〜1867年)の人々はどんな生活をしていたのでしょうか。

Q2：江戸時代について知っていることを出し合って考えてみましょう。

Q3：江戸時代の完成度の高い製品について、知っているものがありますか。ある場合、それを詳しく説明してください。

※問題2)のQ1、Q2は、小野恵久子・遠藤千鶴・大久保伸枝・山中みどり(2016)『話す・書くにつながる！　日本語読解 中上級』(アルク、p.41)より

まとめ 》》》》》

　この章では、中国語母語話者の読解はどこがつまずきやすいのか、彼らに対する読解指導のポイントはどこにあるのかを、①語彙面、②文・文章構成面、③背景知識面という三つの観点から紹介しました。この章で紹介した改善策と教案例を使うことで、よりよい読解指導ができるようになれば幸いです。

用例出典

石川英輔「循環型社会だった日本　江戸時代はエコ時代」読売新聞(2008年1月1日)

小野恵久子・遠藤千鶴・大久保伸枝・山中みどり(2016)『話す・書くにつながる！　日本語読解 中上級』アルク.

森清(2006)『働くって何だ　30のアドバイス』岩波書店.

山口美佳「サイエンスリポート　日本科学未来館の現場から『記憶を犠牲、言語が進化？』」東京新聞(2008年9月30日)

山脇直司(2008)『社会とどうかかわるか—公共哲学からのヒント—』岩波書店.

参考文献

石井怜子（2006）「図表の呈示及び完成が第二言語学習者の説明文読解に及ぼす影響―中級後半レベルの成人日本語学習者の場合―」『教育心理学研究』54(4), pp.498-508.

石黒圭（編著）（2011）『留学生のための読解トレーニング―読む力がアップする15のポイント―』凡人社.

赫楊（2019）「第11章　文章理解における連鎖する語彙の意味推測」石黒圭（編著）『文脈情報を用いた文章理解過程の実証的研究』pp.221-241, ひつじ書房.

柏崎秀子（2010）「文章の理解・産出の認知過程を踏まえた教育へ―伝達目的での読解と作文の実験とともに―」『日本語教育』146, pp.34-48.

斎藤信浩・玉岡賀津雄・母育新（2012）「中国人日本語学習者の文章および文レベルの理解における語彙と文法能力の影響」『ことばの科学』25, pp.5-20.

高橋亜紀子（2012）「上級中国人日本語学習者の読解の問題点―再話・筆記再生タスクの分析を通して―」『宮城教育大学紀要』47, pp.357-371.

田川麻央（2012）「中級日本語学習者の読解における要点と構造の気づき―要点探索活動と構造探索活動の統合と順序の影響を考慮して―」『日本語教育』151, pp.34-47.

舘岡洋子（1996）「文章構造の違いが読解に及ぼす影響―英語母語話者による日本語評論文の読解―」『日本語教育』88, pp.74-90.

舘岡洋子（1998）「文章構造と読解―英語・韓国語・中国語を母語とする日本語学習者と日本語母語話者のテキスト評価と要約文の型―」『アメリカ・カナダ大学連合日本研究センター紀要』21, pp.67-83.

谷口すみ子（1991）「思考過程を出し合う読解授業―学習者ストラテジーの観察―」『日本語教育』75, pp.37-50.

中西泰洋（2012）「中国語を母語とする日本語学習者の読解教育を考える」『神戸大学留学生センター紀要』16, pp.37-47.

野田尚史（2014）「上級日本語学習者が学術論文を読むときの方法と課題」『専門日本語教育研究』16, pp.9-14.

野田尚史・花田敦子・藤原未雪（2017）「上級日本語学習者は学術論文をどのように読み誤るか―中国語を母語とする大学院生の調査から―」『日本語教育』167, pp.15-30.

深尾百合子（1994）「工学系の専門読解教育における日本語教育の役割」『日本語教育』82, pp.1-12.

藤井明子・花田敦子・藤原未雪・野田尚史（2012）「上級日本語学習者の読み誤り―学習者は学術論文をどこで読み誤るか―」『2012年度日本語教育学会春季大会予稿集』pp.151-156.

堀場裕紀江（2015）「語彙知識とそのテクスト理解との関係―中国語・韓国語を母語とするL2言語学習者と日本語母語話者の比較研究―」『言語科学研究』21, pp.23-46.

山本一枝（1995）「科学技術者のための専門文献読解指導―チームティーチングによるMIT夏期集中日本語講座―」『日本語教育』86, pp.190-203.

綿井雅康・岸学（1990）「児童における説明文の論理構造の知識とその活用について」『発達心理学研究』1, pp.41-48.

Meyer, B. J. F., & Poon, L. W.（2001）Effects of structure strategy training and signaling on recall of text. *Journal of Educational Psychology*, 93(1), pp.141-159.

第**5**章 ベトナム語母語話者の読解指導
：ベトナム語母語話者のメリットをフルに発揮する指導法

Nguyen Thi Thanh Thuy・Dang Thai Quynh Chi

>>>>>

　ベトナム語を母語とする日本語学習者数は近年急増していますが、ベトナム語母語話者を対象にする研究はまだ限られており、読解指導に関しても同じ状況です。ベトナム語は漢字圏とは言えませんが、TỪ HÁN VIỆT（漢越語）というベトナム語固有の漢字音からなる語群が存在しているため、日本語学習に有利に働くケースが少なくありません。この章では、ベトナム語母語話者が日本語の文章を理解する際に用いる語彙面、文法面における言語知識に焦点を当て、どのような点で有利か、どのようなところでよく読み誤るかを検討し、ベトナム語母語話者のメリットをフルに発揮する読解指導法を考えます。

Q1：**ベトナム語母語話者にとって、日本語の文章理解の際、語彙面でのメリットはありますか。**

A1：**あります。ベトナム語母語話者は日本語の漢語、主に英語から由来する外来語、オノマトペの習得に有利でしょう。**

　ベトナム語と日本語の語彙の構成を見ると、どちらも固有語、漢字語（漢語・漢越語）、西洋語によって構成されており（松田 2016）、特に漢字語を利用できる点でベトナム語母語話者にはメリットがあります。また、ベトナムでは英語教育が進んでいるので外来語の理解も比較的容易です。さらに、ベトナム語にはオノマトペが豊富であり、そうした語彙知識を生かした類推も可能です。

Q1-1：**ベトナム語母語話者が漢字語の誤解を避けるには、どんな指導法が有効ですか。**

A1-1：**まずは漢越音にしてみて、不自然なベトナム語の語彙になったり、文脈にふさわしくない意味になったりしたら疑う習慣をつけることです。その場合、文の前後を手がかりにして類推するという指導をするとよいでしょう。**

　ベトナム語はアルファベット表記を使っていますが、漢字文化圏に属します。現代のベトナム語には二字漢越語を主とする漢越語が多数存在しており、ベトナム語辞書に収録されている単語の 7 割が漢越語だと言われています。二字漢越語と日本語における二字漢語の意味一致度ですが、意味が完全に一致する割合が 36％であるのに対し、一部一致するのが 54％という研究結果が発表されています（松田他 2008）。日本

語の読解において、漢語と漢越語の対応がわかれば、文章の意味の過半を類推することが可能になります。

日本語の二字漢語とベトナム語の漢越語の意味の一致の例は以下の通りです。大文字で書いてあるのは漢越音で、小文字で書いてあるのはベトナム語の音です。

(1) 意味が完全に一致する例

　　意見（Ý KIẾN = ý kiến)　　　　　社会（XÃ HỘI = xã hội)

　　政治（CHÍNH TRỊ = chính trị)　　熱烈（NHIỆT LIỆT = nhiệt liệt)

　　大学（ĐẠI HỌC = đại học)　　　　病院（BỆNH VIỆN = bệnh viện)

　　貢献（CỐNG HIẾN = cống hiến)

(2) 意味の一部が一致する例（順序が逆であったり、一部の漢字しか意味が一致しなかったりする例）

　　段階（ĐOẠN GIAI ≒ giai đoạn)　　電車（ĐIỆN XA ≒ tàu điện)

　　学校（HỌC HIỆU ≒ trường học)　　電気（ĐIỆN KHÍ ≒ điện)

日本語の漢語とベトナム語の漢越語は意味が一致していることが多いため、ベトナム語母語話者は日本語の漢語の意味を理解しようとする際に、まず、漢越音に変換してから理解することが多いと考えられます。漢越語の知識は、二字漢語の理解だけではなく、一つの漢字が基本となった動詞の理解においても有利です。例えば、「教える」「演じる」といった動詞の場合、漢字の基本義がわかればこの語彙を正しく理解できます。中国語母語話者ほどではありませんが、ベトナム語母語話者が読解問題を解く際に、漢越語の知識が有利に働いています。そこで、未知の漢字を導入する際、できれば、漢越音も導入し、漢越語の大切さを実感してもらうことが有意義でしょう。

上記のように、漢越語の知識が文章を理解する上で有利に働いているのは事実です。しかし、ベトナム語母語話者は、漢越語の知識はあるものの、漢字の形を忘れたり、その形と意味を一致させることができない場合があります。石黒（2012）は読解活動を7つの段階に分けていますが、文章理解において、漢字の理解は「画像取得活動」「文字認識活動」という段階に当たります。ベトナム語母語話者の場合、漢越語の知識はある程度有していますが、普段アルファベットしか使っていないため、漢字の形の認識はそんなに得意ではありません。漢字は象形文字なので、こうした弱点を補うために、漢字の形から意味を連想させるような問題で練習させるとよいでしょう。

一方、漢字が複合動詞や形容詞として働く場合も要注意です。例えば、「取り扱う」「取り上げる」「割引」「割愛」のような複合動詞の場合、漢越音を知っていても

「THỦ TRÁP」「THỦ THƯỢNG」「CÁT DẶN」「CÁT ÁI」という意味のないベトナム語に変換されるので、意味の理解にはまったく役立ちません。また、漢越音に変換して有意義なベトナム語になる場合も、意味が大きく異なる場合があるので注意が必要です。例えば、「困難」という言葉は「困っている状況」の意味ですが、漢越語にすると「KHỐN NẠN」という悪い人のひどい性格を表すベトナム語になります。このような場合に、漢越語に当てはめてそのまま理解すると誤解してしまいます。さらに、省略された漢語の理解も注意が必要です。例えば、「国体」というのは「国民体育大会」の略ですが、漢越語に当てはめると「QUỐC THỂ」になり、ベトナム語では「国の威信、面子」というまったく違う意味になります。

　以下に具体的な教案例を示しますので、参考にしてください。

＜教案例＞

> 1）次の漢字の意味を見て、どうしてその意味になるか考えてください。
>
> 　　親（cha mẹ）　　　　休（nghỉ ngơi）
>
> 　　徳（đạo đức）　　　　忘（quên）
>
> 　　聞（nghe）　　　　　志（ý chí）
>
> 　　忙（bận rộn）　　　　躾（dạy dỗ）
>
> 　　念（kỷ niệm）　　　　笑（cười）

漢字の形から意味を連想させるような問題で、漢字の面白さに気付かせます。

> 2）次の下線の言葉の漢越音と意味を考えてください。
>
> 　　困難な状況
>
> 　　資格を取得する。
>
> 　　社会の状況を理解する。
>
> 　　学校で道徳を教える。
>
> 　　人の性格

漢越音がベトナム語の意味と一致する時と一致しない時があることに気付かせます。

Q1-2：ベトナム語母語話者が外来語の誤解を避けるには、どんな指導法が有効ですか。

A1-2：日本語の音韻体系を意識させ、日本語が区別するのが苦手な表記（例えば「R」と「L」の区別）に注意を向けさせることが有効です。

　第4章で見たように、中国人母語話者は漢字が得意で、漢字がたくさん入っている文章を読む際に漢字の知識が有効に働き、逆に外来語が入ると、軽視してしまう傾向があるようです。これに対して、ベトナム語母語話者は漢字が得意なわけではないので、カタカナやひらがな、いわゆる漢字以外の要素も積極的に手がかりにして、文章

を理解しようとしています。ベトナムでは、英語の学習が重視され、英語は小学校から導入され、学校の勉強以外にも塾などで英語教育が盛んに行われています。ベトナム語母語話者にとって、カタカナで書いてある語は、元が英語であるというイメージが強いようです。読解などで、カタカナ表記に出会うと、とにかく、それが英語から由来した言葉だと考え、英語の語彙を一生懸命再現し、意味を類推しようとします。また、日本語学習歴が長ければ長いほど、カタカナの表記と英語との対応関係が正確に理解できるようになるようです。いくつか例を示します。

「ト＋ラ行」⇔ 英語の「tr」
　　「トラベル」=「**travel**」「コントロール」=「control」
「語尾のト」⇔ 英語の語尾の「t」
　　「カット」=「cut」
「語尾のブ、ム、ヌ、グ、ス」⇔ 英語の語尾の「b, m, n, g, s」
　　「クリスマス」=「christmas」「ドッグ」=「dog」
「語中のキシ」⇔ 英語の語中の「x」
　　「レキシコン」=「lexicon」

　日本語の外来語の多くは英語に由来するため、英語が得意な最近のベトナム語母語話者にとって、外来語は有効な手がかりになると言えるでしょう。しかし、実際は外国語の語彙は日本語に入ると、日本語の音韻体系の関係で、元の発音が類推しにくかったり、原語と意味がずれたり、まったく意味が違ったりして、外来語が文章理解の妨げになることが少なくありません。いくつか例を挙げてみましょう。

　一つ目は原語の発音が類推しにくい場合です。日本語は開音節の言語で、しかも母音と子音の数が少ないため、日本語にない外国語の発音を模倣する際に不備が起こります。これに関して一番目立つのは「R」と「L」の区別です。どちらでも日本人にとって「ラ行」に聞こえますが、外国語では全然違う発音です。学習者は、日本語で表記する「ラ行」の外来語に出会うと、「R」と「L」のどちらに再現すべきか迷います。例えば、「ロック」というのは「Lock（鍵がかかるの意）」のことか、「Rock（ロック音楽の意）」のことか類推しにくいです。因みに、外来語の発音に関して、ベトナム語母語話者の一部の独特のミスがあり得ます。ハノイの北東に位置するクアンニン省（Quảng Ninh）、ハイズオン省（Hải Dương）など、一部の地方では「L」と「N」の発音を区別できない地域があります。筆者が大学で日本語を教えた経験ですが、何人かの学生は「ドアがロックされた」の文の意味をベトナム語で「Có ai đó gõ cửa（誰

かがドアをノックしたの意)」と訳しました。この場合、「ロック」は「Lock」と類推すべきですが、方言の影響で「Nock」だと読み間違ったせいで「ドアをノックする」というふうに訳してしまったのです。

また、英語の「th」、「v」は日本語にない発音なので、日本語にすると、それぞれ「s」と「b」と同じ発音になってしまいます。例えば、英語の「earth」は日本語になると「アース」で、「drive-in」は「ドライブ・イン」と発音されます。これもまた、誤解の原因になり得ます。

二つ目は原語の意味と大きくずれる場合です。日本語の外来語は、外国語の語彙を利用し、造語していますが、原語と全然違う意味になる場合があるので、注意が必要です。例えば、「マンション」は「共同住宅」という意味で、英語の「mansion」に由来しますが、英語の「mansion」は「大豪邸」という意味で、英語の意味のまま理解すると誤解することになります。また、日本語の「コンセント」という外来語は「電源の差込口」を意味していますが、普通に類推すると、英語の「consent/concent」という言葉が思い浮かびます。ただ、英語の「consent/concent」は「協和音」か、「同意書」という意味を表すので、間違いです。因みに、「電源の差込口」を表す英語は「outlet/socket」です。

以下に具体的な教案例を示しますので、参考にしてください。

外来語から本来の言葉を類推させる問題。
日本語で区別がない発音に気付かせます。

<教案例>

1）次の外来語の本来の言葉を類推してください。

ベース (base or vase?)	セント (cent or sent?)
ライト (right or light?)	クラウド (crowd or cloud?)
スロー （slow or throw?)	シンク (sink or think?)

2）次の外来語の本来の意味と、その意味を表す英語を考えてください。

※（　）の中は解答

電子レンジ (microwave)	セロテープ (scotch tape)
ノートパソコン (laptop)	クレーム (complaint)
ビニール袋 (plastic bag)	ファイト (go for it/good luck)
フロント (reception)	サービスエリア (rest stop)
バイキング (buffet restaurant)	ペットボトル (plastic bottle)

外来語の意味をしっかりと習得させる問題。
英語とまったく違う言葉を使うことに気付かせます。

Q1-3：ベトナム語母語話者がひらがな表記の語の誤解を避けるには、どんな指導法が有効ですか。

A1-3：まずは読み飛ばしをさせないよう、文法的に重要な要素が含まれていることに注意を喚起します。また、特にオノマトペの場合、母語のオノマトペの知識からの類推を促すことも有効です。

　初級の学習者は漢字があまりわからないため、ひらがなで表記されている言葉を積極的に手がかりにして理解しようとしている一方、中級・上級に上がるにつれて、習得できた漢字が増え、ひらがなで表記されている言葉を軽視してしまう傾向が見られます。中級・上級の読解問題文を見ると、漢字の量が多いものの、ひらがなで表記されている言葉もたくさん並んでいます。例えば、「しかも」「また」といった接続詞、「もっと」「いっそう」といった副詞、「きらきら」「すやすや」といったオノマトペです。接続詞は文章の展開を予測する時に非常に有効ですし、文法化の進んだ表現は文の枠組みや意味を決定します。未習のひらがなの表現に出会っても、安易に読み飛ばさず、前後の文脈を手がかりに、類推するよう指導するとよいでしょう。

　また、英語やベトナム語などでは、動詞の数が多く、動詞そのものによって様々な状態を表せるのに対し、日本語では、動詞が様々な副詞と共起することによって異なるニュアンスを表し分けます。こうなると、動詞が理解できていても、ひらがな表記の副詞の部分が理解できないと、文章の意味を正確に理解できないことになります。この点を学習者にしっかりと指導しておくとよいでしょう。特に、日本語の副詞には、オノマトペが多く含まれるので、豊富なオノマトペを母語に持つベトナム語母語話者には、オノマトペを積極的に導入することも有効でしょう。グエン（2017）では、ベトナム語母語話者による日本語オノマトペの習得方法を調査した結果、1年生の58.3％、2年生の78.1％、3年生の52.6％、留学生の50％が「意味をベトナム語に訳して暗記する」という選択をしたことを示しました。また、グエン（2017）の調査では、「ぐっと」というオノマトペの例を除き、ベトナム語母語話者の3分の2以上が、母語のオノマトペの知識を生かして、日本語オノマトペの意味に対応する適切な回答を産出できることがわかりました。ですから、ベトナム語母語話者のオノマトペ習得の場合、母語を頼りにする習得方法が有効であると言えます。

　以下に具体的な教案例を示しますので、参考にしてください。

<教案例>

> 接続詞や文法化が進んだ表現は文の枠組みを決定します。それをしっかり理解することが、文章の意味の予測につながるため、これらの表現の大事さに気付かせます。

1) 次の文の下線に、言葉を書いて文を完成させなさい。
   ・お金さえあれば、_____。
   ・食事の減量だけのダイエットはやめるとすぐリバウンドしてしまう。これに対して、_____。
   ・試験を受けるからには、_____。
   ・彼の履歴書を見てからでないと、_____。
   ・論文を提出するために、_____ほかしかたがない。

2) 次のオノマトペ（擬音語・擬態語）の意味をベトナム語に訳しなさい。

> 動詞が同じでも共起するオノマトペによってニュアンスが違うことに気付かせます。

いらいら　する	くたくた　だ
わくわく　する	からから　だ
ほっと　する	ほろほろ　だ
ぼんやり　する	びちょびちょ　だ
どきどき　する	すべすべ　だ
むかむか　する	ぐにゃぐにゃ　だ
がんがん　する	べとべと　だ

> オノマトペの代表的な語形に気付かせます。

※表は吉永（2017: 93-94）を参考に筆者作成。

Q2：ベトナム語母語話者にとって、日本語の文章理解の際、文法面でのメリットはありますか。

A2：残念ながらほとんどありません。

　ベトナム語は孤立語、SVO型であるのに対し、日本語は膠着語、SOV型で、言語の体系がまったく異なっているため、日本語はベトナム語母語話者にとって習得しにくいと言われています。トラン（2016）の読解調査では、ベトナム人日本語学習者は自動詞、他動詞、自発動詞、名詞修飾など、構造が複雑な文の主語がわからない、修飾名詞のある文がわからない、という問題が多いと述べられています。やはり、ベト

ナム語母語話者にとって、文法習得に関してはメリットが少なく、デメリットが圧倒的に多いと言えます。

　ベトナム語母語話者にとって日本語の文法の困難点は、読解の対象となる文章において、主語が省略されることが多く、複雑な文構造がしばしば出現し、指示詞の照応がつかみづらいことなどが挙げられるでしょう。以下では、ベトナム語母語話者にとって日本語の文法面でのわかりづらさと指導法の提案を述べます。

Q2-1：日本語は主語の省略が多い言語です。ベトナム語母語話者に指導する場合、どのようにすればよいですか。

A2-1：省略されている主語を復元する練習を積み重ねることが大事です。

　ベトナム語は主語を明示する言語ですが、日本語は主語を明示しない言語で、いわば主語が省略される場合が多い言語です。Le（2014）は、日本語の小説2冊の中の一つの章と、そのベトナム語の翻訳文を対象として、主語の明示・非明示の傾向を見ました。その結果、日本語の場合は、主語はほとんど場面の最初の文にしか明示されなかったということです。それに対して、ベトナム語翻訳文の場合は、主語は基本的に場面のすべての文に明示されていたと述べています。主語を必ず付ける母語を持っているベトナム語母語話者は、主語が省略されると、日本語文章の理解に困る傾向があります。しかし、初級の段階から日本語の主語の特徴を意識させながら練習させれば、主語がない文章でも意味を取れるようになるでしょう。

　では、初級の段階から読解授業において、主語の省略に関してどのように指導したらよいでしょうか。読解授業は翻訳の授業になりがちです。文章が理解できているかどうか確認するために、授業中、本文の一つひとつの文をベトナム語に翻訳させ、内容の理解をベトナム語による質問で確認する授業が少なくないでしょう。しかし、読解授業は翻訳の授業ではありません。できれば学習者の脳内に、日本語で読む習慣、文章の理解のプロセスを作りましょう。主語を探すことに関しては、初級の段階から文章を読ませ、日本語のQ&A練習で主語を確認するとよいでしょう。つまり、「だれが○○したのか」という簡単な質問で学習者に考えさせ、その場で答えてもらい、学習者の理解度を確認するのがよいでしょう。Q&A練習の後に教科書の内容質問を行い、学習者の解答を確認して説明を追加すると、学習者の理解度が高まると思われます。主語が何かを知るために、「だれが○○したのか」という質問を初級の段階から繰り返し考えさせると、日本語の主語の省略の現象が少しずつ身に付き、慣れてくるのではないでしょうか。

　以下に具体的な教案例を示しますので、ご参照ください。

もらいました・あげました

ホルヘさんは　去年　ペルーから　日本へ　来ました。ワットさんに　テレビを　もらいました。松本さんに　机を　もらいました。山田さんに　コートを　もらいました。会社の　人に　コンピューターを　借りました。ホルヘさんは　皆さんに　ペルーの　お土産を　あげました。

ホルヘさんは　来週　国へ　帰ります。きょう　会社の　人に　コンピューターを　返しました。友達に　テレビと　机を　あげました。でも、コートを　あげませんでした。ホルヘさんの　身長は　165センチです。友達の　身長は　2メートルです。

牧野昭子・澤田幸子・重川明美・田中よね・水野マリ子(2000)
『みんなの日本語初級I　初級で読めるトピック25(初版)』第7課本文
スリーエーネットワーク、p.10.

<教案例>

1) 次の質問に答えてください。

だれがテレビをもらいましたか。

だれが机をもらいましたか。

だれがだれにコートをもらいましたか。

だれがだれにコンピューターを貸しましたか。

だれがコンピューターを返しましたか。

だれがだれにテレビと机をあげましたか。

> 口頭でQ&Aの練習。
> 主語は何か考えさせます。

2) 〇/×をつけてください。

（　）ホルヘさんはワットさんにコートをもらいました。

（　）松本さんはホルヘさんに机をあげました。

（　）会社の人はホルヘさんにコンピューターを貸しました。

（　）ホルヘさんは友達にコートをあげました。

（　）ホルヘさんは会社の人にコンピューターをあげませんでした。

> 正しく理解しているかどうか、
> 文章を読みながらしっかり確認させます。

Q2-2：読解に出てくる文章は複雑な文の構造を含むものが多く見られます。ベトナム語母語話者に指導する場合、どのようにすればよいですか。

A2-2：文を小さな要素に分解して、それぞれの助詞がどの動詞と共起するか、またそれぞれの修飾部がどの部分の内容を詳しく説明しているのかを明示的に指導すればよいでしょう。

下記の(3)は、上級日本語学習者であっても1回読んだだけでは、意味が完全には理解できないでしょう。文の長さ、様々な助詞の使用などによって、文構造が複雑に

なり、わかりにくくなります。(3)の場合、「を」という助詞が3か所あり、「を¹」はどの動詞の助詞なのか、疑問を持つ学習者が少なくないでしょう。また、「四つの過程」とは何かということも確認する必要があります。そのため、このような文章に対して、文を小さな要素に分解して、それぞれの助詞がどの動詞と共起するかを明示的に指導すると、学習者の理解に役に立つと思われます。

(3) 心理学者は記憶のはたらき を¹、印象 を² 刻みこんでおぼえる"記銘"と、その"保持"と、さらに保持されたもの を³ 意識に再生する"想起"と、そして新たな経験やおもいだされたものが以前に記銘されたものと同一であるとみとめる"再認"、の四つの過程に分類している。

(野村雅一『身ぶりとしぐさの人類学』p.187)

また、ベトナム語は、日本語と異なって、(4)のような名詞修飾の場合、名詞の特徴を表す部分は名詞の後ろにあります。

(4) Cái　　　　đồng hồ　　to　　　và　　　đẹp
　　 [類別詞]　 時計　　　 大きい　 と　　　きれい

そのため、次の(5)は学習者にとってわかりにくく、文章の意味を理解するのに時間がかかると思われます。なぜかというと、ベトナム語と日本語は語順が逆であるため、修飾関係が複雑な文章を読む場合、学習者はまず最後の名詞から、前の部分に遡っていって修飾部の意味を当てはめ、連体修飾句の意味を判断しないといけないのです。また、修飾部が多ければ多いほど、文章が長くなるので、学習者はさらに混乱するでしょう。

(5) 少しでも長生きという 願い をかなえるために、医療は目覚ましい 進歩 を遂げてきた。生まれてすぐに失われていた 多くの命 が救われ、昔なら助からなかった 病気 が治せるようになった。医療の進歩は、世界の平均寿命の伸びから見ても明らかである。しかし、平均寿命が伸びると同時に、社会の高齢化も進み、それとともに 「生きるとは」 と問い直さざるを得ない厳しい 状況 も生み出されている。

(松田浩志・亀田美保「命」『テーマ別　中級から学ぶ日本語〈三訂版〉』p.102)

このような複雑な名詞修飾句の場合、「どんなNですか」、「Nはどうですか」のよ

うな質問で、初級の段階から日本語の修飾部の位置に気付かせ、理解を促すとよいでしょう。

以下に具体的な教案例を示しますので、ご参照ください。

> 山田君は今日会議の最中に突然体調が悪くなりつらそうな顔で会議室を出ていきそのまま帰ってこなかった高橋さんのことが気になって仕事終了後彼の家まで行ってみたそうだ。

張（2019）より　※例文作成は本書編者による。

＜教案例＞

1）次の質問に答えてください。

　　質問①　会議室を出ていったのは誰ですか。

　　質問②　「彼の家」とは誰の家のことですか。

> 主語、修飾部、動作主と述語との関係を考えさせます。

2）枠の中の文を読んで、この文がなぜ読みにくいのか、気付いたことを書いてください。

> 文構造を考えさせることで気付きを促します。入れ子型構造に気付いたら、[　]で構造を示させ、読点が少ないことに気付いたら、どこに読点を打てば、読みやすくなるかを考えさせます。

Q2-3：指示詞の照応関係がわかりにくい文をベトナム語母語話者に指導する場合、どのようにすればよいですか。

A2-3：前後の文脈をきちんと確認させ、指示詞が何を指しているか、丁寧に確認する習慣をつけさせることが必要です。

　ベトナム語の指示詞は基本的に日本語と同じくコ（đây）・ソ（đấy）・ア（kia）の三系列を持っています。安藤（2008）によると、近称の đây は話し手の身近にあるものを、遠称の kia は話し手から遠くにある可視的なものを、中称の đấy は話し手から離れたところにあるものを直示します。しかし、ベトナム語の指示詞と日本語の指示詞は若干異なっています。Nguyen（2014）によると、ベトナム語・日本語における指示詞の相違点は主に次の2点です。

・眼前指示では、指示対象が話し手から遠くに離れている場合、日本語では遠称のア系が用いられるが、ベトナム語では既に文脈に登場しているものであれば中称の đấy（đó）系が用いられる。

・非眼前指示では、指示対象が話し手と聞き手の共通知識にある場合、日本語ではア系が用いられる。一方、ベトナム語では遠称の kia も用いられるが中称の

đấy(đó)のほうがよく見られる。　　　　　　　　　　　　　　　　　（Nguyen 2014: 179）

それぞれの相違点に応じて以下のような例があります。

(6) Bố ơi,　trên　bầu trời　có　nhiều　cánh chim　đang　bay　về　tổ.
　　お父さん　上　　空　　いる　たくさん　鳥　　　[進行]　飛ぶ　帰る　巣

　　⎱? Đây/ **Đấy (Đó)**/? Kia⎰　là　　loài　chim　gì vậy　bố?
　　これ/**それ**/あれ　　　　　　[繋詞]　類　　鳥　　何　　お父さん

　　お父さん、巣に向かって空を飛んで帰っている鳥がたくさんいるよ。**あれ**は
　　どんな鳥ですか。

(7) Em　đã　　nói chuyện　⎱đó (đấy)/ kia⎰　với　bố mẹ　chưa?
　　君　[過去]　話す　　　　**その**/あの　　　と　　両親　　まだ

　　Đừng　giấu　nữa!
　　[禁止]　隠す　もう

　　両親に**あ**の話をしましたか。もう隠さないほうがいいですよ。

　ベトナム語母語話者にとって、(6)と(7)のような問題は産出レベルでは問題があり
ますが、理解レベルでは問題がないでしょう。なぜかというと(6)と(7)の「あれ／あ
の」を見ると、そのままベトナム語で「kia（あの：遠称）」と訳せるので、理解でき
ない学習者はいないのではないでしょうか。

　では、ベトナム語母語話者にとって、コ・ソ・アの問題に関して、どんな困難があ
るでしょうか。コ・ソ・アの問題は母語で文章を読む際に、おそらく普段は気にしな
いことですが、読解問題、特に、日本語能力試験の読解問題として、「この」「その」
「あの」は何を指しているかという質問がよくあります。それぞれの指示詞が具体的
な文において、どんなことを指しているか正確に把握しないと、文章の大意を誤解す
る可能性があります。

(8) 最近は子供の虐待が社会問題として、大きく取り上げられるようになった。
　　アメリカではずいぶん以前から問題視されていたが、とうとう日本も<u>そう</u>
　　だったかと思う。親は子供を慈しむのが当然であるのに、どうして<u>こんなこ
　　と</u>が起きるのかと慨嘆する人もある。確かに<u>そう</u>だと思うが、神々の物語を
　　見ると、親子の間の葛藤の激しさに驚いてしまう。棄子の話は世界中にあ
　　る、と言っていいだろう。どうして<u>そう</u>なのだろう。

（河合隼雄「神々の処方箋」p.169）

例えば、上記の(8)では、一つの段落に4つの指示詞がありますが、コ・ソ・アの問題ではなくて、文脈、文と文の繋がりと意味が理解できなければ、指示詞があるところは一体何を指しているのかわからないでしょう。ただし、よりはやく推測できる技があります。例えば、次のやり方はベトナム語の文章を読む際と同様です。「ソ系」なら、答えは指示詞がある文・文節の前にあって、「コ系」なら、答えは指示詞がある文・文節の後ろにあるという解き方の技です。しかし、そのやり方はN3までは使えそうですが、N2やN1のような複雑な文脈だったら、いつも正しいわけではありません。指示詞の問題を解くための統一のルールがないと思われます。文脈の理解、指示詞の前後の注意が大事なのではないでしょうか。

『パターンで学ぶ　日本語能力試験1級読解問題集』（Jリサーチ出版）によると、指示詞が出る文章には次のような2つのパターンがあります。

パターン1　答えが文中に現れている場合

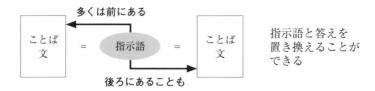

(大阪YWCA専門学校(2005)『パターンで学ぶ　日本語能力試験1級読解問題集』Jリサーチ出版、p.6)

パターン2　答えがそのまま文中に現れていない場合

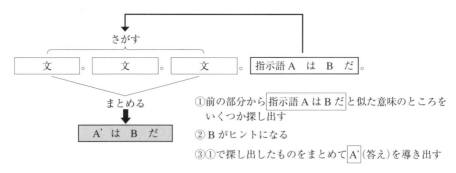

(大阪YWCA専門学校(2005)『パターンで学ぶ　日本語能力試験1級読解問題集』Jリサーチ出版、p.8)

パターン2はかなり難しく、N2、N1の読解問題によく出ています。しかし、どんなパターンだとしても、指示詞の照応関係を理解させるため、基本的に指示詞の前後を見て考える練習をすることが必要です。以下の簡単な問題から練習を始めましょ

う。次の教案例をご参照ください。

＜教案例＞

1)「こんなこと」は何を指していますか。

　　親孝行という言葉は最近聞かれなくなった。そんな時代にこんなことを言
うと、変な人のように思われることも多いが、私にとって誰よりも大切な人
は年老いた父なのだ。

2)「そう」は何を指していますか。

　　日本の奨学金の多くはローンであり、卒業後返済しなければならないもの
が多い。私自身もそうだが、仲間の大半は大学時代の奨学金をまだ返せない
でいる。

※文章は田中・宮内(2019)より

まとめ ＞＞＞＞＞

　この章では、日本語文章の読解についてベトナム語母語話者特有のメリット・デメ
リットを語彙面、文法面という2つの側面から分析した上で、ベトナム語母語話者の
読解能力を発揮できるような指導法を、具体的な教案例を通して紹介しました。読解
能力には言語知識(語彙、文法の理解能力)と非言語知識(予測、情報統合などの読解
テクニック)が影響を与えていますが、この章では、言語知識の習得に絞り、ベトナ
ム語母語話者の理解の特徴について紹介しました。

　語彙面においては、ベトナム語には漢越語があり、その点で日本語の理解に有利で
す。また、英語教育も行き届いており、オノマトペも豊富であるため、そうした知識
の援用も期待できます。しかし、それによる誤りも起きやすいので注意が必要です。
一方、文法面においては、ベトナム語はSVO型の孤立語であり、主語の省略なども
あまりありませんので、ベトナム語の知識を生かすことは困難です。だからこそ、そ
うした異なる点について繰り返し丁寧に練習を重ねることが必要だと考えます。ベト
ナム語を母語とする学習者のメリットを発揮でき、デメリットを改善できるような教
案例を示しましたので、ぜひご参照いただければ幸いです。

用例出典

大阪YWCA専門学校 (2005)『パターンで学ぶ　日本語能力試験1級読解問題集』Jリサーチ出版.
河合隼雄 (2004)「神々の処方箋」『考える人』2004年春号.

野村雅一（1996）『身ぶりとしぐさの人類学―身体がしめす社会の記憶―』中央公論新社.

牧野昭子・澤田幸子・重川明美・田中よね・水野マリ子（2000）『みんなの日本語初級Ⅰ　初級で読めるトピック25』スリーエーネットワーク.

松田浩志・亀田美保（2014）「命」『テーマ別　中級から学ぶ日本語〈三訂版〉』研究社.

参考文献

安藤真弓（2008）「ベトナム語指示詞đây, đó, kiaの直示用法と対応用法―日本語指示詞との対照を基に―」『東京大学言語学論集』27, pp.207-217.

石黒圭（2012）「読解とその教え方を考える」『国際交流基金バンコク日本文化センター　日本語教育紀要』9, pp.1-18.

石黒圭（2016）『語彙力を鍛える　量と質を高めるトレーニング』光文社.

石黒圭（編著）（2011）『留学生のための読解トレーニング―読む力がアップする15のポイント―』凡人社.

グエン ティ タイン トゥイ（2017）「日本語オノマトペの習得におけるベトナム語母語話者の強み」『一橋大学国際教育センター紀要』8, pp.69-80.

Nguyen Thi Ha Thuy（2014）「ベトナム語指示詞について―日本語・韓国語の指示詞との対照を基に―」『京都大学言語学研究』33, pp.167-195.

佐々木拓馬「海外では絶対通じない和製英語50選」TABIPPO.NET, 2019年3月12日更新 <https://tabippo.net/japanese-english/>（2019年4月22日閲覧）

TAKE「日本人が特に気をつけるべき英語の発音」TABIPPO.NET, 2017年10月28日更新 <https://tabippo.net/point_japanese_payattention/>（2019年4月22日閲覧）

田中啓行・宮内拓也（2019）「指示語による文脈理解の方法」石黒圭（編著）『文脈情報を用いた文章理解過程の実証的研究』pp.171-194, ひつじ書房.

張秀娟（2019）「複雑な連体修飾構造把握の方法」石黒圭（編著）『文脈情報を用いた文章理解過程の実証的研究』pp.195-219, ひつじ書房.

トラン グエン バオ ヴィ（2016）「ベトナム人中級学習者の説明文の読解上の問題点―ホーチミン人文社会科学大学日本学部2年生と3年生を例にして―」『日本言語文化研究会論集』12, pp.111-135.

藤原未雪（2016）「中国語を母語とする上級日本語学習者が学術論文を読むときの困難点―名詞の意味の誤った理解を中心に―」『日本語／日本語教育研究』7, pp.165-180.

松田真希子（2016）『ベトナム語母語話者のための日本語教育―ベトナム人の日本語学習における困難点改善のための提案―』春風社.

松田真希子・タン ティ キム テュエン・ゴ ミン トゥイ・金村久美・中平勝子・三上喜貴（2008）「ベトナム母語話者にとって漢越語知識は日本語学習にどの程度有利に働くか―日越漢字語の一致度に基づく分析―」『世界の日本語教育』18, pp.21-33.

吉永尚（2017）「心身の状況を表す擬態語の習得についての考察―中国語話者の作文データをもとに―」『園田学園女子大学論文集』51, pp.93-103.

Le Cam Nhung（2014）「ベトナム語と日本語の〈指示把握〉―小説からの考察―」『昭和女子大学大学院言語教育・コミュニケーション研究』9, pp.65-76.

第 **2** 部

>>>>> ━━━━━━━━━━━━━━━ >>>>>

教 室 活 動 編

第 **6** 章　反転授業による読解の教室活動
　　　　：MOOCs を用いた読解実践

第 **7** 章　ピア・リーディングの教室活動
　　　　：JFL 環境で学ぶ中級学習者が学術的文章を読む試み

第 **8** 章　多言語を母語とする読解の教室活動
　　　　：協働学習による「多様な読解ストラテジー」の意識化

第 **9** 章　多読の教室活動
　　　　：心理学の三つの理論をベースにした多読実践

第 **10** 章　ジグソー・リーディングの教室活動
　　　　：「対話」を促す読解の試み

第 **11** 章　速読の教室活動
　　　　：批判的で深い読みとしての速読

第 **12** 章　批判的読解の教室活動
　　　　：批判的思考を育てる読解授業のデザイン

第 **13** 章　学習者主体型の読解の教室活動
　　　　：教師がやってみせる「小説の宝探し」の授業実践

第6章 反転授業による読解の教室活動
：MOOCs を用いた読解実践

王麗莉

>>>>>

近年、MOOCs をはじめとするオンライン・コンテンツを用いた反転授業が注目を集めています。しかし、オンライン・コンテンツでどのような準備をさせ、授業ではその準備を基にどのように指導したら効果が上がるのでしょうか。この章では、筆者が長春師範大学で行っている読解実践を例に、反転授業の教室活動のポイントについてご紹介します。

1. はじめに

近年、大規模公開オンライン講座（Massive Open Online Courses; MOOCs）の普及に伴い、MOOCs を用いた反転授業も多くなりました。

> 反転授業では、学習者が自宅で講義のオンライン・ビデオなどを用いて事前学習をし、授業ではその学習内容を前提に、ディスカッションを行ったり、実験をしたり、演習を行ったりする。従来、教室で行っていた知識伝授を自宅で行い、従来、自宅で宿題を通して行っていた知識の咀嚼を教室で行うことから、反転授業（flipped classroom）という名称が生まれた。　　　　　　　　　　（船守 2014: 36）

長春師範大学では 2018 年から日本語学科の 2 年生を対象に、MOOCs を用いた反転授業が採用されています。その内容は、90 分×週 1 回の授業で、1 文、文の連続、文章の展開、読者の背景知識の使用という四つの読解ストラテジーから、文章を読む方法を勉強するものです。

◉目　　標	1 文の理解、文の連続の理解、文章の展開の理解、背景知識を使った理解の四つの読解ストラテジーを学び、速く、正確に文章を理解することを目指す。
◉レベル	中級（長春師範大学日本語学科 2 年生）
◉時　　間	90 分×16 回
◉人　　数	20 名程度

●資　料	石黒圭(編著)(2011)『留学生のための読解トレーニング』(凡人社) 本MOOCs「日语N2阅读通关技巧(日本語能力試験N2合格のための読解 ストラテジー)」は、このテキストを基に筆者が作成したものです。

●授業の流れ

回	内容	授業の仕方	動画教材
	《 第1部　1文を理解するストラテジー 》		
1	オリエンテーション 第1課　語のまとまりをとらえましょう	対面授業	2節 15分
2	第2課　「する／される」の関係をつかみましょう 第3課　文の構造をとらえましょう	事前学習	12節 1時間35分
3	第2-3課の総合練習	対面授業	
4	第4課　前件と後件の関係をつかみましょう	事前学習	13節 1時間44分
5	第4課の総合練習	対面授業	
	《 第2部　文の連続を理解するストラテジー 》		
6	第5課　「これ」「それ」が指すものを考えましょう 第6課　省略されているものが何か考えましょう 第7課　関連のある言葉を探しましょう	事前学習	8節 1時間10分
7	第5-7課の総合練習	対面授業	
	《 第3部　文章の展開を理解するストラテジー 》		
8	第8課　文末に注目して筆者の意見を見抜きましょう 第9課　筆者の立場を見分けましょう	事前学習	10節 1時間44分
9	第8-9課の総合練習	対面授業	
10	第10課　大切なことを伝えるサインをつかみましょう 第11課　目印を使って内容を整理しましょう	事前学習	6節 55分
11	第10-11課の総合練習	対面授業	
	《 第4部　知識を使って理解するストラテジー 》		
12	第12課　内容をすばやく理解しましょう 第13課　読解試験対策を覚えましょう	事前学習	14節 2時間26分
13	第12-13課の総合練習	対面授業	
14	第14課　ストーリーを上手に読みましょう 第15課　読み間違いを見つけましょう	事前学習	11節 1時間35分
15	第14-15課の総合練習	対面授業	
16	復習	対面授業	

　反転授業は事前学習と対面授業という二つの段階に分かれており、それぞれ《智慧樹》と《云班課》というアプリを使います(ウェブサイト版も有ります)。本MOOCsは《智慧樹》で中国の学生に公開されていて、この授業を履修する学習者はそこで事前学習をします。例えば、動画教材を勉強したり、応用テストをして、分からないことがあったら、アプリ内の電子掲示板で質問をしたりします。《云班課》は筆者の大学でこの授業を履修する学習者を対象に、診断テストやチェックテストをしたり、学習者の宿題を見たり、授業の時ランダムに指名したりするのに使われています。

《智慧树》本MOOCsサイトに教師用IDでログイン後

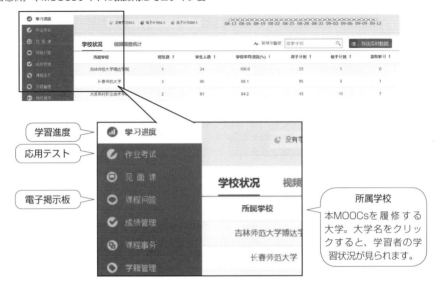

《云班课》サイトに教師用IDでログイン後

2. 具体的な活動の手順

この節では、主に2018年と2019年の実践に基づき、オリエンテーションと第3課を例にして、反転授業のポイントを紹介します。

2.1 オリエンテーション

学習者は初めて反転授業という方法で読解ストラテジーという授業を受けます。そ

のため、授業の概要についてよく理解してもらうこと、授業で実際に行われる作業を
体験してもらうこと、この2点をオリエンテーションの目標にしました。

① 教師の自己紹介〈2分〉	【授業の概要の理解】
② 授業内容の説明〈15分〉	②授業内容、③授業方法、④成績評価は三
③ 授業方法の説明〈10分〉	つで1セットです。この説明を通して、授
④ 成績評価の説明〈10分〉	業の目標を明確にします。①と⑤の人間関
⑤ グループ作り〈5分〉	係も授業運営上大切です。
⑥ 動画教材を勉強しながらメモ〈15分〉	【授業の作業の体験】
⑦ メモの共有〈5分〉	メモを取ったり、練習をしたり、協働作業
⑧ 発展応用練習〈14分〉	をしたりする中で、この授業のやり方を体
⑨ 協働学習の評価〈8分〉	験し、慣れていくようにします。また、⑩
⑩ 反転授業への感想〈4分〉	の反転授業への感想でこの授業のやり方を
⑪ 宿題〈2分〉	振り返る時間を持ちます。

以下、この順に詳しく見ていきます。

① 教師の自己紹介〈2分〉

自己紹介の目的は学習者との親しい信頼関係を築くことなので、気楽な雰囲気でユ
ニークな内容を紹介したほうがいいでしょう。

② 授業内容の説明〈15分〉

学習者の活動	教師の指示と留意点
1.《云班课》で教師の質問に答える。	・日本語の文章を読む時、どんな悩みがあるか質問する。 ・学習者が《云班课》の操作に慣れるよう、アプリで質問を配信する。
2.《云班课》で他の学習者の答えを見る。	・学習者の答えをまとめる。
3.授業内容、目標などを理解する。	・学習者の読解の悩みと関連付けて、授業の内容、目標を説明する。

③ 授業方法の説明〈10分〉

学習者の活動	教師の指示と留意点
1. 教師の質問に答える。	・予習のメリットとは何かを質問する。
2. 反転授業の流れを理解する。	・予習との区別を明確にしながら、反転授業の流れを説明する。

反転授業の流れは次の通りです。事前学習で分からないことがあったら、《智慧樹》の電子掲示板に投稿して、教師や他の学習者が答えます。対面授業は動画教材の内容を教えるのではなくて、動画教材の知識を体系化した上で、難しい問題を解決していきます。事前学習は対面授業と一つの連続のもので、きちんと準備しないと、対面授業がうまくいかないことを十分に認識してもらいます。

	授業の流れ	学習者の活動	教師の支援
事前学習	診断テスト 動画教材の勉強 応用テスト 質疑応答	問題点を見つける 問題点を解決する 知識を運用する 疑問点を投稿する	⟸　質問に答える
対面授業	チェックテスト フィードバック 知識の深化 発展応用練習	事前学習を確認する 疑問点を明らかにする 知識を体系化する 難しい練習をする	⟸　事前学習の質問に答える ⟸　質問に答える

④ **成績評価の説明〈10分〉**

	形成的評価						総括的評価
	事前学習			対面授業			
項目	動画教材、 診断テスト、 応用テスト	メモ	質疑応答	チェックテスト	個人の発言	協働学習	期末試験
割合	5%	15%	10%	10%	5%	15%	40%

・**動画教材、診断テスト、応用テスト**

　動画教材は事前学習の重要な資料で、診断テストは学習者がどれだけ読解知識を持っているのかを測定し、応用テストは動画教材の知識を運用できるかどうかを測定します。学習者の間違ったところを調べるために、二つのテストとも採点の基準は正解の多少ではなく、やったかどうかによります。この三つをやり終えたら、満点です。

・**メモ**

　メモは、学習者が事前学習と復習の宿題を行う際に、各自のノートに書いたものを指します。知識体系を形成する過程を表すので、全成績の15%を占めます。学習者がメモを写真に撮って、《云班课》にアップロードします。学習者の動機付けを向上させるために、満点のメモをアプリで共有します。

学習者がMOOCsを見ながら取ったメモの例

・**質疑応答（電子掲示板）**

新しい知識を覚える時、常に「なぜか」を問うことで既有知識と関連付けられ、知識体系を形成するのに役立ちます。そこで、学習者に積極的に質問したり、他の学習者の質問に答えたりしてもらうために、10％の割合で質疑応答を全成績に入れることにしました。質疑応答の回数や質によって、採点を行います。

・**チェックテスト**

学習者にまじめに事前学習をしてもらうために、チェックテストをします。チェックテストは全成績の10％を占めます。

・**個人の発言**

対面授業の時、協働学習以外に教師の質問に答えることがあります。学習者が積極的に教師の質問に答えると、全成績の5％の割合で成績が加点されます。

・**協働学習**

グループのメンバーは課された課題を達成するために協力して活動します。教師はランダムに一人を指名し、評価を行い、メンバー全員がその一人と同じ評価を受けます。

・**期末試験**

期末試験は、学期の学習目標がどの程度達成され、望ましい結果が得られたかを判断するもので、全成績の40％を占めます。

⑤ グループ作り〈5分〉

学習者の活動	教師の指示と留意点
1. 自分たちでグループを作る。	・グループの人数は3、4人。グループ間に学習者の性別・性格・日本語レベルなど、偏りのないようにする。
2. グループのメンバーが移動し、対面で座る。	・グループで座るように指示する。
3. 自分たちでグループのリーダーを選ぶ。	・グループのリーダーの役割を説明する。 1) メンバーの参加を促す。 2) 決められた時間内に意見をまとめる。

⑥ 動画教材を勉強しながらメモ〈15分〉

学習者の活動	教師の指示と留意点
第1課の二つの動画教材を勉強しながら、メモする。	・メモの注意点やポイントを説明する。 1) 動画教材の内容をそのまま写すのではなく、自分の考え方にそってメモする。 2) 複数の色のペンでのメモを勧める。 ・教室を回り、学習者の勉強を指導する。

　動画教材は15分で、メモを入れると、30分ぐらいかかります。オリエンテーションはメモの方法を勉強するので、動画教材の一部（思考問題、技巧、練習1）だけを見てもらいます。

⑦ メモの共有〈5分〉

学習者の活動	教師の指示と留意点
1. メモをアップロードする。	・メモを写真に撮り(p.103)、《云班课》にアップロードするよう指示する。
2. 他の学習者のメモを見て評価する。	・《云班课》でメモを相互評価するよう指示する。
3. 《云班课》で一等賞、二等賞、三等賞を一人ずつ投票する。	・賞ごとに一回しか投票できない。
4. 優勝者を拍手で褒める。	・優勝者を発表する。
5. 優勝者のメモの良さを共有する。	・優勝者のメモの良さをまとめる。

⑧ 発展応用練習〈14分〉

学習者の活動	教師の指示と留意点
1. 発展応用練習の問題を解く。	・答えを《云班课》にアップロードするよう指示する。 ・回答時間を制限する。
2. グループ学習をする。	・根拠とともに意見を述べるよう注意する。 ・教室を回り、学習者の質問に答える。
3. 相談した結果をクラスで発表する。	・発表した結果を評価し、まとめる。

オリエンテーションの発展応用練習は、学習者に協働学習を体験してもらうことに主眼があるので、練習問題は、2つぐらいに絞ります。

⑨ 協働学習の評価〈8分〉

学習者の活動	教師の指示と留意点
1. メンバーが一緒に協働グループの評価表を書き入れる。	・協働グループ自体を評価するよう指示する。
2. グループの改善点を共有する。	・グループの改善点をまとめる。

協働グループの評価表

項目	優秀	良好	要改善
グループメンバーが積極的に協働学習に参加した			
課題をめぐって、自分の意見を述べた			
相手の意見をまじめに聞き、理解した			
根拠づけて、違った意見を述べた			
雰囲気がよく、メンバーが目標達成のために頑張った			

良い成績を取るために、どうすればいいですか。

⑩ 反転授業への感想〈4分〉

学習者の活動	教師の指示と留意点
反転授業への感想を発表する。	・学習者の疑問に答え、不安を解消する。

⑪ 宿題〈2分〉

学習者は第2課と第3課の事前学習シートにしたがって、事前学習をします。

2.2　第3課の反転授業

2.2.1　事前学習

事前学習は、①事前学習シートに基づいて行うため、まずは事前学習シートがどのようなものか、紹介します。また、紙幅の都合上、動画を実際にお見せすることはできませんが、②動画教材で、動画のおおよその内容を示します。さらに、今回は読解

ストラテジーを視覚化することで定着を促進することを目指し、③マインドマップを作成してみましたので、それも合わせて示します。

① **事前学習シート**

第3課の反転授業のための事前学習シートを示します。

第3課　事前学習シート

第3課の目標
修飾節が長い文と、引用を含む文の構造がとらえられるようになる。
勉強方法の勧め
毎日2節ずつ動画教材を勉強することが大事。
予習の内容
1.《云班課》で診断テストをしてください。 2. MOOCs を見ながら次の問いに答えてください。メモを写真に撮って《云班課》にアップロードしてください。 　（1）各節の動画教材のストラテジーはそれぞれ何ですか。動画教材の文を使って、説明してください。 　（2）マインドマップを完成してください。 3. 教科書の「まずは挑戦」「発展問題1」をしてください。教科書を写真に撮って、《云班課》にアップロードしてください。 4.《智慧樹》の電子掲示板で以下について質疑応答してください。 　（1）動画教材に関連すること 　（2）「まずは挑戦」と「発展問題1」で分からないところ 　（3）ふだん読んでいる日本語の文章の中で長文を一つあげ、構造を分析してください。出典も示してください。

学習者が《云班課》にアップロードした「まずは挑戦」の例

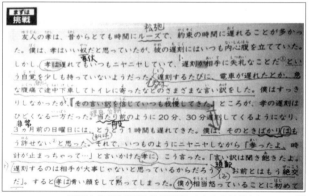

石黒圭(編著)(2011)『留学生のための読解トレーニング』凡人社、p.16.

② 動画教材

第3課は5つの動画教材があって、主な内容は次のようになっています。

第3課　動画教材の主な内容

タイトル	主な内容	時間
3.1 文全体の主語と修飾部分の主語	ストラテジー1：「は」の前は文全体の主語で、「が」の前は修飾部分の主語である。	7分30秒
3.2 修飾節と被修飾名詞	ストラテジー2：修飾節に主語「が」がない場合、被修飾名詞が主語になることがある。	6分
3.3 「という」の示す修飾節と名詞	ストラテジー3：修飾部分①は修飾部分②を修飾する時だけ、修飾部分②と一緒に名詞の内容を表す。	8分20秒
3.4 「と」の示す引用内容	ストラテジー4：修飾部分①は修飾部分②を修飾する時だけ、修飾部分②と一緒に発言・思考の内容を表す。	8分15秒
3.5 総合練習1、2	4つのストラテジーを総合し、文の構造をとらえながら、教科書p.16の「まずは挑戦」の文章を解説。	13分11秒

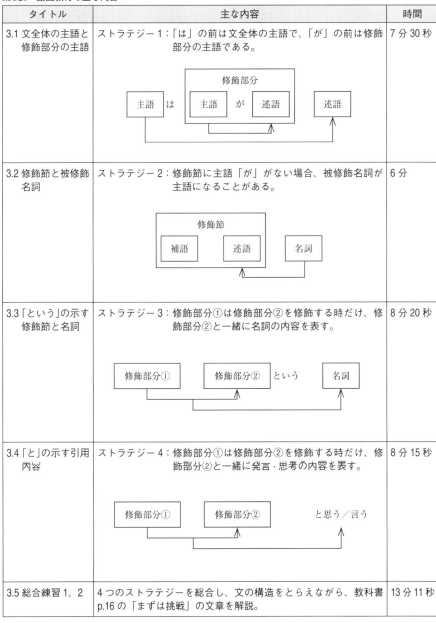

「3.1 文全体の主語と修飾部分の主語」という節の動画教材の内容

ステップ	内容	時間
目標	文全体の主語と修飾部分の主語が見つけられるようになる。	30秒
思考問題	1. 問題提示 〔1〕由美子は結婚した夢をみた。 〔2〕由美子が結婚した夢をみた。 問：「夢をみた」のはそれぞれ誰ですか。 〔1〕(A)由美子　　(B)私 〔2〕(A)由美子　　(B)私 2. 問題解説	1分20秒
ストラテジー	「は」の前は文全体の主語で、「が」の前は修飾部分の主語である。	15秒
練習問題	練習1 1. 問題提示 佐藤さんは、鈴木さんが近づいてくるのを見て、手を振った。 問1：「近づいてくる」のは誰ですか。 (A)佐藤さん　　(B)鈴木さん 問2：「手を振った」のは誰ですか。 (A)佐藤さん　　(B)鈴木さん 2. 問題解説	1分20秒
	練習2 1. 問題提示 携帯電話に娘の名前が表示されたのを見て、母親は慌てて、家を出てから3日間、連絡がなかった娘が送ってきたメールを読んだ。 問1：「メールを読んだ」のは誰ですか。 (A)母親　　(B)娘 問2：「メールを送ってきた」のは誰ですか。 (A)母親　　(B)娘 2. 問題解説	1分30秒
	練習3 1. 問題提示 A社の研究スタッフは、メガネをかけなくてもまるでゲームの世界の中に自分が入り込んだような気分が味わえる、ゲーム愛好者にとってまさに夢のような3Dゲームを開発した。 問：文の内容と合っているものを選んでください。 (A)A社の研究スタッフはゲームの世界に入り込んだような気分を味わえる。 (B)A社の研究スタッフが開発した3Dゲームはゲーム愛好者にとって夢のようなものだ。 2. 問題解説	2分20秒
まとめ	「は」の前は文全体の主語で、「が」の前は修飾部分の主語です。	15秒

108

③ マインドマップ

学習者に読解ストラテジーを全体的に把握してもらうために、マインドマップを作りました。事前学習をしてから下線部に具体的なストラテジーを書き入れます。

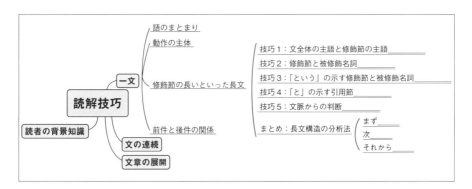

2.2.2 対面授業

対面授業は、事前準備をできるだけ生かした形を取り、反転学習の効果を上げることを目指します。対面授業の目標は二つです。一つは、事前学習でやった作業を確認し、そこで生じた疑問などを解決すること、もう一つは、事前学習を踏まえて、より高度な作業ができるようになることです。

① チェックテスト 〈5分〉	【事前学習の確認】
② 事前学習へのフィードバック〈5分〉	①チェックテストで事前学習の内容を思い出し、②フィードバックで疑問点等を解決します。
③ 知識の深化 〈10分〉	【高度な学習への挑戦】
④ 発展応用練習 〈22分〉	③知識の深化で高度な読みへの足がかりを築き、④発展応用練習で定着を図ります。
⑤ まとめ・宿題 〈3分〉	

以下、この順に詳しく見ていきます。

① チェックテスト〈5分〉

学習者の活動	教師の指示と留意点
1.《云班课》でチェックテストをする。	・回答時間を制限する。
2. 間違った原因を理解する。	・アプリで学習者の正解率が分かるので、間違った問題だけ解説する。

第3課は4つのストラテジーがあるので、その中から一つずつ問題を出して、あわ

せて4つの問題を作ってあります。

第3課　チェックテスト

1. 携帯電話に娘の名前が表示されたのを見て、母親は慌てて、家を出てから3日間、連絡がなかった娘が送ってきたメールを読んだ。

　　問1：「メールを読んだ」のは誰ですか。
　　　（A）母親　　　（B）娘
　　問2：「メールを送ってきた」のは誰ですか。
　　　（A）母親　　　（B）娘

2. 青木君は、今日試験を受けている最中に席を立って真っ青な顔で教室を出ていった佐藤君が気になって、放課後彼の家まで行ってみたそうだ。

　　問：「試験を受けている最中に席を立った」のは誰ですか。
　　　（A）青木君　　　（B）佐藤君

3. A先生が出した、授業に関連する本を3冊以上読んでレポートを書くという課題は大変だった。

　　問：「という課題」の内容はどこからどこまでですか。
　　　（A）A先生が出した、授業に関連する本を3冊以上読んでレポートを書く
　　　（B）授業に関連する本を3冊以上読んでレポートを書く

4. 彼は、自分が半年で試験に合格するのは難しいと思うが、それでもやるしかないと言っていた。

　　問：「と言っていた」の内容はどこからどこまでですか。
　　　（A）自分が半年で試験に合格するのは難しいと思うが、それでもやるしかない
　　　（B）それでもやるしかない

石黒圭（編著）（2011）『留学生のための読解トレーニング』（凡人社、pp.20-21）より一部抜粋・改変

② 事前学習へのフィードバック〈5分〉

　教師は事前学習の応用テストで間違った問題や電子掲示板でまだ解決していない問題について説明します。

③ 知識の深化〈10分〉

学習者の活動	教師の指示と留意点
1. 教師の質問に答える。	・動画教材の読解ストラテジーについて質問する。
2. 読解ストラテジーの理由を理解する。	・どうしてこれらのストラテジーがあるのか、ストラテジーの間にはどういう関係があるのかなどについて説明する。
3. マインドマップの「長文構造の分析法」という宿題を発表する。	・学習者の意見を踏まえた上で、長文の構造をとらえる方法をまとめる。

学習者に提示した各ストラテジーの関係性

　上の図は「③知識の深化」の2.で、学習者に提示したものです。つまり、どうしてこれらのストラテジーがあるのか、それぞれのストラテジーの間にはどういう関係があるのかなどについて説明しています。

　学習者の意見を踏まえた上で、長文構造のとらえ方を次のようにまとめました。

1. 文末の主要述語を中心に、文の成分が足りているかどうか確認します。足りない場合、文脈で省略されている成分を見つけます。
2. 文の成分が足りている場合、ストラテジー1を利用して、文全体の主語を見つけます。
3. 述語を中心に、関連する補語を見つけます。
4. 文の骨組みを確かめます。
5. ストラテジー1、2、3、4を利用して、修飾節や引用節の構造を分析します。

④ 発展応用練習〈22分〉

　流れはオリエンテーションの発展応用練習を参照してください(p.104)。学習者が積極的に協働学習に取り組むために、発表の結果をグループの成績にします。つまり、教師が《云班课》でランダムに指名し、指名された学習者がグループを代表して、発表します。発表した成績がグループの成績になります。足りないところや間違いがあったら、他のグループが発表します。

第3課　発展応用練習

教科書 pp.21-22 の発展問題 1 を読んで、次の文の構造を分析してください。

1. 大食い自慢のタレントが、一定の時間内にどのぐらい多くの料理が食べられるかを競争したり、ある店のメニューに載っている料理を全部食べるという目標を達成したりするというものだ。

2. タレントたちがお客さんがよく頼むその店の人気メニューを当てるまで食べ続けなければならないという企画もある。

3. ある雑誌の取材で、A 大学で社会学を教える B 教授は、貧しくて十分な食事ができない人や病気で食べられない人のことを考えず、食べ物を無駄にしている若者が増えているとして、こうした番組の影響を指摘していた。

4. 一方、こうした批判の声に対して、貧しさや病気で食べられない人の問題と大食い番組とは全く関係がない、結び付けて批判するのは間違っている、見たくなければチャンネルを変えればよいといった反論もあるようだ。

5. 大食い番組の人気の一方で、ダイエット食品が飛ぶように売れ、時には若い女性がダイエット食品に頼りすぎた結果、栄養失調になってしまったという問題を耳にしたりすると、現代の食のあり方について、疑問を持たざるを得ない。

※文章は、石黒圭(編著) (2011) 『留学生のための読解トレーニング』(凡人社、pp.21-22)より
一部抜粋・改変

第 3 課の目標は長文の構造をとらえることなので、教科書の練習問題を作り直しました。問 1 と 2 は文脈から修飾関係を判断し、問 3、4、5 は文脈によらず、文そのものの構造を分析するものです。

⑤ **まとめ・宿題〈3分〉**

第 3 課の内容をまとめ、復習の宿題シートと第 4 課の事前学習シートを配ります。

第3課　復習の宿題シート

1. 教科書 pp.22-23 の発展問題 2 をしてください。

2. チェックテスト、発展応用練習、マインドマップで間違ったところを直してください。

3. 以下のことについて電子掲示板で質疑応答してください。

　　① 発展問題 2 について分からないところ

　　② 第 3 課について分からないところ

2.3　授業後

授業後はすぐに次の授業に向かって動きだします。

授業後の学習者と教師の活動

曜日	学習者の活動	教師の活動と留意点
月	1. 復習の宿題は午後7時までに提出する。 2. 分からないところがあったら、電子掲示板で質疑応答する。	・復習の宿題を評価する。 ・電子掲示板の質問に答える。
火	第4課の診断テストをする。	・学習者の間違ったところを調べる。
水～翌週の日	第4課の事前学習をする。	・事前学習が遅れた学習者に催促したり、学習者の質問に答えたりする。

3.　活動の背景

以上、MOOCs を用いた反転授業の教室活動の手順を見てきました。

では、なぜこのような授業形態をとるのでしょうか。主な理由は次の三つです。

① 読解授業の目標

筆者は 2010 年から読解授業を担当してきました。担当当初は、単語や文法を説明したり、難しい文を翻訳して文章の内容を解説したりしました。確かに、いろいろな文章を読んで日本の文化や社会は勉強できますが、それだけでは学習者は文章を読む方法が身に付きません。学習者からも「日本語の文章を読む良い方法はありますか」「どうすれば速く正確に日本語の文章が読めるのでしょうか」という声が寄せられました。そこで、読解授業の目標はいったい何であるのかと考え始めました。いろいろな資料を調べた結果、テキストの理解にはいくつかのレベルがあることが分かりました。

> Kintsch（1986）では、「テキストの学習（learning of text）」と「テキストからの学習（learning from text）」の区別を提案しています。「テキストの学習」とは、テキストに書かれている内容そのものを理解する読み取りを指し、「テキストからの学習」とは、テキストを読んでその内容を理解し、そこから新しい情報や知識を獲得する過程であり、テキスト情報を読み手の既有知識に取り込んで、テキストの内容を応用できるようになるような理解を指します。
>
> （関・平高・舘岡 2012: 10）

Kintsch の分類からみると、「テキストの学習」と「テキストからの学習」は質的

に違うものであると同時に切り離せません。「テキストの学習」は「テキストからの学習」の基礎であり、より深く理解するために語彙、文法、文章の構造など読解の知識を勉強します。「テキストからの学習」は「テキストの学習」をした上で、論理的な思考力や豊かな心を育てることを目的にします。

　中国における日本語専攻の学習者は大学に入ってから日本語を勉強し始めることが多く、中級レベルになっても、読解知識は足りません。読解知識がしっかりしてから、「テキストからの学習」に入ったほうがいいと考えられます。そこで、上記の先行研究に基づいて、2学期の読解授業の目標を次のように決めました。2年生の下学期(3月から7月まで)は「テキストの学習」で、速く正確に文章を理解する能力を育てること、3年生の上学期(9月から翌年の1月まで)は「テキストからの学習」で、学習者の思考力を育てることです。しかし、中国には系統的に読解知識を教える教科書がないので、「外語教学与研究出版社(外国語教育と研究出版社)」を通して、『留学生のための読解トレーニング』という教科書を導入しました。この教科書を使ってみたところ、学習者から高い評価を受けました。

② 学校からの支援

　近年、中国では教育改革が盛んになり、教師主導型から、学習者主体型に変わりました。MOOCs はそれぞれの学校の優れた教師グループが作ったもので、たくさんの素晴らしい授業を無料で提供します。学習者が自分のニーズによって受講できるので、学校の壁も地域の壁も破り、学習者の主体的学びを促すものとして、推進されています。筆者の学校も MOOCs 教材の開発に力を入れており、『留学生のための読解トレーニング』という教科書が学習者に好評だったので、この教科書を基に MOOCs を作ったら、日本語を勉強する学習者に役立つと考え、学校に申請しました。申請が通り、筆者らは2017年6月から一年ぐらいかけ、読解方法の MOOCs 教材を開発しました。

③ 読解能力の性質

　読解授業は学習者の読解能力を高めることを目的にしています。国際交流基金・日本国際教育支援協会(編)(2002)では読解能力について次のように述べています。

　(1) 読解とは、『読み手がテキストからの情報を読み手自身の内部でタスクに応じて再構成する行為全体』である。
　(2) 読解能力は①言語知識とその使用、②内容知識とその使用、③読み行動の管

理・実行に関する知識とその使用、の三つの下位能力によって構成される。

（国際交流基金・日本国際教育支援協会（編）2002: 222）

この定義からみると、読解能力は知識ではなく、タスクに応じて知識を応用する能力を指しています。反転授業は知識の定着や応用力の育成を高める新しい授業方法として注目されているので、筆者も読解授業でMOOCsを用いた反転授業を採用しました。

4. 実際にやってみて

2018年7月の授業終了後、アンケート調査をしました。関連する内容を見てみましょう。

（1）今学期の読解授業は読解能力を高めるのに役立ちましたか。どの読解能力が高まりましたか。

すべての学習者が役立ったと答えました。つまり、中級の学習者にとって、系統的に読解方法を勉強することが必要であることが分かりました。

どの読解能力が高まったかという質問の中で、「読解スピードが速くなった」と答えた学習者が一番多く、次は「文章が正しく理解できた」、「文章の主旨がつかめた」といった答えが続きました。

今学期の目標は速く、正確に文章を読む方法を身に付けることで、学習者の回答からみると、一定の目標を達成したと考えられます。

（2）MOOCsを用いた反転授業が好きですか。理由を書いてください。

すべての学習者はMOOCsを用いた反転授業が好きだと答えました。理由は以下の通りです（筆者訳）。

・反転授業がとても好きです。授業前、動画教材を勉強して、対面授業の時、知識の体系化や協働学習などを通して、理解が深くなります。
・学習時間が自由で、自分の都合により、動画教材を勉強できます。また、動画教材を繰り返して見たり、一時停止して、メモをしたりできます。
・動画教材は一つのストラテジーだけを解説するので、目標がはっきりしていて、時間が短いです。そして、動画や図表を使って解説するので、面白くて、印象深いです。
・対面授業の協働学習が好きです。グループメンバーから違った意見が聞けるし、

分からない問題をすぐ解いてくれるし、自分が意見を述べることによって、理解も深くなるからです。

(3) より良い反転授業をするために、教師に何かアドバイスしてくれますか。
・対面授業の時、たくさんの練習問題をするより、学習者の疑問を解説するほうが、満足度が高まります。
・練習問題を解説する時、すべての練習問題を説明するよりも、間違ったところだけを説明したほうが、学習効率が高まります。
・典型的な練習問題を出すと、基礎力がつき、応用力が高まります。
・対面授業の時間を合理的に配分することで、学習者の負担も下がります。

2018年3月に初めてMOOCsを用いた反転授業を採用しました。最初はどのように授業したらいいか分からず、以前のように、いくつかの文章を、そして文章の練習問題をすべて解説しました。そのため時間が足りず、予定どおりの内容ができませんでした。それから反省しながら、授業を少しずつ改善しました。学習者からのコメントを参考に、対面授業で典型的な練習問題を解いたり、学習者の疑問に対する解説を工夫したりする必要があると分かりました。

反転授業をやってみて、以下の二つが重要だと感じます。

① 教師からのフィードバックと評価

教師は、オンラインで遅れた学習者を催促したり、学習者の質問に答えたり、良い点と足りない点を指摘したり、メモを評価したりしなければなりません。対面授業で学習者のモチベーションを維持しながら、個人とグループの答えを評価していきます。そして対面授業のあと、つまり、半月に一度、形成的評価の結果を公開します。そうすることで、学習者はどこが足りないのか、これからどう勉強するのかきちんと分かり、勉強のモチベーションが高まります。また、あまりできていない学習者が分かり、その学習者と相談して、サポートの方法を考えることもできます。

② 授業の設計

反転授業は事前学習と対面授業に分けられますが、この二つの目標がそれぞれ何か、目標達成のためにどんな問題を出すのか、対面授業でどのように知識を体系化するのか、デザインを十分に練ることが必要です。

反転授業を採用すると、教師に求められる水準が自然と高くなります。その反面、教師自身も鍛えられて成長し、学習者と楽しく深く対話する場も生みだされていきます。そこにこそ、教師という仕事の魅力があるのではないかと思います。

参考文献

石黒圭（編著）（2011）『留学生のための読解トレーニング—読む力がアップする15のポイント—』凡人社.

関正昭（編）, 平高史也（編著）, 舘岡洋子（著）（2012）『読解教材を作る』スリーエーネットワーク.

国際交流基金・日本国際教育支援協会（編）（2002）『日本語能力試験　出題基準〔改訂版〕』凡人社.

日本語記述文法研究会（編）（2008）『現代日本語文法6—第11部 複文—』くろしお出版.

船守美穂（2014）「21世紀の新たな教育形態MOOCs（3）　主体的学びを促す反転授業」『カレッジマネジメント』32(2), pp.36-41.

北京智启蓝墨信息技术有限公司（2014）云班课<https://www.mosoteach.cn>（2019年3月25日閲覧）

王丽莉（2018）智慧树「日语N2阅读通关技巧（日本語能力試験N2合格のための読解ストラテジー）」<https://coursehome.zhihuishu.com/courseHome/2050366#teachTeam>（2019年3月18日閲覧）

汪琼（2014）中国大学MOOC「翻转课堂教学法（反転授業の教授法）」<http://www.icourse163.org/course/PKU-21016>（2018年11月5日閲覧）

第**7**章

ピア・リーディングの教室活動
：JFL 環境で学ぶ中級学習者が学術的文章を読む試み

胡方方

>>>>>

　学術的文章を読む試みは、JSL 環境にある上級学習者を対象に日本国内の大学で行われることが多いでしょう。しかし、学術的文章に対するニーズは JFL 環境にある海外の大学にも存在します。学術的文章を読む授業を、海外の、しかも中級学習者の教室で行うことは可能でしょうか。もし可能だとしたら、どのように導入すればよいでしょうか。この章では、海外の中級学習者の教室において、学術的文章を読むピア・リーディングを導入する際の工夫について紹介します。

1. はじめに

　この章では、学術的文章を読むピア・リーディングを扱いますが、そもそもピア・リーディングはどのように定義されるのでしょうか。ピア・リーディングは、日本語教育の世界では、2000 年前後から早稲田大学の舘岡洋子氏によって主導され、発展してきた協働学習の授業活動で、「学習者同士が助け合いながら問題解決を行い、テキストを理解していく読みの活動」（舘岡 2000: 25）と定義されます。一般には、学習者同士の数名のグループで、同じテキストを読み、話し合う活動が中心になります。

　ピア・リーディングで学ぶことには、一人で読む読解活動と比べ、どのような意義があるのでしょうか。舘岡（2007: 113）は、通常の読解授業の問題点 2 つ——「外から見えない」ことと、読んだ「結果」のみを扱っていることを指摘し、その解決案として、学習者の読みを「外化し可視化すること」と、「過程を扱うこと」を主張しています。その上で、「読みの過程を共有すること」、「自分自身を見直したり気づいたりすること」、「自分自身を拡張すること」を併せ、対話によって仲間と読みの過程を共有するというピア・リーディングの可能性を示しています。

　では、このようなピア・リーディングの授業活動は、学術的文章を読む場合にも効果があるのでしょうか。砂川・朱（2008）では、中国の大学院に在籍している日本語専攻出身の学生を対象に、学術的論文を読むことを目的とした、ピア・リーディングの一種であるジグソー・リーディングを実践し、それを通じて学術的コミュニケーション能力の向上を観察しています。また、朱・砂川（2010: 25）では、同じ中国の日本語専攻出身の大学院生の意識変容に着目し、ジグソー・リーディングという学習方法が「学生に自主的・協働的な研究態度の必要性を目覚めさせる要因となった」と考

察しています。この章で紹介する方法はジグソー・リーディングではありませんが、学術的コミュニケーション能力の向上も、学習者の自主的・協働的な態度も同様に観察されました。

石黒(編)(2018)では、学術的な読解力養成を目的とした多国籍上級学習者向けの課題達成型ピア・リーディング授業が紹介され、仲間同士で学術的文章を読むことを通し、自分と仲間の読みの違いに気づき、読みの広まりと深まりが実現される様子が記述されています。この章で紹介するピア・リーディングは、石黒(編)(2018)で行われた JSL 環境(Japanese as a second language)の授業を海外の中級日本語学習者向けにアレンジしたもので、中国の洛陽師範学院日本語学科 3 年生を対象に、筆者が特別授業として 90 分×4 回×2 クラスで行った JFL 環境(Japanese as a foreign language)での授業活動です。

◉目　標	学術的文章を読み、自分の読みを仲間と共有できる。
◉レベル	中級
◉時　間	全体でオリエンテーション 1 時間＋90 分×4 回×2 クラス
◉人　数	21 名＋23 名(ほぼ全員女子学生で、3 人ずつのグループ編成が多い)
◉資　料	石黒圭(2013)『日本語は「空気」が決める―社会言語学入門―』(光文社)からの抜粋＋補充プリント
◉授業の流れ	0. オリエンテーション(教師の自己紹介、授業の目的と流れ、「社会言語学とは何か」についての説明)〈1 時間〉 1. 「言葉とジェンダー」を事前に読み、キーワードの定義を考えてきて、授業では仲間と意見を交換した上でグループとしての答えをまとめる。〈90 分×2 クラス〉 2. 「俗語と標準語」を事前に読み、後続文脈を予測してきて、授業では仲間と意見を交換した上でグループとしての答えをまとめる。〈90 分×2 クラス〉 3. 「文末文体の切り替え」を事前に読み、空欄に入れる接続詞を考えてきて、授業では仲間と意見を交換した上でグループとしての答えをまとめる。〈90 分×2 クラス〉 4. 「話し手のアイデンティティに根ざす」を事前に読み、文章構造図を書いてきて、授業では仲間と意見を交換した上でグループとしての構造図をまとめる。〈90 分×2 クラス〉

2. 具体的な活動の手順

2.1 事前準備

毎回の授業はテキストを事前に読み、課題の答えを考えてくることを前提としてい

るので、あらかじめテキストと課題を配っておきます。テキストは、社会言語学の新書（石黒 2013）の抜粋です。このテキストを用いた理由は、石黒（編）（2018: 5）で述べられているとおり、日本語を対象にしているため、日本語学習者にとって共通の関心であること、日本語学習や生の日本語に触れた具体的な経験に基づいて議論できる内容であること、専門性が高すぎないが、一定の専門性を有する内容を含む文章であることなどですが、このテキストは、教科書に載っている標準的な日本語とは異なる、現代の生きた日本語を扱っており、JFL 環境の学習者でも興味が持てる内容です。

オリエンテーションのときに1回目の授業で扱うテキストと課題の配布、1回目の授業が終わるときに2回目の授業で扱うテキストと課題の配布というサイクルを毎回欠かさず行います。また、毎回の授業で導入する文型表現と関連話題の紹介もセットになっているので、事前の準備が必要です。学習者が事前にテキストを読み、出された課題に対する自分なりの解答を考えてくることが、議論を進める上でもっとも重要です。

2.2　オリエンテーション

普段の日本語学習に慣れている中級学習者の場合、今回の実践のように初めての教師が登場し、いきなりそれまでとは異なる形態の授業を始めると、戸惑いも大きく、授業についていけない可能性があります。また、「社会言語学」という分野になじみがなく、どんな話をしているのか、ピンとこないかもしれません。さらに、いきなり学術的文章を読んだり、日本語で自分の感想や意見を述べたり、仲間と議論し合ったりすると、ピア・リーディングという授業形態に違和感を覚えることが予想されます。

今回の実践に入る前に、オリエンテーションの時間を設け、筆者が自己紹介をしながら日本での生活などの話題を用意して、教師の雰囲気や話し方などについて少し知っておいてもらいました。そして、実生活の中によくある例を挙げながら、社会言語学はみんなの生活と離れていない身近な話題を扱っており、おもしろい学問であるという話をしました。授業の流れについて、図1のように段階を踏んで授業を進めるという説明をしながら、各段階の目的を紹介し、学習者に期待していることを説明しました。毎回の授業では個人それぞれが用意してきた解答について、グループ・ディスカッションの形で議論し、グループで統一された答えを提出してもらうため、個人の答えを考えてこないとディスカッションに入りにくいということも注意しておきました。

また、学習者の「話せるかな」「分かるかな」という不安を減らすため、文型導入と話題導入の時間を作ることも伝えました。具体的には、文型導入の段階では、「話す」→「聞く」→「話し合う」→「整理する」という順番で回ごとにディスカッショ

ンテーマを決めて表現を導入すること、話題導入の段階では、各回のテキストに出てきた話題について社会言語学的な概念から身近な例を用意することも学習者に事前に伝えました。こうした準備は、元の授業の担当者である石黒と、今回の授業担当者である筆者が協力して行いました。このように、図1で示した授業の流れのイメージと、表1で示す授業全体の輪郭を描いたことで、学習者にとって未知の授業形態に対する不安をある程度軽減できたと思います。

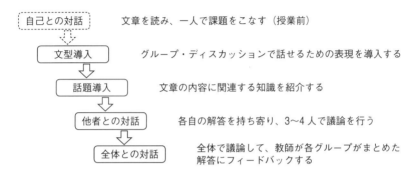

図1 中級学習者向けの学術的文章を読むピア・リーディング授業の流れ

表1 各回に扱うテキスト、課題および当該回の工夫

回	テキスト	課題	文型導入	話題導入
1	「言葉とジェンダー」	キーワードの定義を考える	自己の読み方を分かりやすく説明する	男性語と女性語を考える
2	「俗語と標準語」	後続文脈を予測する	他者の読み方を尋ねて理解を深める	標準語と方言を考える
3	「文末文体の切り替え」	接続詞を入れる	他者の意見に適切に対応する	丁寧体と普通体を考える
4	「話し手のアイデンティティに根ざす」	文章構造図を書く	全員の意見をバランスよくまとめる	人称表現を考える

2.3 1回目の授業

1回目の授業は次頁の表2のように進めました。宿題でもあり、授業でも用いられた課題は、「言葉とジェンダー」（石黒 2013: 76-80）を読み、日本語の「男性語」と「女性語」についてそれぞれ定義すること、文章のキーワードを5語まで挙げ、その中から真のキーワードを1語決め、さらに理由を書くことです。授業では、グループ・ディスカッションを経て、グループで一つの答えにまとめてもらいます。その後、それをクラス全体で議論し、教師からのフィードバックを受けます。

1回目の授業でJFL環境の中級学習者向けに工夫したのは、表2の①意見交換、②文型導入Ⅰ、③話題導入Ⅰです。順に説明します。

表2 「キーワードの定義を考える」の回の時間配分

授業の流れ	時間
テキスト「言葉とジェンダー」と個人課題シートの配布	事前
授業の目的と流れの説明、グループ編成	15分
①意見交換―読解授業についてのグループ・ディスカッション	20分
②文型導入Ⅰ―「自己の読み方を分かりやすく説明する」	10分
休憩	
③話題導入Ⅰ―「男性語と女性語を考える」	10分
解答共有―グループ・ディスカッション	20分
フィードバック―全体での議論、教師のコメント	10分
コメントシートの記入	5分

① 意見交換（ウォーミングアップ）

　いきなり日本語での話し合いを指示されても、慣れない学習者は緊張してしまうでしょう。この授業形態に慣れていないことでの沈黙が続くのを避ける必要があります。また、学習者が今回の授業の開始時と終了時に、読解授業のあり方についての考えに変化があるのかも知りたいと考え、1回目の授業の最初の20分と4回目の授業の最後の15分を、読解授業についての話し合いに充てました。1回目の開始時に行ったこのグループ・ディスカッションは、学術的な議論に入る前の話し合いの練習ともなります。

② 文型導入Ⅰ

　2.2で記述したように、学習者にスムーズにグループ・ディスカッションに入り、話してもらうために、段階を踏んでディスカッションテーマを決め、文型表現を導入することにしました。ディスカッションの基本はまず、他者が理解できるように自己の考えを整理して話すことです。そこで、1回目の授業では、自己の意見をきちんと発信できることを目的とする「自己の読み方を分かりやすく説明する」というテーマを設定し、【話し合いを始める】、【誰かに意見を聞いてみる】、【自分の意見を話す】、【時間をもらう】という四つの場面で使えそうな表現を、基本文型と応用文型に分けてそれぞれ提示しました。

話し合いの基本文型・応用文型Ⅰ（自己の読み方を分かりやすく説明する）

【話し合いを始める】

基本文型 〈どこから始めるか、番号で場所を伝えましょう〉

・よろしくお願いします。
・まず、○番。
・じゃあ、○番から始めましょう。
・次、○番行きます。

【誰かに意見を聞いてみる】

基本文型 〈友達の名前を呼んで、意見を聞きましょう〉

・では、Aさんから（どうぞ／お願いします）。
・Bさんはどうですか。
・Cさんの男性語／女性語の定義は何ですか。

応用文型 〈番号を「～が／けど」で伝えてから、意見を聞きましょう〉

・まず○番ですが、Dさんは男性語／女性語をどう定義しましたか。
・○番ですけど、Eさんはどれをキーワードに選びましたか。
・○番ですが、Fさんが○○を真のキーワードに選んだ理由は何ですか。

【自分の意見を話す】

基本文型 〈「AはBです」を使って、自分の意見を話しましょう〉

・私の男性語／女性語の定義は～です。
・私が選んだキーワードの候補は、～と～と～と～の四つです。
・真のキーワードは～です。

応用文型 〈動詞を使って、自分の意見を話しましょう〉

・私は男性語／女性語を～と定義しました。
・私はキーワードの候補を～と～と～と～にしてみました。
・真のキーワードは～がいいかなと思いました。

【時間をもらう】

基本文型 〈考えていることを伝えましょう〉

・ちょっと待ってください。
・今考えています。

応用文型 〈順番を後にしてもらいましょう〉

・すみません。もう少し考える時間をいただけますか。
・今考え中なので、先に他の人に答えてもらえますか。

③ 話題導入Ⅰ

　ここでは、ピア・リーディングを活性化するために有意義な話題を導入します。1回目の授業で読んだテキストは「言葉とジェンダー」で、話題導入として「男性語と女性語を考える」という話を準備しました。テキスト内容をよりよく理解するため、日本語における役割語としての男性語と女性語の使用例を紹介し、小説の抜粋を用いて、ジェンダーのメリットとデメリットを考えさせました。そうすることで、普段の読解問題に出てきたことのない社会言語学の話題にも入りやすくなりました。

Ⅰ　男性語と女性語を考える
（会話を見れば、どちらが男性でどちらが女性か、書いていなくても分かる） 「ヨシちゃん、ごめんね。飲んじゃった」 「あら、いやだ。酔った振りなんかして」 　ハッとしました。酔いもさめた気持でした。 「いや、本当なんだ。本当に飲んだのだよ。酔った振りなんかしてるんじゃない」 「からかわないでよ。ひとがわるい」 　てんで疑おうとしないのです。 「見ればわかりそうなものだ。きょうも、お昼から飲んだのだ。ゆるしてね」 「お芝居が、うまいのねえ」　　　　　　　　　　　　　　　（太宰治『人間失格』p.104）

※紙幅の都合により一部のみ示す。以降の話題導入Ⅱ、Ⅲ、Ⅳも同様。

2.4　2回目の授業

　2回目の授業は表3のように進めました。課題は「俗語と標準語」（石黒 2013: 56-61）を読み、部分的に削除された二つの空欄に入る内容を予測し、それぞれ数文で表現することです。大阪弁で書かれた聖書の話題が示され、方言を用いたことによる表現効果について大学生がさまざまな反応をしていたという内容ですが、どうも理解がしにくいようでした。そこで、2回目のグループ・ディスカッションに入る前に、前後の文脈をクラス全体で整理した点が改善策です。1回目の授業と同様、表3の①文型導入Ⅱ、②話題導入Ⅱも工夫した点です。順に説明します。

表3　「後続文脈を予測する」の回の時間配分

授業の流れ	時間
テキスト「俗語と標準語」と個人課題シートの配布	事前
グループ編成	5分
①文型導入Ⅱ―「他者の読み方を尋ねて理解を深める」	10分
②話題導入Ⅱ―「標準語と方言を考える」	10分
解答共有―グループ・ディスカッション（その1）	20分
休憩	
グループ編成、前後の文脈整理	10分
解答共有―グループ・ディスカッション（その2）	20分
フィードバック―全体での議論、教師のコメント	10分
コメントシートの記入	5分

①　文型導入Ⅱ

　自己の意見を話せるようになったら、次は他者の意見を聞く段階に移ります。自分も話し、相手も話すことで初めて「話し合い」が成立します。聞くときには、相手の

意見を頭の中で正確に理解するだけでなく、耳を傾ける姿勢を相手に見せることが重要です。聞きたいという姿勢を見せ合うことが活発な意見交換につながるからです。そこで、2回目の授業では、他者から意見を聞き出し、それをきちんと理解できることを目的とする「他者の読み方を尋ねて理解を深める」というディスカッションテーマに基づき、【相手に質問する】、【相手に確認する】、【質問・確認を予告する】という三つの場面に使えそうな表現を基本文型と応用文型に分け、以下のようにそれぞれ提示しました。特に【質問・確認を予告する】場合の応用文型に、前置き表現を提示し、前置き表現がもたらす柔らかさ、婉曲さについて説明しました。

話し合いの基本文型・応用文型Ⅱ（他者の読み方を尋ねて理解を深める）

【相手に質問する】

基本文型〈簡単な疑問文で質問しましょう〉
- すみません。一つ質問してもいいですか。
- ～の意味は何ですか。
- ○番、A さんの答えは何ですか。
- ○番、B さんはどう予測しましたか。

応用文型〈「思う」「考える」を使って質問しましょう（お礼も言いましょう）〉
- まず①番ですが、どんな内容が入ると思いましたか。
- どうして～が次に来ると思ったんですか。
- ～が次に来ると考えた理由を教えてもらえますか。
- （質問に答えてもらったら）分かりました。
- （質問に答えてもらったら）ありがとうございました。

【相手に確認する】

基本文型〈簡単な疑問文で確認してみましょう〉
- 一つ確認してもいいですか。
- ～の意味は○○ですか。
- ～はどう読むんですか。
- たとえば？／どうして？

応用文型〈自分の解釈を相手に確認してみましょう〉
- C さんの意見は、～ということでしょうか。
- D さんの予測は、～と考えてもいい／大丈夫ですか。
- つまり、～なんですね／ということですよね。

【質問・確認を予告する】

基本文型〈質問・確認する前にその予告をしましょう〉
- すみませんが、よろしいですか。
- ちょっといいでしょうか。
- すみません。分からないことがあるのですが。

応用文型〈質問・確認する前に「～が／けど」を使って予告をしましょう〉
- 分からないことがあるのですが、一つ聞いてもいいですか。
- 疑問に思ったことがあるんですが、質問してもいいですか。
- 思いついたことがあるんですけど、意見を言っても大丈夫ですか。

125

② 話題導入Ⅱ

2回目の授業で読んだテキストは「俗語と標準語」で、話題導入として、「標準語と方言を考える」という話を準備しました。テキスト内容をよりよく理解するため、まず中国語の東北方言、上海方言の特徴およびそれぞれのイメージを思い浮かべさせた上で、日本語の大阪弁、東北弁の特徴とイメージを紹介し、日本語を通して日本の文化や考え方が感じられる機会を設けました。教師として、日本の生の社会の情報を知ってほしいという姿勢が重要ではないかと思います。

Ⅱ 標準語と方言を考える

・方言のステレオタイプ的イメージの活用
　東北弁：素朴、おとなしい、口数が少ない、田舎臭い、訛りが強い、不器用、農家
　大阪弁：明るい、にぎやか、口数が多い、本音トーク、口が悪い、商人、お笑い

・ステレオタイプ的イメージの喚起：ステレオタイプを活かしたキャラ作り
　大阪弁：お笑い（黒崎緑『しゃべくり探偵』の和戸（わと）と保住（ほずみ））
　　…大阪弁は漫才の言葉で、よくひどい冗談を言って笑わせる文化がある。

「お～い、和戸君、和戸やないか」
「ああ、保住か、久しぶりやな」
「なにが、久しぶりやな、やねん。それはこっちのセリフやで。おまえ、しばらく大学で見かけんかったけど、どないしてたんや。心配してたんやぞ」
「ほんまかいな。ありがたいな。持つべきものは、友達やな」　　　　　　　　　　（p.11）

　東北弁：召使い（ハリエット・ビーチャー・ストウ『新訳 アンクル・トムの小屋』）
　　…東北は農村で貧しく、冬の時期を中心に、昔は東京に肉体労働者として働きに出てきたことから、奴隷の言葉には（偽）東北弁を使うことが多い。

「そう考えとります、旦那様」とトムは言った。「あのかわいそうな人は病気で弱ってますだ。そんなことをするのはあまりに残酷ですだ。だから、おらはそんなことはしませんし、始めません。旦那様、おらを殺すつもりなら、殺してくだせえ。ここにいる誰かに手をあげるなんて、おらは絶対にやりません。その前に、おらが死にますだ！」　　　　　　　　（p.418）

2.5　3回目の授業

3回目の授業は表4のように進めました。課題は「文末文体の切り替え」（石黒2013: 127-131）を読み、原文から接続詞が削除された部分に入る接続詞を考えることと、この文章でもっとも大切な接続詞は何かを一つ選ぶことです。この回も2回議論してもらい、とても活発なディスカッションになりました。1回目の授業と同様、表4の①文型導入Ⅲ、②話題導入Ⅲのところで工夫しました。また、接続詞が取り扱われていたので、当該授業では、課題遂行のために導入する必要があると判断した接続詞の分類表も配布しました（表4の③）。順に説明します。

126

表4 「接続詞を入れる」の回の時間配分

授業の流れ	時間
テキスト「文末文体の切り替え」と個人課題シートの配布	事前
グループ編成	5分
①文型導入Ⅲ―「他者の意見に適切に対応する」	10分
②話題導入Ⅲ―「丁寧体と普通体を考える」	5分
③接続詞の導入―分類表の配布と説明	10分
解答共有―グループ・ディスカッション（その1）	20分
休憩	
グループ編成	5分
解答共有―グループ・ディスカッション（その2）	20分
フィードバック―全体での議論、教師のコメント	10分
コメントシートの記入	5分

① 文型導入Ⅲ

　相手の意見を聞くと、視野が広がるように感じることも多いですが、相手の意見に納得が行かないこともしばしばあります。そうした場合、違和感を直接ぶつけ合うとお互いの人間関係を損ねかねません。建設的な議論を進めるためには、相手の意見にどのように賛意を表し、どのように反論すれば、相手は自分の言葉をより受け入れやすくなるのでしょうか。そこで、3回目の授業では、他者の意見に賛意を示したり反論したりすることを目的とする「他者の意見に適切に対応する」というディスカッションテーマに基づき、【相手に同意する】、【相手に反論する】、【根拠を述べる】といった場面に使えそうな表現を基本文型と応用文型に分けてそれぞれ提示しました。たとえば、【相手に反論する】場合に応用文型を提示した際、直接的な表現ではなく、相手に譲歩してから自分の意見を言い始めるという言い方を練習させました。

話し合いの基本文型・応用文型Ⅲ（他者の意見に適切に対応する）
【相手に同意する】
基本文型〈基本的な相づちを使いましょう〉
・はい／うん。
・そうですね。
・はいはい／うんうん／そうそう。
応用文型〈気持ちを込めた相づちを使いましょう〉
・ああ、そうかあ。
・なるほどー／なるほどね。
・たしかに（そうですね）。

【相手に反論する】

基本文型〈「思います」「でしょうか」を使って自分の意見を言いましょう〉
- ・～と思います。
- ・～のほうがいいと思います。
- ・～じゃないでしょうか。
- ・～はどうでしょうか。

応用文型1〈「～が／けど」で相手に譲歩してから自分の意見を言いましょう〉
- ・私の理解不足かもしれませんが、～のほうがいいんじゃないでしょうか。
- ・私も自信はないのですが、ここは～が入ると思います。
- ・そういう見方もあると思うんですが、～も入るんじゃないでしょうか。

応用文型2〈「～が／けど」で文を終わらせましょう（言いさし）〉
- ・う～ん、それは少し違うと思いますけど。
- ・私は～がこの文脈に合っていると思って入れてみたんですが。

【根拠を述べる】

基本文型〈理由や根拠を述べて自分の意見を正当化しましょう〉
- ・なぜなら／なぜかと言うと、～だからです。
- ・というのも、前の文の意味と反対の意味になっているからです。

応用文型〈根拠を弱く述べ、自己正当化をやわらげましょう〉
- ・～ですから／ですので、○○が自然な気がします。
- ・前の内容と後ろの内容が対比ですし、…がいいと思います。
- ・～を選びました。～は理由を表すふつうの接続詞ですから／なので。
- ・～がいいんじゃないでしょうか。その後ろに○○が続いているし。

② **話題導入Ⅲ**

　3回目の授業で読んだテキストは「文末文体の切り替え」であり、話題導入として、「丁寧体と普通体を考える」という話を準備しました。学習者たちは日本語で作文や会話の課題を完成させる際、教科書で習ったルールを守り、文体の一致に気を付けていたと語っていましたが、実は文体の切り替えがよくあり、場合によって違う効果が出てくることを、広告の具体例(パイロット社の万年筆の広告の文章)を用いて紹介し、これを機に日本語の教科書に載っていない生の日本語を教えました。

Ⅲ　丁寧体と普通体を考える

ほんの些細なことが、胸につかえて眠れない。
そんな夜は、ありませんか。家族とのケンカ。
職場での小さな失敗。明日への不安や迷い。
「あれで、よかったのかなぁ」
「このままでいいんだろうか」
行き場のないモヤモヤが、心の底に溜まっていく。
そんなときは、文字にしてみませんか。(後略)
　　　　　　　（パイロットコーポレーション「企業広告 2014　新聞・雑誌広告（ノート篇)」）

③ 接続詞の導入

　課題の解答にあたり、接続詞とは何かを確認する必要があります。授業では接続詞の話を少しして、接続詞の存在で前後の文脈の関係が変わる例を挙げ、課題のおもしろさを強調しました。また、接続詞の分類表を配布し、学習者の頭の中にある接続詞の数を増やすことで、選択範囲を広げる工夫を行いました。これが、学習者たちの接続詞に対する関心を呼び起こし、議論が活発になる一つの契機になったように感じました。また、接続詞の話をきっかけに、今まであまり気づかなかった接続詞の種類と役割について、少し気づくようになったようです。

2.6　4回目の授業

　4回目の授業は表5のように進めました。課題は「話し手のアイデンティティに根ざす」（石黒 2013: 160-164）を読み、文章の内容が一目で分かるような文章構造図を作成することです。1回目の授業と同様、まず表5の①文型導入Ⅳ、②話題導入Ⅳのところで工夫をしました。また、この回は書いてきた構造図について一回のみ話し合ってもらい、二つ目のディスカッションの時間で、今回のピア・リーディング授業について、さらに、理想の読解授業について語り合ってもらいました（表5の③）。

表5　「構造図を描く」の回の時間配分

授業の流れ	時間
テキスト「話し手のアイデンティティに根ざす」と個人課題シートの配布	事前
グループ編成	5分
整理役の役割の説明	5分
①文型導入Ⅳ—「全員の意見をバランスよくまとめる」	10分
②話題導入Ⅳ—「人称表現を考える」	10分
解答共有—グループ・ディスカッション	25分
休憩	
フィードバック—全体での議論、教師のコメント	10分
グループ編成	5分
③意見交換—今回の実践についてのグループ・ディスカッション	15分
コメントシートの記入	5分

① 文型導入Ⅳ

　議論が進むと、グループのメンバーがどの点で合意し、どの点で対立しているかが見えてきます。それをグループ全体で共有し、さらにフィードバック・セッションにおいてクラス全体で共有できるようにするためには、グループの考えをまとめるこ

とが必要になります。そこで、4回目の授業では、グループのメンバーの意見をまとめる能力を養成することを目的とした「全員の意見をバランスよくまとめる」というディスカッションテーマに基づき、【評価する】、【答えを決める】、【意見が出ないときに意見を聞く】、【意見を整理する】、【提案してみる】といった場面に使えそうな表現を基本文型と応用文型に分けてそれぞれ提示しました。また、そのような議論のまとめを担当する整理役の役割についてあらかじめ説明しました。

話し合いの基本文型・応用文型Ⅳ（全員の意見をバランスよくまとめる）

【評価する】

基本文型 〈いいと思った意見をほめて、話し合いをまとめましょう〉
・Aさんの図は考え方がユニークでおもしろいです。
・こちらのほうが、色がきれいですね。
・このデザイン、とても見やすくていいですね。

【答えを決める】

基本文型 〈答えを決めるときは、みんなの意見を確認しましょう〉
・（答えは）〜でいいですか／でいきましょうか／で大丈夫ですか。
・じゃ、〜にしましょうか／に決めましょうか／ということで（いいですね）。

【意見が出ないときに意見を聞く】

基本文型 〈沈黙が続くとき、意見が出やすくなる質問をしましょう〉
・迷いますね。どちらがいいですか。
・難しいですね。どうしましょうか。
・じゃあ、どうまとめましょうか。

【意見を整理する】

応用文型 〈意見がばらばらなとき、意見の似ている点、違う点に分けて考えましょう〉
・Bさんの図とCさんの図は○○という観点で違います。どちらがよいと思いますか。
・DさんとEさんの図は○○という点で似ています。一つにまとめたらどうでしょうか。
・私の図は時間の流れで作りましたが、Fさんの図とGさんの図は表を上手に使って分類していて共通点があります。二人の図を使いましょうか。

【提案してみる】

基本文型 〈話がまとまらないとき、まとまりそうな意見を示しましょう〉
・〜はどうでしょうか。
・〜のほうがいいと思います。
・〜は○○なんじゃないでしょうか。

応用文型 〈話し合いが行きづまったとき、新しいアイデアを示しましょう〉
・最初に話し合いの方針を決めませんか。
・この問題は時間がかかるので、今はやらずに、後でもう一度戻って考えませんか。

② 話題導入Ⅳ

　4回目の授業で読んだテキストは「話し手のアイデンティティに根ざす」であり、話題導入として、「人称表現を考える」という話を準備しました。『ドラえもん』と『忍たま乱太郎』の登場キャラクターの一人称表現を分析しながら、キャラクターの性格と関連づけました。このように、教科書に載っていないリアルな日本語で学習者のモチベーションを刺激し、日本の社会と文化を感じさせることができました。

Ⅳ　人称表現を考える

問題　「わたし」「おれ」「ぼく」のどれが入る？

ドラえもん　　「のび太くんをばかにするということは、[　　　　　]をばかにすることだ。許せない！」

のび太　　　　「[　　　　　] は宿題をやるために生まれてきたんじゃない！」

しずかちゃん「これまでずっと甘えたりわがまま言ったり…。それなのに [　　　　　] のほうは
　　　　　　　パパやママに何もしてあげられなかったわ。」

ジャイアン　　「お前のものは [　　　　　] のもの。[　　　　　] のものも [　　　　　] のもの。」

---

3. 活動の背景

　今回の実践にあたり、協力してくれたクラスは次のような特徴を持っていることが、このクラスを普段担当している教員への事前聞き取り調査で明らかになりました。そのため、筆者は「⇒」の後に示す対策を立てました。

　課題1　日本語力に限界があるので、いきなりディスカッションに入ると、課題の
　　　　　難易度と関係なく、自分の意見を述べたり、相手の意見を否定したり、ま
　　　　　とめたりする日本語の表現がうまく言えず、困る。
　　→　　学習者の日本語運用力に応じた、話し言葉の文型のインプットを行う。
　　　　　（文型導入Ⅰ～Ⅳを参照）

　課題2　全員日本留学経験がないので、日本文化に精通していない。テキストに出
　　　　　てきた大阪弁のイメージ、文体の切り替えなどに対して、あまり親近感を
　　　　　持っていないと想像される。
　　⇒　　文章のトピックを身近にする話題導入を行う。（話題導入Ⅰ～Ⅳを参照）

　課題3　国籍に多様性のない中国語母語話者が集まっているため、授業中、日本語
　　　　　表現に困った際、中国語を使い始める傾向が強い。

⇒　ディスカッション言語を中国語に設定するクラス、日本語に設定するクラス、2クラスの授業を担当し、比較する。

課題4　普段の日本語のインプットは、教科書等が中心で、日本語で書かれた小説や新聞、ウェブページもあるが、論文など学術的文章はあまり読まない。
⇒　事前準備をさせ、一人で読む時間を十分に確保する。

　課題1について、いくら準備を整えても、一旦議論が始まると、言語力の足りなさが話し合いのネックになりかねません。ある程度自由に言葉が出てこないと、話し合いが深まらない恐れがあります。胡（2017）でも述べていますが、ピア・リーディング授業のグループ・ディスカッションをスムーズに行うためには、各発話機能の使用が重要です。学習者が議論に用いる一連の表現を頭に入れ、ディスカッションに臨むことが肝要でしょう。

　課題2について、今回の読解テキストは社会言語学のトピックを扱ったものであり、学習者が普段使っている教科書と性格が異なります。彼らが普段教科書から学んでいる「正しい日本語」は「唯一の日本語」ですが、日本社会に入ると、「多様な日本語」「生きた日本語」と出会うことになります。社会言語学はそうした日本語を学ぶのに役立ちますが、学習者が「唯一の日本語」という規範的な意識から抜け出せないと、テキストのトピックに親近感が湧かず、テキストの理解も限定されてしまいます。そこで、今回の4回の授業実践では、身近な例を用い、その回の授業で取り上げる文章の話題導入を行いました。この話題導入により、学習者の間に、日本の生活で実際に触れる日本語の多様性を感じるきっかけが醸成されました。

　課題3について、ピア・リーディング授業におけるグループ・ディスカッションを中級学習者同士で行う場合、使用言語を母語にすれば、お互いの意見交換がよりスムーズになると予想されますが、目標言語の上達という面では望ましいとは言えません。一方、使用言語を目標言語にすると、目標言語の運用力という面では練習になり、徐々に上達につながることが期待されますが、意見交換をする際にはやりとりがスムーズに行かないことが予想されます。事前に担任教師への聞き取り調査を行ったところ、協力してもらった2つのクラスは日本語力の面ではあまり差がないとのことでした。そこで、今回の実践では、使用言語を母語にした場合と、目標言語にした場合の効果と影響を測るために、教師の導入、学習者同士のディスカッション、教師によるフィードバックにおいて、一つのクラスでは「困ったときは中国語を使う」、もう一つのクラスでは、「できるだけ日本語で話す」という方針を貫きました。

課題4について、授業実践を通してピア・リーディングの有効性を明らかにした舘岡(2007: 132)では、「まずひとりで読んで、自分の理解や意見を生成する段階」が「十分に成り立っていないと、次の段階で発信することができず、自己と他者との違いに気づくこともできません」と主張されています。難しい表現が頻出する文章を読ませる場合、文章理解が困難であり、課題を遂行する段階で学習者が頭を抱えることになります。また、文章が難しくない場合にも、課題が難しい場合、課題をどのように考えてよいか分からず、課題に対する自分の意見が持てなくなります。こうした状態で授業に臨んでも、グループ・ディスカッションに入っていくことが難しく、意見交換も十分にできないでしょう。ここからこの「ソロ」の段階、すなわち学習者の準備の段階の重要性が窺えます。今回の実践では、学習者に話す内容を十分に考えさせるために、「ソロ」の時間を授業中ではなく授業外の時間に位置付け、あらかじめ辞書で調べたり、何回も読んできたりしてもらいました。そのことにより、文章の内容が十分に理解でき、授業に臨む条件が整ったと思われます。

4. 実際にやってみて

4.1 使用言語に関して

　4回の授業実践をした結果、使用言語の点で興味深いことが分かりました。毎回「日本語で話してください」と励ましていたクラスでは、中国語で話し始めるケースが目立ちました。4回の授業が終わった際に学習者に記入してもらった評価シートを見ると、日本語力の限界を感じて、うまくディスカッションに入れなかったという、授業に対する低評価が何名かに見られました。反対に、「中国語を使ってもよい」と伝えてあったクラスでは、配ったばかりの文型リストを手に握りしめ、頑張って日本語で議論しようとしている姿が見られ、教師として胸を打たれました。特に最初の2回の授業で、2節で紹介したディスカッションテーマをめぐる文型導入や実際のグループ・ディスカッションを経た結果、後半の3、4回目の授業では日本語で議論できることに満足を覚え、授業に対する高評価につながっている様子が観察されました。

　母語での話し合いを認めながらも、同時に目標言語での話し合いにつながる表現を導入すると、学習者は自分ができるところから目標言語に切り替えることを試みるようで、それが学習者の自信につながるということはJFL環境における指導の勘どころの一つであるように思われます。

4.2 1回目の授業に関して

　「言葉とジェンダー」というトピックで、キーワードの定義を考えた1回目の授業

において、教師が授業中学習者の反応を見て感じたことと、授業後学習者に記入してもらったコメントをまとめると、次のことが分かりました。

- ・初回ということで事前説明に時間を取られ、作業自体も学習者に混乱が見られた。
- ・いきなりの慣れないディスカッションに不安を感じ、リハーサルをやって話し合いの流れを作っておきたいという学習者が見られた。
- ・グループ・ディスカッションという授業形態には肯定的・否定的な姿勢の両方が見られた。
- ・課題は、男性語・女性語の定義であったため、容易であった。

4.3　2回目の授業に関して

「俗語と標準語」というトピックで、後続文脈を予測した2回目の授業において、教師が授業中学習者の反応を見て感じたことと、授業後学習者に記入してもらったコメントをまとめると、次のことが分かりました。

- ・大阪弁をはじめ、方言についての知識が不足している。
- ・予測の内容が想像できず、書き込めない学習者が少なくなかった。2回目のディスカッションに入る前に、全体でテキストの構造を簡単に分析したところ、分かりやすくなったという学習者の声があった。
- ・文章が難しく、かつ課題も難しいので、意見が出しにくく、議論が沈滞しているグループが少なくなかった。
- ・「有標」、「無標」、「ステレオタイプ」という難しい専門用語はその場で説明するよりも、事前に説明しておいたほうがよかった。

4.4　3回目の授業に関して

「文末文体の切り替え」というトピックで、接続詞を入れる3回目の授業において、教師が授業中学習者の反応を見て感じたことと、授業後学習者に記入してもらったコメントをまとめると、次のことが分かりました。

- ・文章自体が難しく、文と文の関係の理解に困難を覚える学習者が見られた。
- ・接続詞が意識されておらず、頭の中の接続詞の種類が少ないため、個人作業の段階で、接続詞の選択に苦労したようであった。
- ・接続詞分類表は役に立ったが、事前配布し、個人作業の段階で参考にできるよ

うにすれば、より理解が深まったようである。

・ディスカッションに満足度が高い学習者が多かった。答えの違いが分かりやすく、議論の焦点が絞りやすいテーマであったこと、「反論する」をディスカッションテーマにしている回であったため、活発な議論がなされたと考えられる。

4.5　4回目の授業に関して

「話し手のアイデンティティに根ざす」というトピックで、文章構造図を書く4回目の授業において、教師が授業中学習者の反応を見て感じたことと、授業後学習者に記入してもらったコメントをまとめると、次のことが分かりました。

・授業形態に対する慣れや導入された文型の蓄積が安定した議論につながってきた。
・図を書くという作業がおもしろく、みんなで協力して取り組めた課題であり、満足度がもっとも高かった。
・文章の話題が身近で、内容が分かりやすく、また、内容自体が普段の日本語の勉強に役立つことからも、高く評価した学習者が多かった。
・この授業形態への慣れにより、親しみも湧く一方、一学期ずっと同じやり方だと、新鮮味が失われてマンネリ化しがちで、話し合う意欲が減退すると、いつも正解に近い答えを出す一部の人に頼りがちになる危険性もある。

4.6　全体の満足度調査

今回の授業実践の効果を測るために、授業終了後、学習者に4回のピア・リーディング授業の中でもっとも満足度が高かった回ともっとも満足度が低かった回、およびその理由をそれぞれ記入してもらったところ、次のことが分かりました（胡 2018）。

・文章の難しさ、課題の難しさが低評価につながりやすい。
・日本語で議論できる言語運用力、日本語学習に直結する内容の文章、課題に取り組んだときの充実感、ピア活動の意義への気づきが高評価につながりやすい。
・ピア活動に慣れるまでは議論の協働性が低く、低評価につながりやすいが、ピア活動に慣れ、協働的な議論ができるようになると高評価に転換する。

ここから、易しめで日本語学習につながる文章、取り組みやすく議論の焦点が明確な課題の準備と、ピア活動に慣れるまでの辛抱が大切だということが分かります。

4.7　教師の留意点

　この章では、中級日本語学習者を対象に、4回に渡り、ピア・リーディングを導入する試みを行った授業実践を紹介しました。海外で学ぶ中級日本語学習者を対象に、ピア・リーディングに慣れない教師が授業実践を行う際に留意すべき点をまとめます。

　第一に、ピア活動は「グループ」のディスカッションに焦点が絞られがちですが、話し合いに入る前の「ソロ」の時間を重視する必要があります。「ソロ」の時間にテキストと向き合って十分に考え、自分なりの「考えを持つ」ことが話し合いの前提となるからです。一方、ディスカッションを順調にするための文型導入も、ピア・リーディングを活性化するための話題導入も、すべて学習者の議論の準備につながります。教師は常に①テキストの難易度、②課題の難易度、③話題の親近度、④言葉の自由度という4つの尺度を念頭に、学習者のためのピア活動の設計を構想する姿勢が必要でしょう。

　第二に、ピアという形態の授業に当初、親近感が持てない時期は、グループ・ディスカッションになじめません。しかし、授業の回数を重ねるにつれて、次第に親近感が生まれてくることが授業を通して分かりました。したがって、ピアという授業形態を採用する以上、迷うことなくそのスタイルを貫き、学習者に親近感を持たせると同時に、何のためにこの活動をするのかという動機づけと、慣れてくることで教育の効果が高まるという事実を、学習者に繰り返し周知しておく必要があります。

　第三に、日本語力の限界は、話し合いを深めるときの阻害要因となります。初めてピア活動を導入するクラス、特に中級ないし初級学習者を対象にした場合、段階を踏んでディスカッションに必要な文型を話し合いの前に導入しておくと、学習者がスムーズに話し合いを始められます。また、まずは自由に話せる母語から始め、慣れてきたら少しずつ日本語に移行し、最後は頑張って日本語で話せるようにしたほうが、学習者のモチベーションが高まりますし、意見交換も活発になるように思われます。

　第四に、読むテキストのトピックが身近なものになるような工夫が必要です。教科書に載っていない生の日本語を教えることは、彼らの日本の文化や社会への理解につながると同時に、いざ日本の社会に彼らが出た際、さまざまな日本語に対応できるような力を養う環境も提供できます。このような実社会を感じさせる働きもまた彼らの日本語を勉強する意欲となって、好循環を生み出していくと考えられます。

用例出典

黒崎緑 (1997)『しゃべくり探偵—ボケ・ホームズとツッコミ・ワトソンの冒険—』東京創元社(創元推理文庫).

太宰治 (1985)『人間失格』新潮社(新潮文庫 百刷改版).

パイロットコーポレーション「企業広告2014　新聞・雑誌広告(ノート篇)」<https://www.pilot.co.jp/ad/corporate/2014.html>（2019年8月20日閲覧）

ハリエット・ビーチャー・ストウ（1998），小林憲二(監訳)『新訳 アンクル・トムの小屋』明石書店.

参考文献

石黒圭（2013）『日本語は「空気」が決める―社会言語学入門―』光文社.

石黒圭(編)（2018）『どうすれば協働学習がうまくいくか―失敗から学ぶピア・リーディング授業の科学―』ココ出版.

胡方方（2017）「ピア・リーディング授業の合意形成に影響を与える諸要因―多肢選択的な課題と自由記述式の課題の談話を比較して―」『一橋大学国際教育センター紀要』8, pp.81-92.

胡方方（2018）「第9章　ピア・リーディングの実践―授業にあたってどんな準備と工夫が必要か―」石黒圭(編)『どうすれば協働学習がうまくいくか―失敗から学ぶピア・リーディング授業の科学―』pp.205-232, ココ出版.

朱桂栄・砂川有里子（2010）「ジグソー学習法を活用した大学院授業における学生の意識変容について―活動間の有機的連携という観点から―」『日本語教育』145, pp.25-36.

砂川有里子・朱桂栄（2008）「学術的コミュニケーション能力の向上を目指すジグソー学習法の試み―中国の日本語専攻出身の大学院生を対象に―」『日本語教育』138, pp.92-101.

舘岡洋子（2000）「読解過程における学習者間の相互作用―ピア・リーディングの可能性をめぐって―」『アメリカ・カナダ大学連合日本研究センター紀要』23, pp.25-50.

舘岡洋子（2007）「ピア・リーディング」池田玲子・舘岡洋子『ピア・ラーニング入門―創造的な学びのデザインのために―』pp.111-146, ひつじ書房.

［付記］

　本稿は、胡方方（2019）「JFL環境で学ぶ中級日本語学習者に効果的なピア・リーディング授業の方法」(『アジア文化』35, pp.82-92, アジア文化総合研究所出版会)の内容を、本書に向けて改稿したものです。

第**8**章 多言語を母語とする読解の教室活動
：協働学習による「多様な読解ストラテジー」の意識化

木谷直之・佐藤智照・築島史恵

>>>>>

　日本国内の日本語教育の現場の多くは、複数の国や地域から集まった学習者で構成される「多言語を母語とする教室」です。このような教室で読解指導を行う際、どのような指導が可能なのでしょうか。この章では、多言語を母語とする教室の特徴を活かした読解指導をご紹介します。

1. はじめに

　多言語を母語とする教室では、学習者の間に、母語背景、学習経験、学習スタイル、文化的背景などの違いが存在します。そして、その影響で、読みのスタイルにも差異が生まれます(e.g. 菊池 2004; 堀場他 2008; 堀場 2015; 大和・玉岡 2013)。この章では、この学習者間の読みのスタイルの差異を利用した読解指導として「協働学習」を取り入れた活動をご紹介します。ここでご紹介する活動は、多言語を母語とする2つの教室において、文脈情報を用いた語の推定について学ぶために行ったものです。

◉目　標	多様な背景を持つ学習者が、文脈情報を用いた語の推定をめぐる話し合いを行い、ストラテジーを学び合うこと。
◉レベル	上級
◉時　間	90分
◉人　数	22名(各クラス11名)
◉資　料	・大久保伸枝・山中みどり・小野恵久子・遠藤千鶴(2016)「水俣病が21世紀の現代に問いかけること」『話す・書くにつながる!日本語読解　中上級』(アルク、12課)の一部抜粋 ・清ルミ(2008)「ぶつかっても謝らない日本人?」『ナイフとフォークで冷奴—外国人には理解できない日本の流儀—』(太陽出版)の全文
◉授業の流れ	1.個人で空欄箇所に当てはまる語を推定する活動〈20分〉 2.推定した語と推定の根拠や手がかりをグループで報告し合う活動〈30分〉 3.クラス全体での共有〈30分〉 4.正答の提示とストラテジーの整理〈10分〉

2. 具体的な活動の手順

　この章でご紹介する活動は、文脈情報を用いた語の推定について協働学習を通して学ぶというものです。具体的には、まず「個人で空欄箇所に当てはまる語を推定する活動」を行い、次に「推定した語と推定の根拠や手がかりをグループで報告し合う活動」、そして「クラス全体での共有」、最後に「正答の提示とストラテジーの整理」を行いました。以下では、具体的な活動内容及び手順をご紹介します。

2.1　クラスの概要

　授業は、海外で日本語を教えるノンネイティブ教師を対象とした研修で行いました。この研修では、日本語の運用力をさらにブラッシュアップするための日本語の授業があり、CEFR（「外国語の学習・教授・評価のためのヨーロッパ言語共通参照枠」）やJF日本語教育スタンダードのCan-doを目標としています。クラス分けもこの熟達度が基準となっています。

```
＜クラス1＞
 人数  11名    研修終了時の目標レベル  B2.2 または C1
 組み合わせ  グループ①（ロシア、ウズベキスタン、ブラジル各1名）
            グループ②（韓国、台湾各1名）
            グループ③（インドネシア、ミャンマー、ブラジル各1名）
            グループ④（インドネシア、ベトナム、ブラジル各1名）
```

```
＜クラス2＞
 人数  11名    研修終了時の目標レベル  B2 定着
 組み合わせ  グループ⑤（ブラジル3名（日系人1名を含む）、カザフスタン1名）
            グループ⑥（ブラジル2名（日系人1名を含む）、インドネシア1名）
            グループ⑦（ミャンマー2名、ベトナム1名、インド1名）
```

2.2　活動で扱った読解教材

　活動を行った研修では、終了時の目標レベルに合わせて、クラスごとに日本語の授業で扱う課題やトピックが決められていました。今回の活動では、クラス1が「環境」、クラス2が「異文化」でした。そのため、それぞれのトピックに合った内容の文章からクラスのレベルや目標に合わせた読解教材を選び、その文章の一部に空欄を設けました。空欄を設ける際に注意すべき点は、推定の手がかりがあると思われる箇所を選ぶことです。今回の授業で設けた空欄は、未知語の意味推測の研究(e.g. 徳田2006)を参考に、1) 文レベルでの文法知識で推定が可能と考えられる箇所、2) 一般知

識で推定が可能と考えられる箇所、3）ディスコースレベルでの知識で推定が可能と考えられる箇所の3種類としました。実際には、必ずしも教師側が想定した観点や手がかりを用いて推定が行われるとは限りません。しかし、いずれにしても、学習者各自がそれぞれ手がかりやストラテジーを使おうとすること、さらにそれを共有することで新たな発見があることを期待しました。使用した読解教材は次の2つです。

＜クラス1＞

水俣病が21世紀の現代に問いかけること

[1]「水俣病」という言葉を聞いたことがあるだろうか。たぶん、ほとんどの人は知らないかもしれない。私は1970年代に新聞などで知った。水俣病は、始めは伝染病が疑われたりしたが、のちに大手化学工業会社チッソの水俣工場から出された廃水の中のメチル水銀が原因とわかった公害病である。1959年には原因物質が魚介類中の有機水銀とわかったにもかかわらず、1968年5月まで水銀は流され続け被害を拡大したのである。どうして、このようなことが許されたのだろうか。 （ア） と言われる水俣病は、現代にも通じる重要な問題を含んでいると思うので、水俣病を振り返ることから考えてみたい。

[2] なぜこのような放置が続いたのか。私はまず第一に、水俣病が起きた時代の （イ） が関係していると思う。日本経済は1955年には戦前の水準にまで回復し、1956年の経済白書では「もはや戦後ではない」という報告がなされた。当時は日本中が好景気で、経済発展が何よりも優先された。庶民の夢は、「電気洗濯機・電気冷蔵庫・テレビ」のある生活で、人々の関心は生活の豊かさに向かっていた。

[3] 初めは、水銀で汚染された魚を食べた海鳥や猫たちが発症し、そして、子どもたち、魚を多く食べる漁民たちへと病気が広がった。つまり、水俣病は （ウ） によって起こったのである。生態系のどこかに異常、毒があれば、直接毒物を扱わなくてもその影響は必ず人間に現れるということが水俣病発生時には、まだはっきり解明されていなかったのだ。

[4] 水俣病では母親のおなかの中にいた赤ちゃん（胎児）が、水俣病になって生まれてくる、いわゆる胎児性水俣病患者が誕生するということが起きた。これは、原田氏の指摘によれば、その当時は （エ） であったという。それまでの学説では、生物は長い生物進化の過程からみて、自然界にある毒物に対しては母親の胎盤が胎児を守ると言われてきた。しかし、原田氏の研究結果は、水俣病では母親の胎盤を通して有機水銀（毒物）がおなかの中の赤ちゃんに影響したということを示したのだ。

大久保伸枝・山中みどり・小野恵久子・遠藤千鶴（2016）「水俣病が21世紀の現代に問いかけること」
『話す・書くにつながる！日本語読解　中上級』（アルク、pp.78-79）より一部抜粋・改変

\<クラス2\>

ぶつかっても謝らない日本人？

[1] 確かに、東京の新宿や渋谷のような人ごみで観察してみると、すれ違いざまに人と人がぶつかったり、カバンがぶつかったりすることが頻繁に起きています。これは、日本人の社会的な対人距離が、アメリカのそれより （ ア ） からなのです。

「近接空間学」という学問があります。これは、どういう関係の人とどれだけ距離をとれば快適に感じるかを分析するものです。文化人類学者のE・ホールによると、アメリカ人の対人距離は、夫婦のような親しい関係の場合の私的距離が46センチ～1.22メートル、知り合い同士の場合の社会的距離が1.22メートル～3.66メートル、見知らぬ人との公的距離は3.66メートル～7.62メートルだそうです。見知らぬ人との公的距離がとても （ イ ） のが特徴です。

一方、日本人の場合、親しい関係の場合の私的距離は、アメリカ人より大きくとるのに、見知らぬ人との公的距離は、アメリカ人の3分の1程度で、小さいということが、いろいろな研究者のデータからわかってきています。

つまり、日本人の場合は、アメリカ人と比べると、見知らぬ人にかなり近寄られても、不快に感じず、アメリカ人から見ると、日本人がくっつき過ぎて不快に感じるということです。ですから、郵便局や銀行、またはトイレなどで、順番を待つための列に並んでいるとき、アメリカ人は後ろの日本人に迫られるようで不快になると言います。

[2] これにはいくつかの理由が考えられます。まず、日本は人口密度が高いということです。次に、庶民は長屋暮らしをしていたため、他人と物理的距離をとらずに同じ場を共有することに慣れているためだとも思われます。

道を歩いている場合、見知らぬ人とぶつかりそうだと感じた時点で、ぶつからないよう意識しながら歩きはじめるのですが、社会的な距離を短くとる日本人の場合、ぶつかりそうだと感じるタイミングが、アメリカ人よりずっと遅いため、よくぶつかるのでしょう。また、見知らぬ人との社会的な距離が短いからこそ、日本人は、ぶつかってもそれほど （ ウ ） だとは思わず、謝らないのだと思います。

[3] 日本では、通勤ラッシュの満員電車に、見知らぬ者同士がギュウギュウ詰めで乗っていますね。この様子は、ヨーロッパやアメリカから来た人たちには信じがたい光景と映るようです。

これも長屋暮らしや、家と家との間のスペースがとりにくい暮らしに （ エ ） と思われます。物理距離の近さはいやがおうでも避けられないので、心の中で、互いに干渉しない境界線を作って生活する習慣が身についています。そのような習慣により、物理的には身体は触れ合っていても、「触れなかったことにする」という心のバリアを作って寿司詰めに耐えるのだと思います。

141

[4] 私たちがこれをし得るのは、（オ）だからこそです。逆に知り合い同士だったら、一緒に乗って体をつけ合うのは避けたいと考えるはずです。

　エレベーターでも同じことが言えます。知り合い同士だと、少ない人数でも「満員」だと感じ、次のエレベーターを待つのですが、見知らぬ者同士だと、もっと多くの人が乗っても「満員」だと感じないのです。

　もともと身体接触をしない我々にとって、他人なら「触れなかったことにする」心のバリアは作りやすいですが、知り合いだと、作りにくく、互いにきまりが悪いのだと思います。それで、知り合いとエレベーターに居合わせると、互いの距離を大きくとるのだと推察します。

清ルミ（2008）「ぶつかっても謝らない日本人？」
『ナイフとフォークで冷奴―外国人には理解できない日本の流儀―』（太陽出版、pp.186-192）より一部抜粋・改変

2.3　活動の流れ

　今回の活動は、1回の授業時間で終わるもので、活動は4段階に分かれています。各段階の活動を、①〜④まで順を追って説明します。

① 個人で空欄箇所に当てはまる語を推定する活動〈20分〉

　まず、個人で文脈情報やその他の背景知識を用いて空欄に当てはまる語を推定させます。最初からグループで取り組ませると、発言する学習者が偏ったり、互いに考えがまとまっていないため話し合いがうまく進まなかったりする場合があるからです。

進め方	教師の指示と留意点
1. 読解教材とワークシートを配布する。	
2. 学習者は個人で読みを開始し、ワークシートに記入する。	・自分が知っている語彙の中に適切だと思われる語が思い当たらない場合は、どのような意味の語が入るかを考えさせる。 ・推定した語または意味と自身がそのように考えた根拠や手がかりをワークシートに記入させる。 ・テキストの中に、（空欄以外にも）わからない語彙があった場合も、できるだけ辞書等は使わせず、自力で推定させ、次のグループ活動で確認することを促す。

　推定した語と根拠や手がかりをワークシートに記入させることで、学習者は自身の読み方を改めて意識化することができます。使用するワークシートは、「空欄箇所に当てはまる語や表現を記入する欄」と「根拠や手がかりを記入する欄」を設けたシンプルなもので構いません。

＜ワークシートの例＞

1. 当てはまる語や表現	2. 理由・手がかり
（ア）	
（イ）	

② 推定した語と推定の根拠や手がかりをグループで報告し合う活動〈30分〉

　次に、①で推定した語と自身がそのように考えた根拠や手がかりについてグループ・ディスカッションを行い、グループで共有させます。

進め方	教師の指示と留意点
1. グループを作る。	・できるだけ母語背景が異なるようにする。
2. 各自が推定した語と自身がそのように考えた根拠や手がかりについて報告し合い、グループとしての意見をまとめる。	・机間巡視を行い、課題が理解できているかどうかを確認する。 ・話し合いが活発に進んでいないグループには「答えは何だと思う?」「どうして?」などと問いかけ、話し合いが進むように働きかける。 ・教師が答えを教えたり、特定の答えに導いたりするようなことはせず、学習者同士の情報共有を促進させるに留める。

　この活動を通して、自身の読み方に対して他者から客観的な評価を受けたり、他者の説明を聞いて他の手がかりや推定の仕方について理解を深めたりすることが期待されます。

③ クラス全体での共有〈30分〉

　②の結果をクラス全体にフィードバックします。この活動の目的は、それぞれが考えた根拠や手がかりをクラス全体で共有することです。

進め方	教師の指示と留意点
空欄ごとに、各グループから、どのような答えを推定したか、どのような根拠や手がかりが話し合われたかについて発表させ、クラス全体で共有する。	・学習者から出てきた根拠や手がかりを板書しながら全体で確認する。

　この活動を通して、各グループで共有された様々な根拠や手がかりがクラス全体でも共有され、さらなる議論や学びが生まれると考えられます。

④ **正答の提示とストラテジーの整理〈10分〉**

　最後に、正答を提示し、ストラテジーを整理します。正答の提示は、語彙学習につなげることができます。意味の推定はできたものの具体的な語が思い浮かばなかった学習者にとって新たな語を学ぶ良い機会となります。

　また、ストラテジーの整理では、学習者が用いた推定の根拠や手がかりが「ストラテジー」としてまとめられることを認識させ、今後、学習者が意識的にそれを使うことができるように整理を行います。

進め方	教師の指示と留意点
1. 学習者に正答を提示する。	・学習者に自身が推定した語が、実際にはどのような語で表現されているかを確認させる。
2. 全体で、ストラテジーを確認する。	・③で共有された推定の根拠や手がかりについて共通するポイントを整理し、より汎用性があるストラテジーとして学習者に認識させる。 ・できるだけ多くのストラテジーを取り上げる。

　正答の提示では、学習者が推定した語が正答と同等または類似した意味の語である場合、それらの使い分けについても触れると良いでしょう。また、前の活動で共有された根拠や手がかりを汎用性が高いストラテジーとして捉えさせる際には、未知語の意味推測のストラテジーや p.147 に記述したストラテジーを参考に整理すると良いでしょう。

3. 活動の背景

　1節に書いたように、多言語を母語とする教室では、学習者の間に、母語背景だけでなく学習経験、学習スタイル、文化的背景などの違いが存在し、その影響で、読みのスタイルにも差異が生まれます。読解指導においては、この学習者間の読みのスタイルの差異を否定的に捉えるのではなく、むしろ、その差異を利用する方法が考えられます。その一つが協働学習を取り入れた活動です。

　協働学習について坂本(2008: 55-56)は、「多様で異質な学習者が、お互いの能力やスキル、地域や文化的な資源を共有し、対等なパートナーシップと信頼関係を構築することで、同質的な組織内学習ではとうてい不可能な高い学習目標や課題の達成が可能になり、『学びの共同体』と『学びの文化』が作られるのである。」と述べています。また、原田(2008)は、多言語多文化を背景とする教室の学習者は、学習経験や学習スタイル、文化的背景や価値観などにおいて異質の者とのぶつかり合いの中に存在するとし、このような環境において「社会的関係性の構築」が必須となる協働学習

が可能か否かについて検討を行いました。そこで扱われているのは作文指導における協働学習（ピア・レスポンス）ですが、学習者同士のやりとりを分析した結果から、多様な背景を持った学習者の間に、対等で相互支援的な関係が構築されることが示されています。これらのことから、多言語を母語とする教室の読解指導においても協働学習を取り入れることで、多様な背景を持つ学習者が互いに補い合いながら読解の課題に取り組み、その中で読みのスタイルやストラテジーを学び合うことが予想できます。この活動による学びは、学習者の背景が多様であればあるほど深いものとなると考えられます。つまり、多言語を母語とする教室こそ協働学習に適した教室環境と言ってよいでしょう。

　この協働学習を取り入れた今回の読解授業の目標は、「文脈情報を用いた語の推定」でした。文章読解において適切な内容理解に至るには、語の辞書的定義を想起するだけでは不十分であり、文脈情報を用いてコンテクストに応じた語の意味の推定を行う必要があります。しかし、日本語学習者の読み誤りについて調べた研究（e.g. 野田・花田・藤原 2017; 藤原 2017）では、前後の文脈を基に語の意味を推測する際、文脈情報を適切に利用できずに読み誤るケースや、省略されている語句や照応先の語句を前後の文脈から適切に特定できずに読み誤るケース、語の認識や文の構造を正しく把握し、語の辞書的な意味を正しく理解しても、当該の文脈に合った適切な語の意味の推定ができずに読み誤るケースが観察されています。これらの読み誤りは、いずれも文脈情報をうまく利用できないことに起因するものであり、文脈情報を適切に利用できるようになるための指導の重要性が窺えます。そこで今回の授業では、空欄箇所の語の推定という課題を用いて、文脈情報を利用しながら語の意味を推定する疑似体験をさせ、その方法の客観的な認識を促したいと考えました。

　このような語の推定の指導について考える際に参考としたのは、付随的語彙学習の研究です。授業の目標は、付随的語彙学習ではありませんが、文脈情報を用いて、文脈に応じた語の意味の推定を行うという点で共通しています。付随的語彙学習とは、内容理解を主目的とした読解などの言語活動の中で、未知語に出会った際、文脈情報などの手がかりを使って意味を推測し、その語の意味を理解する学習のことを指します（谷内 2003）。そして、この付随的語彙学習を生じさせる要因は、「必要性（need）」、「検索（search）」、「評価（evaluation）」の３つの心理的負荷とされています（Laufer & Hulstijn 2001）。山口（2006）は、「必要性」「検索」「評価」について、それぞれ以下のように定義しています。まず、「必要性」とは、特定の語に対して注意を当てる必要性のことで、その語の意味を理解することが文章を理解するために必要不可欠であれば必要性が発生します。また、「検索」とは、辞書にあたったり、文脈に照らしたり

して当該の語の意味を見つけたり、ある概念を表す第二言語の語を見つけようとすることを指します。そして、「評価」とは、語の意味だけで考えるのではなく、文脈上も適切と判断することや他の語との連結関係など統合的な結びつきを考えることを指します。

今回は、この「必要性」「検索」「評価」の枠組みを用いて活動を設計しました。まず活動の中で「必要性」「検索」を生じさせるために、文章の一部の語を空欄にし、その空欄箇所に当てはまる語を推定するよう求めました。課題として語の推定を求めることで「必要性」が生じます。また、空欄とすることで、学習者は推定に文字表記や音韻などの情報を用いることができず、文脈情報やその他の背景知識を用いた語の推定、すなわち「検索」を行わなければならなくなります。さらに、「評価」を生じさせるために、各自が推定した語と自身がそのように考えた根拠や手がかりについて報告し合い、グループとしての意見をまとめさせる活動に取り組ませました。話し合いによって、推定した語や意味が文脈上も適切か否か、そして他の語との連結関係について考えるという「評価」が生じます。筆者らが、この活動で目指したのは、多様な学習者が混在している教室だからこそ起きる「学び」、すなわち「検索」と「評価」における多様なストラテジーの共有や学び合いでした。

4. 実際にやってみて

多言語を母語とする教室では、学習者の間に読みのスタイルの差異があることから、各自が用いる読解ストラテジーにもバリエーションが生まれます。そのため、上に述べたような一連の活動に取り組むなかで、学習者間で様々なストラテジーが共有され、自身が使ってきたもの以外のストラテジーについての理解や認識を深めることができると考えました。

今回の活動では、参加者の了解を得て、各グループの話し合いを IC レコーダーで録音しました。その結果、まず、予想どおり、様々な手がかりやストラテジーが使われていることがわかりました。

以下の表は、録音した学習者同士のやりとりを元に、根拠や手がかりを整理したものです。それぞれのクラスで使われたストラテジーを「○」で示しています。

＜使用されたストラテジー＞

ストラテジー	クラス1	クラス2
1）空欄箇所の前の文脈（語や文の意味・内容）の利用	○	○
2）空欄箇所を含む文の中の語や表現の利用	○	○
3）空欄箇所の後に続く文脈（語や文の意味・内容）の利用	○	○
4）文法知識の利用	○	○
5）背景知識の利用	○	○
6）文章中の語の当てはめ	×	○

　両方のクラスで複数のストラテジーが提示されました。また、概ね両方のクラスで共通したストラテジーが使われました。上の表の「1）空欄箇所の前の文脈（語や文の意味・内容）の利用」から「5）背景知識の利用」の5つのストラテジーは、両方のクラスで使われています。例えば、「4）文法知識の利用」については、クラス1では、「つまり」や「このような」のような接続表現に注目して、前後の文章や段落から空欄箇所に入れるべき語や表現を推定した学習者がいました。クラス2では、「逆に」というような接続表現に注目して、前の文章や段落の内容と反対の内容が当てはまると推定した学習者がいました。また、両方のクラスにおいて、複数の手がかりを併せて、空欄箇所に入る語や表現を推定したグループがありました。例えば、クラス1のある学習者は、主に前後の文脈からどのような意味の語や表現が入るかを考え、その後、実際にどのような形で入れればいいのかを、文法情報（例えば、「～によって」には名詞や形式名詞「こと」を伴う形が接続する）から考えて、最終的にどのような語や表現を入れるかを決めていました。

　次に、今回の協働学習の活動によって「検索」と「評価」において複数のストラテジーの共有や学び合いが起きたのかについても確認してみましょう。2つのクラスで行われたやりとりの録音から、それぞれのクラスで、「検索のストラテジーが複数提示される様子」、「やりとりを通して推定した語が適切かどうか評価・吟味している様子」、「やりとりを通して学習者が手がかりやストラテジーに気づく様子」が見られました。

　まず、クラス1では、グループ②で、「検索のストラテジーが複数提示される様子」と「やりとりを通して推定した語が適切かどうか評価・吟味している様子」が見られました。以下のやりとりは、グループ②の学習者Aと学習者Bが空欄（ア）「正答：公害の原点」について話し合っている部分です。以下の表に併記されている数字は発話番号で、アルファベットは学習者を表しています。また、表中 ☐ で囲われた

147

言葉や表現は、推定された答えを示しています。下線部は、後述する引用部分を示しています。

3 A	簡単ですね。公害病。（笑い）もうひとつ、どうですか。○○さん。	
4 B	あー、どうですか。	
5 A	○○さん、答えは。	
6 B	もうすでに終わった	
7 A	終わったと思った、その病気はまだ続けている。	
8 B	あ、なんというか、もうすでに終わったと思ったけど、ま、こういう作者が、	
9 A	うん。	
10 B	書いた理由が	
11 A	はい。	
12 B	あの現代にもこういう、またこういう病気が、あの。起こるかもしれないから。	
13 A	はい。	
14 B	注意しましょうっていうのを。	
15 A	はい。	
16 B	言いたかったんじゃないかなっていう意味で、こういうふうに書いたんですけど。	
17 A	はい。	
18 B	そうですね。	
19 A	では、答えは公害病と。簡単ですね。	

中略

154 A	どうして。私の答え、どうしてますか。どうして受け入れますか。	
155 B	でも、まあ、こう、これもこの前の文で公害病のせい、いくつかあるし、説明があるじゃないですか。公害病についての、水俣病について。だから公害病。	
156 A	もっといい答えありませんか。もっと詳しく説明できる答え。	
157 B	うーん（沈黙）	
158 A	つまり、今はね、あの、こういうような病気はないです。	
159 B	うーん。	
160 A	もう終わった。	
161 B	うーん。	
162 A	もう終わったね。	
163 B	え？	
164 A	もう、もうこの病気は、水俣病はもう終わりました。もう二度とは出てこない。	
165 B	はい。	
166 A	ですか？今はまたこういうような問題、あの汚染問題もひどくなってきますね。だんだんひどくなってきます。まあ、二度とは、	
167 B	うーん	
168 A	出る可能性がありますか。	
169 B	ま、あるんじゃないですか。	
170 A	え、だから、さあ、私、今あなたの答え、今考えています。	
171 B	あー、そうですか。	
172 A	もう終わったと言われる、あの、水俣病はもう終わった。	
173 B	でも、こう、後ろの文が現代にも通じる重要な問題を含んでいるって書いてあるので。	
174 A	だから、ふり返る必要性があります。	
175 B	はい、そうですね。ふり返ることから考えてみたいんです。	
176 A	これ、昔の前の教訓として。	

177 B　そうですね。昔、もう終わっていたと思っていたが、現代にもいろいろふり返ってみて、現代の公害問題とか、まだ考える必要があるっていうのを、こう、これを書いた人が言いたかったんじゃないかっていうので。
178 A　それもいいですよ。はい、それもいいですよ。
179 B　（笑い）難しい。
180 A　それもいいですよ。あの、まあ、一つに限らないでしょ、答えはね。だから。

　前半の部分（3A～19A）で二人は、空欄（ア）に入る語や表現を、「公害病」と「もうすでに終わった」と答えています。学習者 A は、「1)空欄箇所の前の文脈(語や文の意味・内容)の利用」を行い、前の文に水俣病が公害病であることが書かれている（p.140 のテキストの 3～5 行目を参照）ため、その部分を踏まえて「公害病」と答え、簡単な問題だと話しています。一方、学習者 B は、学習者 A とは異なる見方で文章を読んでいて、筆者は「（水俣病は）もうすでに終わったと思ったけど」（8 B）、「あの現代にもこういう、またこういう病気が、あの。起こるかもしれない」（12 B）から、「注意しましょう」（14 B）と考えて、この文章を書いたのでないかという考えから、「もうすでに終わった」という表現を空欄（ア）に入れたと説明しています。

　後半のやりとり（154 A～180 A）を見てみましょう。二人とも水俣病が公害病であることについては同意していますが、学習者 A は学習者 B の答えをもう一度考え直し、「もう、もうこの病気は、水俣病はもう終わりました。もう二度とは出てこない。」（164 A）と述べ、それに学習者 B が「はい」（165 B）と応じると、「ですか？今はまたこういうような問題、あの汚染問題もひどくなってきますね。だんだんひどくなってきます。」（166 A）と「5)背景知識の利用」を行い、さらに水俣病のような公害病が「出る可能性がありますか。」（168 A）と学習者 B に問いかけています。学習者 B は、学習者 A の話を聞きながら、「後ろの文が現代にも通じる重要な問題を含んでいるって書いてあるので。」（173 D）と述べ、「3)空欄箇所の後に続く文脈(語や文の意味・内容)の利用」を行い、「昔、もう終わっていたと思っていたが、現代にもいろいろふり返ってみて、現代の公害問題とか、まだ考える必要があるっていうのを、こう、これを書いた人が言いたかったんじゃないかっていうので。」（177 B）と、改めて自分の考えを述べています。最終的に二人は 公害病 と もうすでに終わった 、二つを自分たちの答えとして出していますが、ここに取り上げた学習者 A と学習者 B のやりとりを見ると、二人が自分の「検索」の根拠を説明しながら、お互いに自身と異なる手がかりや根拠を共有していること、また、推定した語や表現が「適切かどうか」を複数の観点から互いに協力して「評価」している様子を見ることができます。また、やりとりを通して二人の文章理解が深められ、しっかりと確認されたことも窺えます。

149

次に、クラス2のやりとりの一部をご紹介します。グループ⑥が空欄（ウ）「正答：失礼なこと」について話し合う場面から「検索のストラテジーが複数提示される様子」が見られました。

---

92 E 　ふけつ（※「不快」のこと）だと。
93 C 　あー。Dさんは？
94 D 　日本人は、ぶつかっても、それほどのことだとは思わず、あやまらないのだと思います
95 E 　それほどのこと、あー、じゃあ
96 C 　私は失礼。でも、どうする。
97 D 　でも、理由、どうして
98 E 　なんか日本人は、なんか、ぶつかるとき、そう感じないので、だから、なんという、あー、できない。前に日本人は、どうやって説明します。
99 C 　あ、私は、日本人が見知らぬ人と社会的な距離が短いから、ぶつかっても失礼なことにはならないと思いました。と私。
100 E 　しょうがないですから、その気持ち。
101 D 　私は、ぶつかることが日常的で、みんながしてることだから、あやまるほどのことでもない。
102 E 　自分で、自分で、ぶつかられたら気にしないですから。
103 D 　でも、いつも、すみませんって言いますね。
104 E 　でも、ここに、そうしないと書いてあります。
105 D 　うんうん。でも、これ、あまり信じないです。
106 E 　そうですか。
　　　　　　　　　　　　　　　　　中略
122 C 　同じこと考えているんですけど、結局、どの言葉に、書いたほうがいいですか。
123 E 　なになにだと思わず。
124 D 　全部、全部、当てはまると思います。
　　　　　　　　　　　　　　　　　中略
145 C 　うーん。
146 E 　じゃあ。
147 D 　でも、失礼、失礼もいい言葉だと思います。
148 C 　失礼？
149 D 　あやま、あやまら、あやまらないと書いてるから、失礼。

　学習者Eは、「ふけつ（※「不快」のこと）」と推定した理由として、「なんか日本人は、なんか、ぶつかるとき、そう感じないので、だから、なんという」（98 E）と「1）空欄箇所の前の文脈（語や文の意味・内容）の利用」を行って推定したことを指摘しています。また、学習者Cは、「失礼」と推定した理由として、「私は、日本人が見知らぬ人と社会的な距離が短いから、ぶつかっても失礼なことにはならないと思いました。」（99 C）と述べ、同様に学習者Dも、「私は、ぶつかることが日常的で、みんながしてることだから、あやまるほどのことでもない。」（101 D）と「1）空欄箇所の前の文脈（語や文の意味・内容）の利用」を行い推定したことを指摘しています。学習者それぞれが「1）空欄箇所の前の文脈（語や文の意味・内容）の利用」を行っていま

すが、その箇所が異なります。また、最後に学習者Dが「あやま、あやまら、あやまらないと書いてるから、失礼。」(149 D)と、「(2)空欄箇所を含む文の中の語や表現の利用」を行い推定できることを指摘しています。これらのことから、複数の検索の手がかりが提示され、学習者が自身と異なる手がかりや根拠を共有したことがわかります。

また、グループ⑦が空欄(ア)「正答：短い」、空欄(イ)「正答：大きい」について話し合う場面において「やりとりを通して学習者が気づく様子」が見られました。

---

329 H　アの理由。
330 G　見知らぬ人との公的距離はとても大きいのが特徴です。アメリカとくらべると日本は、近寄られても不快に感じず。
331 H　大きい、小さい、短いなど、これはしています。
332 G　日本人の、つき過ぎて不快に感じるということです。
333 H　アが、この理由ですから、イ、イは。
334 F　アの理由はつながっています。
335 H　つながっていますから、逆の言葉に選びました。
336 G　日本人の場合はアメリカ人とくらべると見知らぬ人にかなり近寄りてきてきに不快に感じず。
337 H　イの理由を、はっきりいうと、どんな文章から取られますか。
338 F　うん、ちょっと読んでみてください。ちょっと読みますね。
339 I　はい、はい。この距離からをみると、とても。
中略
349 I　これ、ちょっと長い、これもっと長い。もっと遠い？
350 H　この距離ですから。
351 F　じゃあ、1つの文ではできないこともありますね。センテンスを読まないと。
352 H　読まないとわかりにくい。
353 F　ポイントはちょっと、とりにくい。前の文章と後ろの文章よく読んで。

学習者Gが空欄(ア)の推定の手がかりは「見知らぬ人との公的距離はとても大きいのが特徴です。アメリカとくらべると日本は、近寄られても不快に感じず。」(330 G)と述べ、空欄(イ)の文も含め「(3)空欄箇所の後に続く文脈(語や文の意味・内容)の利用」を行い推定したことを指摘しています。続けて学習者Hが「(アの理由は)つながっていますから、逆の言葉に選びました。」(335 H)と空欄(イ)と空欄(ア)が関連していると指摘しました。また、学習者Iは空欄(イ)の手がかりについて、文章中の「文化人類学者のE・ホールによると、アメリカ人の対人距離は、夫婦のような親しい関係の場合の私的距離が46センチ〜1.22メートル、知り合い同士の場合の社会的距離が1.22メートル〜3.66メートル、見知らぬ人との公的距離は3.66メートル〜7.62メートルだそうです。」を指し、「これ、ちょっと長い、これもっと長い。もっと遠い？」(349 I)と、「(1)空欄箇所の前の文脈(語や文の意味・内容)の利用」を行っ

て推定したことを指摘しています。これらのやりとりを通して学習者Fは「じゃあ、1つの文ではできないこともありますね。センテンスを読まないと。」(351 F)、「ポイントはちょっと、とりにくい。前の文章と後ろの文章をよく読んで。」(353 F)と文脈情報を用いた語の推定のストラテジーについての気づきを述べています。これらのことから、やりとりを通して学習者が、自身にとって新規のストラテジーに気づいた様子がわかります。

　これまで見てきたように、クラス1とクラス2のどちらのクラスにおいても、複数のストラテジーが使われ、各グループで「検索」「評価」において、様々なストラテジーが共有され学び合いが起きていることがわかりました。特に「やりとりを通して学習者が手がかりやストラテジーに気づく様子」が観察されたことから、活動を通してストラテジーの学び合いが起こることがわかります。多言語を母語とする教室において協働学習を取り入れた活動を行うことで、多様な背景を持つ学習者が互いに補い合い、読みのスタイルやストラテジーを学び合う機会を提供できるのです。

　また最後に忘れてはならないのが、私たち教師の役割です。学習者同士の活動が中心の協働学習においても、私たち教師の存在は欠かせません。私たち教師には、活動を設計したり、グループのやりとりが活発になるよう助言したりするファシリテーターとしての役割が求められます。また、グループ活動で起きた学習者の学びを拾い上げクラス全体で共有したり、個々の学びを整理し体系化する手助けをしたりすることも重要な役割です。活動の最後に私たち教師が上手に関わることで、協働学習による学びが深いものとなるのです。

参考文献

菊池民子(2004)「日本語学習者の読解における「読みのスタイル」の多様性―使用ストラテジーの観点から―」『言語文化と日本語教育』27, pp.144-156.

坂本旬(2008)「「協働学習」とは何か」『生涯学習とキャリアデザイン』5, pp.49-57.

徳田恵(2006)「読解における未知語の意味推測と語彙学習」『言語文化と日本語教育』増刊特集号, pp.10-30.

野田尚史・花田敦子・藤原未雪(2017)「上級日本語学習者は学術論文をどのように読み誤るか―中国語を母語とする大学院生の調査から―」『日本語教育』167, pp.15-30.

原田三千代(2008)「多言語多文化を背景とした教室活動としてのピア・レスポンスの可能性―「協働性」に着目した活動プロセスの分析―」『多言語多文化―実践と研究―』1, pp.27-53.

藤原未雪(2017)「上級日本語学習者による学術論文の読解における語義の解釈過程」『一橋大学国際教育センター紀要』8, pp.119-132.

堀場裕紀江(2015)「語彙知識とそのテクスト理解との関係―中国語・韓国語を母語とするL2言語学習者と日本語母語話者の比較研究―」『言語科学研究』21, pp.23-46.

堀場裕紀江・小林ひとみ・松本順子・鈴木秀明(2008)「第2言語学習者の言語知識と読解における母語背景の影響」『言語科学研究』14, pp.27-48.

谷内美智子（2003）「付随的語彙学習に関する研究の概観」『言語文化と日本語教育』増刊特集号，pp.78-95.

山口高嶺（2006）「関与負荷仮説に対する一考察」『Dialogue』5, pp.39-51.

大和祐子・玉岡賀津雄（2013）「中国語母語話者と韓国語母語話者の日本語テキストの読み処理における言語的類似性の影響」『小出記念日本語教育研究会論文集』21, pp.61-73.

Laufer, B. & Hulstijn, J. H.（2001）Incidental vocabulary acquisition in a second language: The construct of task-induced involvement. *Applied Linguistics*, 22（1）, pp.1-26.

第 9 章

多読の教室活動
：心理学の三つの理論をベースにした多読実践

熊田道子・鈴木美加

>>>>>

　授業には多様な背景を持つ学習者が参加します。しかし、読みの授業では漢字圏・非漢字圏といった学習者の背景の違いに関わらず、同じ教材を同時間で扱わざるを得ないことが多々あります。読みのクラスは「いっせいに」行わなければならないものでしょうか。この章では、学習者一人ひとりのペースで進められる多読の授業をご紹介します。

1. はじめに

　多読は、英語教育では読みにおける有益な学習手段として、実践されています。日本語教育でも、2010年頃から少しずつ認知されはじめ、実践が行われるようになってきました。現在の日本語教育における多読の手法は、(1)「小説・新書型」、(2)「NPO型」、(3)「NPO修正型」、(4)「自由読書型」の4つに大別されます(高橋2016)。

　(1)「小説・新書型」とは、主に中上級の学習者を対象としたものです。読み物には生教材が使われます。教師が短めで読みやすいと判断した小説を読んだり、各学習者がそれぞれ別個の新書を読むなどの方法があります(江田他2005; 池田2008等)。(2)「NPO型」とは、粟野・川本・松田(編著)(2012)が提唱している4原則に基づいて行うものです。NPO多言語多読の方針に基づくことから「NPO型」と高橋(2016)により称されています。4原則は①やさしいレベルから読む、②辞書を引かないで読む、③わからないところは飛ばして読む、④進まなくなったら他の本を読むというもので、英語多読における酒井(2002)の3原則を基にしています。(3)「NPO修正型」とは、粟野他(編著)(2012)のルールに修正、追加をしたものです。二宮・川上(2012)は「できるだけたくさん読む」というルールを追加しています。(4)「自由読書型」とは、学習者が授業時間内にどんな文章をどのように読んでもよいというものです。

　この章では、上記4種のうち、筆者らの行っている(4)「自由読書型」の多読の方法をご紹介します。この方法は、複数の大学において、多読クラス(選択授業)、読解クラスの一部(必修授業あるいは選択授業)で行ったものです。以下では多読クラス(選択授業)での実践を中心に記載します。なお、クラスサイズ、多読にかけられる時間が異なっても、クラスの進め方に大きな違いはありません。

◉目　標	日本語の文章に対する苦手意識やストレスをなくし、不安なく楽しみながら、自己肯定感を持って自律的に読むことができるようになる。
◉レベル	初級後半〜中級（中級以上の人も可能）
◉時　間	90分×15回（多読クラス） 20〜50分×13回（読解クラスの一部で多読を実施） ※状況に応じて、時間・回数の変更可能
◉人　数	10〜35名
◉資　料	日本語多読用教材等
◉授業の流れ	〈1週目〉　オリエンテーション 〈2〜14週目〉　多読 〈15週目（最終週）〉「学期末レポート」「振り返りアンケート」提出

2. 具体的な活動の手順

2.1　事前準備

　教室活動を始める準備として、一定のバラエティを備えた、ある程度の冊数の本を用意します。クラス活動対象レベルが初級〜中級の場合には、学習者が自分自身で読むものを準備するのは困難が伴いますので、多読用教材、絵本、小学校中学年レベルまでの振り仮名付きの本、子供向け新聞等、なるべくレベル・ジャンルを幅広く揃えておきます。本には学習者の目安になるようにレベルをつけておきます。冊数は多ければ多いほど望ましいです。少なくともクラス人数×2ぐらいあるといいと思います。
☞ 多読用教材としては、『レベル別日本語多読ライブラリー にほんごよむよむ文庫』（アスク）、『にほんご多読ブックス』（大修館書店）、『どんどん読める！日本語ショートストーリーズ』（アルク）等があります。子供向け新聞としては、「朝日小学生新聞」「読売 KODOMO 新聞」「毎日小学生新聞」等があります。

2.2　一学期を通したクラス活動の流れ

　次の表は、筆者らがクラスを担当している時の覚書を基にして、一学期を通したクラス活動の流れと、教師の行動・反応・留意点、学習者の行動・反応を記したものです。なるべく具体的なイメージを持っていただけるよう細かい点まで記してあります。
　この多読のクラスは学習者の行動・反応に応じて教師の対応を決めていきますので、学習者個々人に対する教師の対応は違います。また、学期によって教師・学習者の週の行動・反応は少しずつ異なりますが、主な流れは変わりません。記入してある

ことがその記入週にしか行われないということではなく、記入週の頃にその行動が行われた、あるいはその行動が目立つようになったと理解してください。（下表の週ごとの記述は、複数学期の平均的な状況を表しています。）

　表中の▶◀は左右同列の項目に対する両者の行動・反応を示しています。（例えば、◀に対する反応として▶'があります。）「毎週」と書いてあるものは毎週行う活動で、煩雑になるためこの表では1度記すに留め、2度目以降の記載は省略しています。

〈1週目〉オリエンテーション（40分）

活動の流れ・時間	教師の行動・反応・留意点	学習者の行動・反応
0.〈教師〉教室に準備した本（以下、クラスの本）を持っていく。	● 本は島状にした机（以下、本机）上に並べ、学習者が見やすく、自由に手に取れる状態にしておく。この点は、毎週同じ。 ☞冊数が多い場合、ブックトラッカー（移動式本箱）があると便利。	
1.〈教師〉クラスの趣旨と活動を学習者に説明する。（15分）	● 以下の内容を学習者に伝える。 ・自分の読みたい文章を自由な読み方で読む。読むもの、読み方に関して教師からの指定はない。 ・クラスで読むものは、教室のものでも自分が持ってきたものでもよい。 　☞学校の図書館、図書室や付近の本屋等、学習者が本を探せる場所を紹介する。 ・選んだ本（冊子体でない文章も含む）の難易度が合わなかったり、内容に興味が持てなかったりした場合は、いつでも本を変更できる。 ・「読書シート」が配布されるので、内容と感想を書き毎週提出する。 ・授業の終わりには、2〜3名の学習者はその日に読んだ本について紹介する。 ・学期末には、クラスで読んだ本の中で一番気に入った本についてのレポートを提出する。 ・評価は授業態度や読む力の伸び、「読書シート」、「学期末レポート」等、各個人の活動に対して行われるため、周りの人が自分より難しそうな本を読んでいても気にしなくてよい。 ・教師は援助者であるので、質問や困ったことがあったらいつでも話しかけられる。	
2.〈教師〉クラスの本について説明する。（5分）	● どんな本があるか、レベルの見分け方はどうするか等の説明をする。	

活動の流れ・時間	教師の行動・反応・留意点	学習者の行動・反応
3.〈教師〉アンケートを配布・実施する。（10〜20分）	● アンケートでは「なぜこのクラスを選択しようと思ったか」「日本語を読む時に困っていることがあるか」「母語は何か」「母語で本を読むのが好きか」「どんなジャンルの読み物が好きか」等、クラス活動の参考になりそうなことを問う。	● アンケートに記入する。
4.〈学習者〉クラスの本を見る。（10分） ＊学習者が全員で本を見るのは効率が悪いので、アンケートを書いている時間に、見やすい人数に分かれて見る。	▶'学習者の様子を見、一緒に話したりしながら、学習者がクラスにどんな本があるのかを知る手助けをする。	◀ 実際にクラスの本を手に取り、自由に見る。

熊田・鈴木(2015: 233-240)を改変。以降の表も同様。

〈2 週目〉

活動の流れ・時間	教師の行動・反応・留意点	学習者の行動・反応
1.〈教師〉「読書シート」を配布し、使い方を説明する。（10分）	● 以下の内容を学習者に伝える。 ・「読書シート」の表の面には、その日に読んだ本の内容と感想を書く。 ・「読書シート」を全部埋める必要はない。書ける範囲で構わない。 ・「読書シート」の裏の面は語彙記入欄となっている。記入は任意。語彙記入欄は提出のためではなく、自らのワードリストとして使用するためのものであるため、意味は母語で記入しても構わない。 ▶'英語であれば、可能であると回答する。	◀ 日本語以外で「読書シート」の表面の記入が可能かどうか、質問がある。
2.〈学習者〉読みを開始する。	▶'本を選んでいる学習者達に、本の特徴やレベルの見方等を説明する。本を決めかねている人には、好みやレベルなどを聞きながら希望に合いそうな本を紹介する。	● 本を持参した人は、すぐに読みはじめる。 ◀ 本を持参していない人は、クラスの本を選ぶために、本机に集まり本を見る。すぐに決まり席に戻る人もいれば、しばらく本机周辺で一通りの本に目を通す人もいる。 ● わくわくしている人、不安そうな人、様々な態度の人がいる。 ● 囁き声で音読をする人がいる。

活動の流れ・時間	教師の行動・反応・留意点	学習者の行動・反応
3.〈教師〉学習者が全員本を選び自席で読みはじめてから、本を読んでいる学習者の間を巡回し、一人ずつ声を掛ける。(60分)	▶「どうですか」のように簡単な表現で、声を掛ける。困っていることやわからないことはないか、読んでいる本が難しすぎないか等、学習者の様子に気を配る。質問等のため挙手をしている学習者がいればそちらを優先する。	◀'質問がある人は、声を掛けられた時に質問をしてくることが多い。質問内容は、クラスの進め方、「読書シート」の使い方、漢字の読み方、意味内容の確認等。 ◀"学期の最初のうちは、読んでいるものに対するコメントが多い。「この話は知っている」「日本の昔話は好きだ」等。
4.〈学習者〉読んだ本の紹介をする(2〜3名)。(毎週)(10〜15分)		● その日に読んだ本の内容と感想を簡単に話す(1人3〜5分程度)。
5.〈学習者〉「読書シート」の提出をする。(毎週)(5分)		

〈3週目〉 *3週目以降の流れは基本的に同じ

活動の流れ・時間	教師の行動・反応・留意点	学習者の行動・反応
1.〈学習者〉読みを開始する。	▶"学習者が本机周辺にいる間は、なるべく付近にいるようにし、本の選択に迷いが見られる学習者には声を掛ける。	◀ 本机周辺には学習者が大勢集まり本を見ている。 ◀'20〜30分本机周辺で本を見ている人や、一度席に持っていった本を15分程で替えに来る人がいる。
2.〈教師〉学習者が全員本を選び自席で読みはじめてから、「読書シート」の返却をしながら声掛けを行う。(30分)		
3.〈教師〉読んでいる学習者の間を巡回し、一人ずつ声を掛ける。(声を掛ける回数は3回程度。)(40分)		● 質問やコメントが多い。質問やコメントの内容は2週目と同様である。

〈4週目〉

活動の流れ・時間	教師の行動・反応・留意点	学習者の行動・反応
1.〈学習者〉読みを開始する。		● 本机周辺で本を選ぶ時間が短くなる。 ● 選ぶ本のレベルが安定してくる。

| 2.〈教師〉学習者が全員本を選び自席で読みはじめてから、「読書シート」の返却をしながら声掛けを行う。（30分） | ▶'「読書シート」に質問が書かれている場合には回答を記入する。「読書シート」返却の際に口頭でも答えるようにする。 | ◀ 教師が「読書シート」を返却すると、ほとんどの人が訂正されたところと教師からのコメントに目を通している。 |
| 3.〈教師〉読んでいる学習者の間を巡回し、一人ずつ声を掛ける。（声を掛ける回数は3回程度。）（40分） | ▶'質問の答えはなるべく質問者と一緒に考える。文脈や挿絵、既習文法等ヒントを出し、読みのストラテジーを学習者が体得できるよう心掛ける。 | ◀ 積極的に手を挙げて質問する人が多い。クラスの進め方についての質問はなくなり、読んでいる本に関する質問が中心となる。 |

〈5週目・6週目〉

活動の流れ・時間	教師の行動・反応・留意点	学習者の行動・反応
1.〈学習者〉読みを開始する。		
2.〈教師〉「読書シート」の返却をしながら声掛けを行う。（20分）	▶'長編を読んでいる学習者には前週のシートを早めに返却するようにする。	◀ 長編を読んでいる人は、粗筋や単語の確認のため、「読書シート」が返却されるのを待っている。
3.〈教師〉読んでいる学習者の間を巡回し、一人ずつ声を掛ける。（声を掛ける回数は2回程度。）（50分）	▶'巡回の際、本のレベルを変えた人、学習者用多読教材から生教材へと変更した人、それまで読んでいた長編の本を変更した人には注意を払い、その点について声を掛けてみる。	◀ 持参した長編を読む人の中から、最初に選択した本が自分に合わないと感じ、本を替える人が出てくる。特に、自分の言語レベルより高いものを選んだ人に多い。 ● 質問が少しずつ減ってくる。

〈7週目・8週目〉

活動の流れ・時間	教師の行動・反応・留意点	学習者の行動・反応
1.〈学習者〉読みを開始する。		
2.〈教師〉「読書シート」の返却をしながら声掛けを行う。（20分）		
3.〈教師〉読んでいる学習者の間を巡回し、一人ずつ声を掛ける。（声を掛ける回数は1回。）（50分）		● 本の世界に入り込んでいる学習者が増えてくる。教師が近づいたことに気付かずに、声掛けをされると驚くことが多くなる。

〈9 週目・10 週目〉

活動の流れ・時間	教師の行動・反応・留意点	学習者の行動・反応
1.〈学習者〉読みを開始する。		
2.〈教師〉「読書シート」の返却をしながら声掛けを行う。(20分)		
3.〈教師〉教室内の巡回を行う。(50分)	● 教師から学習者への声掛けは行わない。質問があった時のみ答える。	● 各自が自分なりの読みのスタイルを確立している様子が窺われる。

〈11〜13 週目〉

活動の流れ・時間	教師の行動・反応・留意点	学習者の行動・反応
1.〈学習者〉読みを開始する。		
2.〈教師〉「読書シート」を返却する。(10分)		
3.〈教師〉教室内の巡回を行う。(60分)	● 教師から学習者への声掛けは行わない。質問があった時のみ答える。	● 学期末が近づくと、それに向けて読む態度が少しずつ変化する。クラス活動の中で目標を定める機会はないが、「読書シート」には、自分なりの目標を表す表現がしばしば見られるようになる。 例：「今学期が終わる前に、この本を読み終えたい」「今学期のうちにもう一つ上のレベルにいきたい」
4.〈教師〉13週目に「学期末レポート」について説明する。(10分)	● 「学期末レポート」について学習者に以下の説明をする。 ・この学期中に読んだ本の中で、一番好きな本についてA4 1枚程度のレポートを書く。レポートには本の内容と本を読んだ感想を入れる。	

〈14 週目〉

活動の流れ・時間	教師の行動・反応・留意点	学習者の行動・反応
1.〈学習者〉読みを開始する。		
2.〈教師〉「読書シート」を返却する。(10分)		

活動の流れ・時間	教師の行動・反応・留意点	学習者の行動・反応
3.〈教師〉教室内の巡回を行う。(60分)	● 教師から学習者への声掛けは行わない。質問があった時のみ答える。	● クラスで最後の読む機会であるため、レポートを書くための本を読み直す人、自分の目標を達成しようと必死に読む人、自分の目標を達成したため、余裕の態度でいる人等がいる。

〈15週目〉(60分程度)

活動の流れ・時間	教師の行動・反応・留意点	学習者の行動・反応
1.〈教師〉学期末の「振り返りアンケート」を配布・実施する。(20〜30分)	●「振り返りアンケート」は、日本語の文章を読むことについての感情面・能力面の変化について問うものとなっている。	● 学期末の「振り返りアンケート」に記入する。
2.〈教師〉「振り返りアンケート」と「学期末レポート」を受け取る。(30〜60分)	● 提出された「振り返りアンケート」と「学期末レポート」を見ながら、学習者一人ずつとコメントを交わす。(時間は適宜)	●「学期末レポート」を提出する。

2.3 「読書シート」

「読書シート」の表の面にはその日に読んだ本の内容と感想を書きます。

内容を書くことで、内容の整理、確認ができます。登場人物の特徴、時間軸に沿った物語の展開、各章のポイント等、読みながらメモ的に書く人もいれば、読み終わってから整理をして書く人もいます。特に同じ本を2週以上にわたって読む場合、それまでの内容を思い出すために「読書シート」は有用です。前週からの本を引き続き読もうとする学習者は、登場人物や物語の流れがどうであったかを思い出すために、「読書シート」の返却を待っています。

感想を書くことで、内容への理解を深め自分のものとすることができ、自分の感情を表現できます。感想部分にはいろいろなことが書かれます。本の内容に対する感想・意見、本の内容と自分との関わり、物語の登場人物に対する共感や反感、有名な物語を読めたことに対する満足感、様々な疑問、本の難易度、次はもう少し難しい文章にチャレンジするといった決意、自分の生き方への振り返り等です。

学習者が書いた「読書シート」に対して、教師は日本語の添削をした後コメントを付けて返します。疑問には回答します。

「読書シート」の役割は、次の3点です。

1. 学習者自身が、内容の整理・確認ができ、内容への理解を深め自分のものとすることができる。

2. 教師が感想にコメントすることで、教師と学習者に読みを通した交流ができる。

3. 教師が学習者の書いた内容を確認することで、学習者が内容の把握ができているかわかる。

「読書シート」の裏面の語彙記入欄は、調べた言葉を残しておけるところがほしいという学習者達の要望により作ったものです。一冊の本の中には同じ言葉が何度も出てきますから、専用のワードリストがあると言葉の確認に便利です。また、内容や感想を書く時にも使えます。

「読書シート」は何種類かあります。書くスペースの多少等によって自由に選びます。

読書シート1：表面

名前

月 日	本の題名 (title)	pp: ～

内容 (content)

感想 (impression)

今日の本は…
言葉が □難しい □ちょうどいい □やさしい
漢字が □難しい □ちょうどいい □やさしい
文法が □難しい □ちょうどいい □やさしい
内容が □難しい □ちょうどいい □やさしい

読んでいるときに、何か変化がありましたか？／何かチャレンジをしましたか？

読書シート2：表面

名前 (name)   ID

月 日	題名 (title)	p. ～ p.

内容 (the story of the book)

感想 (the impressions of the book)

月 日	題名 (title)	p. ～ p.

内容 (the story of the book)

感想 (the impressions of the book)

読書シート：裏面（語彙記入欄）

新しい言葉 (new words)

言葉	読み方	意味	言葉	読み方	意味

2.4 本の紹介

授業の最後には、2～3名の学習者がその日に読んだ本を紹介します。基本的には、粗筋と自分が読んでどう感じたのかを伝えます。時間は1人3～5分程度です。クラスにはいろいろな本があります。学習者は毎週短時間のうちに本を決めなければなりませんが、なるべく自分にとって面白いものを読みたいと思っています。その時に、実際に読んだ人の話は大いに参考になるようです。紹介された本は、たいてい次の週は誰かが読んでいます。「読書シート」に、「紹介を聞いて読んでみたいと思ったから、この本を選びました」というコメントが書かれることはよくあります。多読のクラスは基本的に個人作業が多いですが、本の紹介の時間は学習者達が繋がります。

また、本の紹介はクラスの中から外へと学習者を結び付ける働きもしています。紹介者がクラスに常備してあるもの以外の本を紹介した後、学習者がその紹介者のところへ行って、本を見せてもらったり話をしたりする様子を見ることもあります。学習者達はクラスに置いていない本にも興味があります。どんな本を読んだらいいのか、どんな本なら読めるのかを気にしています。自分と同じようなレベルの人がどんな本を読んでいるのかを知ることで、自分でも挑戦しようとするきっかけになります。

3. 活動の背景

このクラスのコンセプトを作るきっかけとなったのは、学習者に対するアンケートでした。多読のクラスを始めるにあたり、学習者に対してアンケートを取りました。漢字圏の学習者のものは、「読むのが好き」といったコメントが多く、読むことに対して肯定的なことが書かれていました。

ところが、非漢字圏の学習者のものは、「日本語を読みたかったが、ぜんぜん読めなかった」「漢字がわからなかった」「日本語はつながっている。どこで分かれるのかわからない」「たて書きを読むことがぜんぜんできない」というようなものが多く、日本語の文章に対する苦手意識が現れていました。さらに「自分で上手に読むことは本当に難しい。他の授業中、言葉とかストレスがあった」「自分のレベルを読みたい。他のクラスの本は、私のレベルじゃないと感じる」といったコメントから、非漢字圏の学習者達がストレスを抱えながら読解の授業に参加していることがわかりました。

しかし、非漢字圏の学習者達の88%は、自国で日本語学習をしていた時に、読むことを苦手だと感じてはいませんでした。さらに、母語での読みについて質問した答えは、「本を読むのが好きか」に対しては100%、「母語でどれぐらい本を読んでいるか」に対しては、「1か月に3冊以上」が50%、「1か月に1冊以上」が34%と高い数値を示していました。

このアンケートの結果から、非漢字圏の学習者は、漢字圏の学習者、つまり読むことが上手な他者と同じ空間で同じ文章を読むという学習環境の共有によって、相対的に日本語の文章への苦手意識やストレスを感じているということがわかりました。

そこで、このクラスのコンセプトを「学習者が持つ日本語の文章に対する苦手意識やストレスをできるだけ排除し、学習者が不安なく楽しみながら、自己肯定感を持って自律的に読むことができるようになる」と定め、そのために「原因帰属論」「達成目標理論」「自己決定理論」という心理学の三つの理論をベースにすることにしました。

- 「原因帰属論」：人は成功や失敗をしたとき、原因を追求する傾向があるが、原因を何に帰属させるかによって、その後の感情や課題に対する期待値は影響され、課題達成行動に違いを与える。失敗を内的で安定したもの（能力）に帰属させると、その後の課題への動機づけは弱くなり、内的で不安定なもの（努力）に帰属させるとその後の課題への動機づけは弱くならない。

  （Weiner & Kukla 1970; Weiner 1985）

- 「達成目標理論」：遂行目標とは他人に自分の能力を顕示することを目的とした目標である。学習目標とは学習それ自体を目標とし、自分自身の能力を伸ばすこと、つまり達成できるようになることを目的とした目標である。失敗をしたとき無力感に襲われやすい人は遂行目標を持っており、粘り強さを保てる人は学習目標を持っている。　　　　　　　　　　　　（Diener & Dweck 1978）

- 「自己決定理論」：人間は常に心理的な三つの欲求—有能さ・自律性・関係性—を満たしたいと思っており、自らの判断や行動により、これらの欲求が満たされることで内発的動機づけや心理的な適応が促進される。（Ryan & Deci 2000）

この三つの理論をベースに教室活動を組み立てました。具体的には、「原因帰属論」を元に、一人ひとりが異なる本を読むことで、自分（例：非漢字圏の学習者）より有能な他者（例：漢字圏の学習者）との比較要因をなくすことにしました。また、「達成目標理論」を元に、個々人が他者とは異なる本、異なる読み方を行うことで、目標を「学習目標」のみとし、「遂行目標」の存在をなくしました。さらに、「自己決定理論」の「有能さ」「自律性」「関係性」の３因子を満たすため、「有能さ」を感じるためには、学習者が自らの力で一冊を読みきる、普段より長い文章や難しい文章を読みきることとしました。「自律性」を感じるためには、学習者自身が読みたいと思うものを自由なスタイルで読むことで、読み方に関する全ての決定権を有することにしました。「関係性」を満たすためには、教師との関係性を「読書シート」によって結び、

他の学習者との関係性を「本の紹介」によって結ぶことにしました。本クラスの背景にはこのような考え方があります。

4. 実際にやってみて

最後に、多読後に行った学期末の「振り返りアンケート」の結果、並びに、読みの変化に対する調査の結果についてご紹介します。

■「振り返りアンケート」の結果

最初のアンケートで苦手意識やストレスを多く感じていた非漢字圏の学習者のアンケート結果は次のようになりました。

・日本語の文章を読むことについて、気持ちに変化があったか
　　好きになった　70%／変わらない　30%／嫌いになった　0%
・他の授業で日本語を読む時にストレスや不安を感じるか
　　感じる　0%／変わらない　15%／感じない　85%
・日本語の文章を読む能力に変化があったか
　　上手になった　81%／変わらない　19%／下手になった　0%

以上の結果から、多読が日本語の文章を読むことに対するストレスや不安感を和らげ、上手になった、好きになったと読みに対する肯定感を上げていることがわかりました。漢字圏の学習者も多少の数値の違いはあるものの、同様の傾向が見られました（熊田 2012）。

■多読による読みの変化に対する調査結果

多読の実践前後の読みの変化に対する調査の結果は、次のようになりました。

多読学期開始期と終了期に、アイカメラを使用して文章を読む時の眼球運動の変化を調べました。多読開始期には注視回数が少なく、長い注視が起こりませんでした。ここから、眼は文字上を移動していても、意味を把握するための活動が十分に行われていなかったと思われます。一方、多読終了期の眼の動きは、注視回数が増えると共に、長い注視が増えました（熊田・鈴木 2013）。

文章を読んだ後の内容再生率は、開始期よりも終了期の方が高く、質的な変化としては、開始期には単発的な場面の再生だったものが、終了期には因果関係や物語の背景も含めた再生が行われていました。また、既有知識に頼らない内容再生も行われま

した(熊田・鈴木 2013)。

　読み途中の認知活動を調べるため、多読中盤期と終了期に think aloud 法を用いて調査しました。think aloud 法とは、外からでは観察できない読み手の思考過程を知るための方法で、読み手が文章を読んでいる最中に意識にのぼってきたことを意識にのぼると同時に発話する方法です。多読中盤期の調査では学習者の語りは語彙に向けられたものが中心でしたが、多読終了期には内容に向けられた語りが中心になりました(熊田 2016)。

　以上の結果から、多読を行うことで読みの能力が上がる可能性は高いと思われます。

■「教室」で多読を行う意義

　多読には教室内で行うものと教室外で行うものがあります。貴重な授業時間を敢えて一人で読む時間に使わなくてもよいのではという意見もあると思います。ここでは教室で多読を行う意義について学習者の考えをご紹介したいと思います。

　「振り返りアンケート」の結果から、以下のようなことがわかりました。まず学習者は教室という場に安心感を感じています。特に漢字圏の学習者と共に読解活動を行っている非漢字圏の学習者は、自分の読む力に自信をなくしています。そのような彼らにとって、他者と比較されることなくサポートを受けられる環境の中で読むことは、読むことに対する不安を払拭するのに適しています。加えて教室という場には仲間がいます。同じものを読んだり話し合ったりするわけではありませんが、自分の力で読むという目的に向かって読んでいる周囲の人の存在は、自分も頑張ろうという気持ちを喚起します。さらに何を読んでもいいという自由があるだけではなく、読むことに専念させられる効果も教室にはあります(熊田 2012)。

　多読は、誰もが自分のペースで無理なく参加できる活動です。そして体験した人の多くが、日本語で読むことに対して、心理的・能力的にプラスの効果を感じています。短い時間でも行うことができますので、始めようか迷われている場合は、授業時間の一部を利用して少しやってみるといいのではないかと思います。

参考文献

栗野真紀子・川本かず子・松田緑（編著），NPO法人日本語多読研究会（監）(2012)『日本語教師のための多読授業入門』アスク出版.

池田庸子 (2008)「新書を用いた多読授業の実践報告—学部留学生への読解支援の観点から—」『茨城大学留学生センター紀要』6, pp.13-20.

熊田道子 (2012)「『自由読書』—『読み』を個人のものとするために—」『早稲田大学日本語教育実践

研究』刊行記念号, pp.71-83.

熊田道子（2016）「Extensive Reading（多読）の実践―『語り』から捉える読みの変化―」『東京外国語大学留学生日本語教育センター論集』42, pp.111-122.

熊田道子・鈴木美加（2013）「日本語中級前半レベルにおけるExtensive Readingの効果」『東京外国語大学留学生日本語教育センター論集』39, pp.31-48.

熊田道子・鈴木美加（2015）「日本語教育におけるExtensive Reading（多読）の実践」『東京外国語大学留学生日本語教育センター論集』41, pp.229-243.

江田すみれ・飯島ひとみ・野田佳恵・吉田将之（2005）「実践報告　中・上級の学習者に対する短編小説を使った多読授業の実践」『日本語教育』126, pp.74-83.

酒井邦秀（2002）『快読100万語！ペーパーバックへの道』筑摩書房.

高橋亘（2016）「日本語多読研究に向けた基礎研究―多読活動の類型化の試み―」『言語・地域文化研究』22, pp.369-386.

二宮理佳・川上麻理（2012）「多読授業が情意面に及ぼす影響―動機づけの保持・促進に焦点をあてて―」『一橋大学国際教育センター紀要』3, pp.53-65.

Diener, C. I., & Dweck, C. S.（1978）An analysis of learned helplessness: Continuous changes in performance, strategy, and achievement cognitions following failure. *Journal of Personality and Social Psychology*, 36(5), pp.451-462.

Ryan, R. M., & Deci, E. L.（2000）Intrinsic and extrinsic motivations: Classic definitions and new directions. *Contemporary Educational Psychology*, 25(1), pp.54-67.

Weiner, B.（1985）An attributional theory of achievement motivation and emotion. *Psychological Review*, 92(4), pp.548-573.

Weiner, B., & Kukla, A.（1970）An attributional analysis of achievement motivation. *Journal of Personality and Social Psychology*, 15(1), pp.1-20.

第10章	ジグソー・リーディングの教室活動

：「対話」を促す読解の試み

砂川有里子・朱桂栄

>>>>>

　中級以上のレベルになると、何が書いてあるかを読み解くだけでなく、書き手が
どのように伝えているのか、なぜそのような伝え方をしたのか、書き手の言うこと
に自分はどう関わるのかなど、書き手との間の対話が目指されなければなりません。
また読み手である自分との心内での対話や、同じテキストを読んだ他者との対話を
通じて、読みの理解はさらに深まります。この章では、これらの「対話」を促す教
室活動のひとつとして、ジグソー・リーディングを紹介します。

1. はじめに

　ジグソー・パズルとは、ご存じの通り、一枚の絵をバラバラに分解した小さなピー
スを組み合わせて、再びもとの絵に戻すというパズルです。この章では、そのパズル
とよく似たジグソー・リーディングという協働学習の教室活動の方法をご紹介します。

　ジグソー・パズルを解くときは、ピースの図柄と形をしっかり観察し、完成した全
体の図柄を想像してピースの位置を考えたり、組み合わせられそうなほかのピースを
探したりします。ちょうどそれと同じように、ジグソー・リーディングでは、各自が
異なったテキストの読解を担当し、ほかのテキストを担当した人たちと情報を交換す
ることによって、多様な情報を組み合わせ、みんなで協力して問題を解決するという
作業を行います。

　このような活動により、学習者はテキストを読んで理解することに目的が与えら
れ、協働作業を行うことに意義付けが与えられます。また、自分が読んだ内容をほか
の人にしっかり伝えられないと問題解決のタスクが遂行できませんから、読んで理解
したことを正確に分かりやすくメンバーに伝える必要が生じます。さらに、メンバー
と協力して作業をすることにより、複数の情報を総合して判断したり、多様な視点か
ら自分の考えを見直したりすることが求められ、コミュニケーション能力の涵養が促
されます。

　ジグソー・リーディングで使用するテキストは、文学作品でもいいし、論文やエッ
セイなどの説明的な文章でもかまいません。また、1つの作品をいくつかに分割した
断片を学習者一人一人が担当するという方法や、複数の作品を用意して一人一人が違
う作品を担当するという方法もあります。

協働で解決しなければならないタスクとしては、作中人物の人物評を問う、ストーリーの結末を予測させる、ストーリーの10年後を予測させる、複数の論文やエッセイに共通する問題意識を問う、論文やエッセイで述べられたことに対する意見を問う、書き手が自説に説得力を持たせるためにどんな工夫をしているかを問う、バラバラに与えられた断片を組み合わせてテキストを完成させるなど、使用したテキストの種類や内容に応じて多様なものが考えられます。

　以下に紹介するのは、エッセイを使ったジグソー・リーディングの代表的な手順です。

◉目　標	書き手、他者、自分自身との対話を通じてテキストを理解し、自分の考えを深める。
◉レベル	中上級〜上級
◉時　間	150分 休憩時間は含みません。各段階の時間は、テキストの長さや難易度などに応じて適宜増減してください。
◉人　数	分割した断片の数以上の人数。以下では16名の学習者を想定して説明します。
◉資　料	1,500〜2,000字程度のエッセイ。 テキストの構造、内容、学習者の数、学習者のレベルに応じて4つから6つに分割したテキストの断片を使います。以下では4つに分割した場合を想定して説明します。

◉授業の流れ

＜オリエンテーション＞（10分）

0. ジグソー・リーディングの目的、意義、作業の進め方を学習者に説明し、参加を動機付ける。

＜第一段階＞（20分）

1. 4人ずつのグループを作る。グループ内の各メンバーにテキストを分割した断片（A〜Dのいずれか）と質問のシート①を配布する（図1）。

A	B		A	B		A	B		A	B
C	D		C	D		C	D		C	D

図1　第一段階のグループ

2. 個人作業1 各自が担当するテキストを読み、配られたシート①に答えを記入する。

＜第二段階＞（20分）

3. 同じ断片を担当した人が集まってグループを作る（図2）。

A	A		B	B		C	C		D	D
A	A		B	B		C	C		D	D

図2　第二段階のグループ

4. グループ活動1 個人作業で行ったシート①の答えを同じ断片を読んだ者
   同士で報告し合い、その断片を読んでいない別のグループのメンバーに、
   その内容を分かりやすく説明できるよう準備する。

<第三段階>(30分)
5. 異なった断片を担当した者同士が集まる図1のグループに戻り、以下の
   活動を行う。
6. グループ活動2 自分が担当した断片について異なった断片を担当した者
   同士で内容を報告し合い、質疑応答を行った後、話し合いにより断片の
   順番を並べ替えてテキストを完成させる。

<第四段階>(20分)
7. エッセイ全体の原文を各自に配布する。
8. 個人作業2 各自がそれを読み、自分たちが決めた順番と同じであったか
   どうかを確認し、質問のシート②に答えを記入する。

<第五段階>(30分)
9. 図1のグループに戻る。
10. グループ活動3 個人作業で行ったシート②の答えを異なった断片を読ん
    だ者同士で報告し合い、質疑応答と自由討論を行い、授業を振り返る。

<まとめ>(20分)
11. 一斉授業の形態で全体討論を行い、教師がまとめとコメントを行う。

　このように、この授業は個人作業のほかに、グループによるピア・リーディングが重要な活動を占めています。石黒(2018)はピア・リーディングにおける対話について、以下のように述べています。

　　ピア・リーディングにおける対話とは、他者を見つめると同時に、他者をとおして自己を見つめ、他者の考えを取り入れることで自己を変革し、自己の認識を絶えず更新していく営みである。　　　　　　　　　　　　　　　　　　(p.234)

ジグソー・リーディングは、「自己との対話」と「他者との対話」を通じて「書き手との対話」を促し、自己の考えを深めることを目指すピア・リーディングの一形態だと言えます。

2. 具体的な活動の手順
　以下では第一段階からまとめまでの目的と進め方を説明します。

第一段階： 個人作業1 ＜テキストの内容理解＞

　第一段階は、一人一人が与えられたテキスト断片を読み、その内容をしっかり理解すること、すなわち「テキストの内容理解」ということが一番重要な目的となります。ここでは、シート①の答えを書くことにより、断片の書き手が伝えようとしているメッセージの内容だけでなく、書き手がどのようにそのメッセージを伝えようとしているかを考えることが求められます。この作業は、自分に与えられた断片がどのような構造で成り立っているのかを考えることにつながり、巨視的な読み方を促すだけでなく、書き手の修辞的な意図やその効果への気づきを促します。

　学習者に与えるシート①の設問は、テキストの細部の情報について問うことは控え、テキスト断片の概要や書き手の論の進め方を問うものを用意します。テキストの種類や内容によって異なりますが、例えば以下のような案が考えられます。3と5は重要ですが、そのほかは適宜取捨選択したり、別の問を加えたりしてください。

＜シート①＞案

> 1. タイトルを付けてください。
> 2. 100字程度で要約してください。
> 3. 書き手が伝えようとしていることは何ですか。
> 4. それはテキストのどの部分から分かりましたか。
> 5. 書き手はそれをどのような方法で伝えようとしていますか。
> 6. この断片の前後でどんな内容が語られているか推測してください。
> 7. 書き手の意見に対してあなたはどう思いますか。
> 8. このテキストを読んで思いついたことを自由に書いてください。

第二段階： グループ活動1 ＜テキストの内容理解＞＜他者との対話＞

　同じ断片を担当する人が集まった図2のグループに移動して、第一段階で行った個人作業の成果を互いに報告し、疑問点や異なる考え方について話し合います。自分の読み方をほかのメンバーの読み方と比較しながら、自分が担当する断片への理解を深めることが目的です。この次の第三段階で、異なる断片を読んだメンバーに対して自分一人で説明しなければならないという作業が控えていますので、この段階ではメンバー全員が協力して、次の段階でどんな質問が出ても答えられるように、十分な準備を行います。

第三段階： グループ活動2 ＜書き手との対話＞＜他者との対話＞

　第一、第二段階では各自が担当する断片について書き手がどのようにメッセージを伝えようとしているかを考えましたが、第三段階ではテキスト全体でその問題を考え

なければなりません。この段階では、おのおの異なった断片を読んだ者同士の集まった図1のグループで、各自が担当する断片の内容を報告し合い、グループ・ディスカッションを通じて断片の並び順を考え、エッセイを完成させる作業を行います。

　この作業では、書き手がなぜここでこんなことを言っているのか、それは別の断片とどのように関わるのか、書き手はどんな効果を狙ってその順番で語ったのかなど、全員が書き手の立場に立って、何をどのように伝えようとしているのかを考えなければなりません。そこで、この段階では「書き手との対話」ということが重要なポイントになります。また、話し合いを通じて他者の考えを聞いたり自分の考えを述べたりする「他者との対話」も欠かせない重要なポイントです。

　こういった一連の作業では、議論の筋道やテキスト全体の構造を考えるという巨視的な読み方が求められ、テキスト全体を通じて書き手がどのような効果を狙って議論の筋道を考えたのかを分析的に捉えようとする力が養われます。

第四段階： 個人作業2 ＜書き手との対話＞＜自己との対話＞

　ここでは個人作業でエッセイ全体の原文を読み、シート②に答えを記入します。シート②の設問は基本的には第一段階のシート①と同じものでかまいません。ただし、断片の前後の内容を予測させるような問は削除し、かつ、「テキスト断片をその順番に並べた理由を書いてください」という第一段階にはなかった問を加えてください。この問により、テキスト全体の構造や議論の筋道を巨視的な視点で再確認し、書き手が狙った表現効果や修辞的な工夫を自分の言葉で表現するという作業が行われます。つまり、ここでは一人で書き手と向き合い、書き手の伝えたいことをよりよく理解して自分の言葉で表現することが求められるのです。「書き手との対話」に加えて自分自身の内部で「自己との対話」を行い、自分の考えを吟味して分かりやすく他者に伝えられるよう準備しなければなりません。

第五段階： グループ活動3 ＜他者との対話＞＜自己との対話＞

　図1のグループに戻り、第四段階での個人作業の成果を報告し合い、自由討論を行います。ここでは他者との討論を通じて自分の考えを相対化し、多様な考えに触れることによって自分の考えを深めることを目指します。

まとめ： 全体での討論

　最後にこの授業の締めくくりとして、一斉授業の形態で授業全体を振り返る討論（フィードバック）を行います。この討論では、教師が司会役を務め、ジグソー・リー

ディングでのグループ討論に貢献できたかどうか、グループ討論から何を学んだかなど、活動の成果を確認し、問題点や改善点について考えます。また、教師からは、机間巡視して気づいた注意点・改善点や、優れた活動に対する評価などを与えます。

　以上のように、この活動では、「読む」だけでなく「書く」「話す」「聞く」という作業も積極的に取り入れます。グループ活動では「話す」ことと「聞く」ことが不可欠ですが、個人作業では「読む」ことだけで十分なのではないか、時間のかかる「書く」作業まで果たして必要なのかと疑問を持つ方がいるかもしれません。しかし、筆者らが「書く」作業も加えたのには次のような理由があります。

　皆さんのなかには、読んで分かったつもりになったのに、いざ書いてみるとうまく表現できないという経験をした方が少なくないと思います。頭のなかで考えていることはまだモヤモヤした言葉以前の思考かもしれませんが、書くという作業では、自分の考えを言葉として表現しなければなりません。書くことにより不明な点や見過ごしていた点に気づくことができますし、自分の考えを整理してより深い考えに達することができるのです。話す場合はモヤモヤした段階でもなんとかごまかせますが、書くとなると、曖昧な書き方でごまかそうとしていることはすぐに分かってしまいます。筋道立てて書くためには、言葉を吟味して明瞭に表現しなければなりません。読解授業に書く作業を加えることにより、より深い読解が促せるだけでなく、話し合いの段階でもより充実した内容での話し合いを行うことができるのです。

3. 活動の背景

　一般に外国語教育では、語学力を身につけることに大きなエネルギーが費やされます。つまり、流ちょうな会話ができるかどうか、間違いのない文章が書けるかどうか、正しく文章が読み解けるかどうかといった技術的な側面が重視される傾向があるように思います。しかし、国際化時代を迎えた現代では、海外の大学で学んだり、海外に赴任したり、外国語を使って生活したりする機会が驚くほど増えています。そのような世界情勢のなかで、中国の大学でも、外国語学科の学生の教育目標が、単なる外国語の習得から外国語を活用して国際的な社会生活を営む能力の獲得へと大きく変わりつつあります。つまり、従来の高度な語学力を身につけた「道具型」人材の育成から、語学以外の専門性も備え、国際社会で直面する問題を創造的に解決できる「複合型」や「創造型」の人材育成へと変わってきているのです（王 2005）。

　このような状況のもとで、中国の日本語教育関係者の意識も徐々に変わろうとしています。しかし現実には、未だに多くの教師が知識を偏重し、教師主導型の指導から

抜け出せず、学生たちも依然として模倣と暗記に頼りがちの学習スタイルを捨てられません。真の意味でのコミュニケーション能力、すなわち、学習した日本語を使って情報収集したり、収集した情報を分析したりして問題を解決する能力、そしてその過程で自分の考えを論理的に深化させ、それを他者に的確に伝える能力、こういった能力を学生たちに身につけさせるには、これまでとは違った指導の方法を考えていかなければなりません。

　中国では2012年に教育部（日本の文部科学省に相当）が高等教育の質を全面的に高めるための意見書を提出し、「啓発式」、「探求式」、「討論式」、「参加式」の授業方法が推奨されました。さらに、2018年に発布された《普通高等学校本科専業類教学質量国家標准（大学の学部における専攻教育の質に関する国家基準）》では、外国語学科の学生に求められる能力として、外国語運用能力のほかに、文学鑑賞能力、異文化コミュニケーション能力、思考力、研究能力、情報処理能力、自律学習能力、実践力などが掲げられました。このような状況のなかで、中国では、日本語教育における人材育成のあり方に関する議論が盛んに行われるようになってきています。

　翻って日本でも、2019年4月に外国人労働者の受け入れを拡大する改正出入国管理法が施行され、日本で生活を営む外国人が急増することが予想されます。今後は、サービス業をはじめとする高度なコミュニケーション能力が必要な職種でも外国人人材の活用が積極的に進められることになると思われます。

　以上のような状況のもとで、読解指導においても、単に読解力を高めるだけでなく、思考力やコミュニケーション能力を高めるためのさまざまな指導法が必要となっています。この章で紹介するジグソー・リーディングは、そのような試みの1つです。

　ジグソー・リーディングを日本語教育に応用したものとしては、異文化理解（大島2009）、主体的な活動を促す教室環境作り（志賀2010）、コミュニケーション力の向上（早野2018）、研究能力の育成（砂川・朱2008）、教員養成（有田2004）など、さまざまな目的を掲げた活動が提案されています。ここでは特に、「対話を促す読解授業」という点に焦点を絞り、日本語の読解授業でジグソー・リーディングを活用する方法について考えます。同様の観点からジグソー・リーディングを扱ったものとしては舘岡（2005）が挙げられます。そこでは文学作品を使ったジグソー・リーディングの例が挙げられていますので、この章ではエッセイを使ったジグソー・リーディングを紹介します。ストーリーを語る文学作品とは違い、エッセイは説明的な文章ですので、因果関係などの論理構造をもとに文章が成り立っており、論理の筋道が明快です。説明的な文章を用いたジグソー・リーディングでは、書き手の論理の筋道を発見するということが重要なタスクの1つとなります。

4. 実際にやってみて

4.1 授業報告

　筆者らは 2019 年 4 月に中国の大学院に所属する文系の大学院 1 年生 8 名(女性 6 名、男性 2 名、N1 合格者)を対象に、ジグソー・リーディングの授業を行いました。この節ではその授業の様子を、失敗やそれに対する反省も含めて報告します。

　使用したテキストは以下のエッセイで、本文の長さは 1,652 字です。

■本田健「ストレスがないときは、一生やってこない」
　(『人生の目的─自分の探し方、見つけ方─』大和書房、2014 年)

　このエッセイを全体の構成と内容に基づき 6 つの断片に分割しました(分割した断片は章末資料(pp.183-185)を参照してください)。断片の数が 6 つなので、理想的な学習者の数は 6 の倍数です。しかし、この授業の参加者を募ったところ、8 名の院生が申し出てくれました。その段階でテキストを 4 分割に再編することや、4 分割しやすいほかのテキストに変更することも考えられたのですが、日本語力の高い大学院生にとって 4 分割では易しすぎると思われたことのほかに、日々の授業では、準備したテキストと人数がうまく釣り合わないことがしばしばあるだろうと考え、テキストの変更は行わず、その代わりに、授業の流れを変則的な方法に変更して実施することにしました。

　まず、学習者が 8 名では、1 節に示した図 1 のような理想的なグループ分けはできません。そこで、8 名を 4 名ずつの 2 グループに分け、6 つの断片(A～F)のうち、1 つのグループには ABCD、別のグループには CDEF を配布しました(図 3)。したがって、各グループとも、2 つの断片 EF か AB については担当者がいないという状況が生じました。

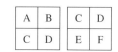

図 3　実施した授業のグループ

　さらに、C と D 以外の担当者は 1 名ずつしかいないので、同じ断片を読んだ者同士でグループを結成して読みを深めるという第二段階の作業ができません。そこで、8 名全員の一斉授業に変え、一人一人がシート①の答えを報告する活動に変えました。

　第三段階でも変更があります。この段階は図 3 のグループ活動で、別の断片を読んだ学習者がそれぞれ報告し、みんなで協力して断片の順番を考えます。しかし、どちらのグループも 2 つの断片については担当者がおらず、報告を聞くことができません。そこで、担当者のいない 2 つの断片については、該当する断片を各グループメンバー全員に配布しました。そして、各自がその断片を読んだ上で話し合いを開始し、6 つの断片の順番決めを行うという方法に変えました。

　以上のような変更を加えた上で、授業を実施しました。予定された所要時間は休憩

時間を含めて110分です。

以下に、段階を追って授業の実践報告を行います。

オリエンテーション： 一斉授業 **＜教師による説明＞（5分）**

【目標】　・授業の目的や進め方を説明し、活動への動機付けを行う。

第一段階： 個人作業1 **＜テキストの内容理解＞（20分）**

【目標】　・書き手の伝えたいことや伝え方を把握する。

進め方	教師の指示と留意点
1. 図3に示した通り、各自に担当するテキスト（A〜F）の断片とシート①を配布する。	・聞き上手か話し上手か、男性か女性かなど、学習者の属性に配慮し、同じ属性を持つメンバーが固まらないようにする。
2. 各自が担当する断片を黙読し、シート①に記入する。	・あらかじめ所要時間を伝えておく。
3. 記入済みのシート①を写真に撮り、WeChatグループで共有する。	・WeChatなどが利用できない場合、プリントを配布するなどしてグループメンバーの回答が参照できるようにする。

＜シート①＞

> 与えられたテキストを読み、日本語で以下の質問に答えてください。
> 1. このテキストにタイトルを付けてください。
> 2. このテキストで書き手が伝えようとしていることは何ですか。
> 3. それはテキストのどの部分から分かりましたか。
> 4. 書き手はそれをどのような方法で伝えようとしていますか。
> 5. このテキストを読んで思いついたことを自由に書いてください。

　この段階では、与えられた断片を一人でしっかり読み込むことが目指されます。設問の答えをシート①に書く課題があることや、第二段階でほかのメンバーに報告する必要があるということが、しっかり読み込んで自分の言葉で分かりやすく表現しなければならないことを自覚させ、読解の動機を強めます。

　シート① 問1の、各自が担当した断片にタイトルを付けさせる作業は、付けられたタイトルがエッセイ全体のサブタイトルの役目を果たし、順番決めの作業の際の手がかりになると予想して設定しました。しかし、このエッセイはどの断片でも「人生にストレスがついてまわる」ということを述べているので、どれも似たようなタイトルとなり、順番決めの役には立ちませんでした。ただし、このエッセイが一貫して同じ主張を述べていることを学習者に気づかせることはできました。

176

問2「このテキストで書き手が伝えようとしていることは何ですか」と、問3「それはテキストのどの部分から分かりましたか」は、書き手がその断片で最も伝えたいことを断片の文面から探し、短い言葉で言い表すこと、問4「書き手はそれをどのような方法で伝えようとしていますか」は断片のテキスト構造を分析し、議論の筋道や書き手が狙う効果について考えさせることを目的として設定しました。

回答を記入したシート①は、各自がスマホで写真を撮り、中国で人気のあるWeChat グループにアップしてグループメンバー全員が共有しました。

第二段階： 一斉授業 **＜テキストの内容理解＞＜他者との対話＞（25 分）**
【目標】　・異なる断片の内容を把握する。

進め方	教師の指示と留意点
WeChat グループにアップされたシート①を参照しながら、一人ずつシート①の回答を報告し、質疑応答を行う。	・質疑応答がうまく行えない場合、教師が質問して水を向けるなど、教師による何らかの働きかけで議論を喚起する必要がある。

8名全員が集まって、各自が担当した断片について報告し合うこの活動は、WeChat グループにアップされたシート①の写真を参照しながら行われました。

教師は、ここでの活動が一人一人の報告だけにならないよう、質問を促したり、教師自らが質問して議論を喚起したりするよう努めました。

問4「書き手はそれをどのような方法で伝えようとしていますか」に対する回答では、「まず総括的に伝えたい内容を書く。次に具体的な例を示す。最後に中心的な内容を繰り返す」や、「まず問題を提起する。次に例を挙げて共感を求める」などの回答が得られ、断片のテキスト構造を論理的に分析していることが分かりました。

第三段階： グループ活動1 **＜書き手との対話＞＜他者との対話＞（20 分）**
【目標】　・テキストの議論の筋道を考える。
　　　　　・テキストの構造を考える。

進め方	教師の指示と留意点
1. 図3のグループに戻る。	
2. グループのメンバーが持っていない2種のテキスト断片を配布し、各自がそれを読む。	・この活動の意義を事前に説明し、確認する。
3. メンバー全員の4種の断片と配布された2種の断片を机の上に並べる。	・グループ活動がしやすい机や椅子の配置になっているかどうか気を配る。 ・あらかじめ所要時間を伝えておく。

4. 一番いいと思われるテキスト断片の順番を話し合いで決めて、読み上げる。	・使用言語は母語でも日本語でもいいと伝える。

　異なった断片を読んだ学習者が互いの情報を交換し合い、断片の順番決めをする作業を行いました。使用言語は中国語でも日本語でもよいと指示した結果、どちらのグループも中国語で話し合いが行われました。

　教師は順番決めの作業を話し合いで行うよう指示しただけで、具体的なやりかたについては学習者に任せました。その結果、2つのグループの取り組み方に違いが生じました。まず、第一グループは、教師の「話し合いで決める」という指示と異なり、各自が担当するテキストの断片を WeChat にアップし、それらの断片を読みながら個人作業で順番決めをしてから話し合いに移りました。そのため、個人作業に時間を取られ、予定時間を大幅に超過してしまいました。一方の第二グループは、はじめから話し合う方式を採りました。しかも、教師のアドバイスに従い、全員が断片を並べた机を囲んで立ったままで作業を進めました。その結果、互いの情報を交換し、検討し合うという協働作業が効率よく行われ、第一グループの半分の時間で作業を完了しました。

　どちらのグループも原文と同じ順番に復元することができましたが、作業効率という点で大きな差が生じました。このことから、教師の指示に従わない場合や複数のグループ間で作業時間に差が生じた場合の対処法に関する問題が浮き彫りになりました。また、グループ内で発言が多い学習者と少ない学習者が生じたことも問題として挙げられます。発言の少ない学習者の場合も設問に対する回答はしっかり書けていましたし、個人で発表するときは堂々と発表していましたので、議論の場で聞き役に回るタイプの学習者だったようです。しかし、もしもやる気がなくて活動に集中できない学習者がいたり、話し合いに拒絶反応を示す学習者がいたりした場合にどう対応すべきかは、この種の活動に必ずついてまわる問題です。この点に関する対処法は常日頃から考えておかなければなりません。

　以上のような問題はあったものの、この段階では両グループとも活発な話し合いが行われ、次のようなさまざまな活動が観察されました。

　①断片の前の文脈を推測する、②断片の後ろの文脈を予測する、③理由を述べて相手を説得する、④論理的な手順で仮説を提案する、⑤接続表現を手がかりに前後のつながりを予測する、⑥一般的な文章構成の型を提示する、⑦仮に決めた順番の妥当性を検討する、⑧メンバーと異なる意見を述べる、⑨メンバーに根拠を問いかける、⑩メンバーの意見を受け入れ、自分の意見を修正する、など。

第四段階： 個人作業2 ＜書き手との対話＞＜自己との対話＞（20分）

【目標】　・テキストの議論の筋道を考える。

　　　　　・書き手がなぜそのような書き方をしたのか考える。

　　　　　・テキストの構造を考える。

　　　　　・テキストを読んで考えたことを書いて表現する。

進め方	教師の指示と留意点
1. テキスト全体の原文とシート②を全員に配布し、原文を黙読する。	・この活動の意義を事前に説明し、確認する。 ・あらかじめ所要時間を伝えておく。
2. シート②に記入する。	
3. 記入済みのシート②を写真に撮り、WeChatグループで共有する。	・WeChatなどが利用できない場合、プリントを配布するなどしてグループメンバーの回答が参照できるようにする。

＜シート②＞

　　　日本語で以下の質問に答えてください。

　　　　1. テキスト断片をその順番に並べた理由を書いてください。

　　　　2. このテキストで書き手が伝えようとしていることは何ですか。

　　　　3. それはテキストのどの部分から分かりましたか。

　　　　4. 書き手はテキスト全体を通じて、それをどのような方法で伝えようとしていますか。

　　　　5. このテキストを読んで思いついたことを自由に書いてください。

　　各自にエッセイ全体の原文を渡し、自分たちの決めた順番がエッセイと同じであったかどうかを確認し、シート②に答えを記入する作業を行いました。自分たちが決めた順番が原文と異なった場合は、その原因を突き止めるのに時間がかかるのではないかと予想していたのですが、両グループとも順番決めで原文を復元させていたため、順調に作業が進みました。

第五段階： グループ活動2 ＜他者との対話＞＜自己との対話＞（15分）

【目標】　・多様な考え方に触れる。

　　　　　・自分の考えを表明する。

進め方	教師の指示と留意点
WeChatグループにアップされたシート②を参照しながら、一人ずつシート②の回答を報告し、質疑応答と自由討論を行う。	・この活動の意義を事前に説明し、確認する。 ・あらかじめ所要時間を伝えておく。 ・討論がうまく行えない場合、教師が質問して水を向けるなど、教師による何らかの働きかけで議論を喚起する必要がある。

グループの一人が司会役を務め、シート②に関する各自の報告と話し合いを行いました。この作業の所要時間は 15 分を予定していたのですが、第三段階で予定を超過していたために 10 分しか使えず、最後の人の報告は非常に短いものとなってしまいました。しかし、前半に行われた話し合いでは、テキスト構造の分析について「まずは自分の論点を提示し、次に人生の各段階における悩みの例を挙げ、最後はまとめるといった方法を採っている」などの的確な指摘があったり、「人生にストレスがないときはない」と「ストレスがあるのが普通だと思えば楽になる」のうち、書き手がより強く伝えたいのはどちらの方かという討論が行われたりして、文章構成をめぐる活発な話し合いが行われました。

4.2 改善点と注意点

この節では実施した授業の改善点と、ジグソー・リーディングを行うときの一般的な注意点を述べます。まずは、参加した院生に行ったアンケート調査の結果を報告します。

表 1 に示した数値は「非常に(5)」から「全然(1)」までの 5 段階を数値化したものです。「楽しい」「好きだ」「やりがいがある」は数値が高いほど肯定的な評価だったこと、「日本語が難しい」「作業が難しい」は数値が高いほど活動の負荷が高かったことを表します。

「楽しい」と「好きだ」の平均値がいずれも 4.3 と高得点であることから、参加者は授業を楽しんだことが分かります。しかし、「やりがい」の項目では 3.9 と評価が下がります。一方、活動の負荷に関しては「日本語」が 1.1、「作業」が 2.6 と、どちらも負荷が軽いと評価されています。

表1　学習者アンケートの結果

学習者 No.	楽しい	好きだ	やりがいがある	日本語が難しい	作業が難しい
1	4	3.5	3.5	1	2
2	5	5	4	2	3
3	3	3	4	1	4
4	4	4	4	1	3
5	5	5	5	1	2
6	4	4	3	1	2
7	5	5	5	1	3
8	4	4	4	1	2
平均値	4.3	4.3	3.9	1.1	2.6

一般に、活動の負荷が軽すぎる場合はその活動に意義を見いだせませんし、達成感も得られません。このことから、今回の活動で「やりがい」にあまり高い数値が得られなかったのは、活動の負荷の軽さが原因の 1 つではないかと考えられます。

授業後に行ったアンケートの自由記述で、テキストが易しすぎると書いた学習者が数名いましたが、このことから明らかなように、今回使用したエッセイは学習者

のレベルに合っていませんでした。負荷が軽いと感じられたのはこのことが大きな原因だと思われます。これは、テキストの日本語の問題だけでなく、その内容やテキスト構造にも起因します。このエッセイでは語られている内容が常識的で、だれもが頷けるようなものでした。そのため、エッセイの内容に触発されて意見を交換し合うといった議論を喚起する力が弱かったものと考えられます。さらに、テキストの構造が「主張→主張を支える事例の列挙→拡張された主張」という単純なものであったため、大学院生には物足りなく感じられたのでしょう。この点を改善するには、学習者の日本語力や知的レベルを十分に考慮し、以下の点に留意してテキストを選ぶ必要があります。

1. 日本語：学習者が日本語の語彙や文法に気を取られすぎないよう、難易度に配慮することが必要だが、難易度を下げすぎると達成感を阻害する恐れがある。
2. 内　容：議論を喚起できる内容を選ぶ。
3. テキストの構造：議論の筋立てが論理的で、構成が整っているものを選ぶ。

アンケートの自由記述と授業後に行われた自由討論では、この授業で改善が必要な点や、ジグソー・リーディングという教室活動についての一般的な注意点が多数指摘されました。そこで、以下ではこの章のまとめとして、ジグソー・リーディングの教室活動を行う際の一般的な注意事項を項目別に掲げます。「　」のなかは各項目に関して学習者から提起された問題で、その下にその問題に関連する注意点を列挙します。

① **オリエンテーションの必要性**

「授業の目的が読解力を身につけさせることにあるのか、チームワークの力を身につけさせることにあるのか分からない」、「読解授業としては時間がかかりすぎる」、「一人で読んだ方が短時間で効率よく読める」

　　✧　授業の目的や意義と活動の手順を事前に十分に説明し、単に内容理解のための読解ではなく、書き手や他者との対話を通じて考える力を養うことやコミュニケーション能力を高めることが目的であることを理解させる。また、グループ作業に慣れていない学習者に対しては、グループで活動することの意義を説明する。
　　✧　新しい段階に移るたびに、その段階での活動の目的や意義を確認する。

② 教師の役割

「各活動の所要時間を前もって教えてほしい」、「教師の評価やまとめがほしい」、「最後に全員の意見を聞く機会が設けられていたらよかった」

♦ 各活動の所要時間を提示し、その時間内に活動を終わらせるよう指示を行う。

♦ 必要に応じて、巡回時に気づいた注意や評価を与える。

♦ 最終段階で一斉授業を行い、

▸ テキストを読んで気づいたことや考えたことについて話し合う。

▸ 特に優れた意見や活動を取り上げて紹介する。

▸ 授業を振り返り、ジグソー・リーディングの目的と意義に見合った活動ができたかどうか確認する。

♦ 各グループでの活動の様子を教師が授業中に把握するには限界があるので、アンケート調査をしたり、授業中に学習者が回答したシートの内容を確認したりして、問題点や成果を把握し、次回の活動に反映させる。

③ 教室環境

「ほかのグループの声が気になった」、「教室内を移動しやすいスペースが必要だ」

♦ 学習者の数に応じたサイズの教室を確保する。

♦ 互いに膝をつき合わせるくらいの近さで座らせる。

♦ グループ全員での話し合いが行いやすいよう、机や資料の配置に注意する。

♦ グループ間のスペースをできるだけ広く取る。

④ グループ間やグループ内での作業時間の違い

「グループ間の作業時間に違いがある」、「グループのなかに作業の早い人と遅い人がいる」

♦ ある程度余裕のある時間を設定し、早く終わった場合は自分の考えを書くなどの作業をするように伝えておく。

♦ グループ内に司会役を設けて作業時間を管理する。

⑤ メンバーのやる気や能力についての問題

「できる学習者とできない学習者がいる／一人で仕切ろうとする学習者がいる／活動に加わらない学習者がいるなど、グループ内で協調がとりにくい場合はどうしたらよいか」

♦ 教師は活動が問題なく進められているかを観察し、消極的な学習者がいた場

合に、活動に興味がないのか、参加したくてもできないのか、聞き役に回っているので消極的に見えるだけなのか、グループの活動に支障をきたしていないかなど、問題のありそうな学習者とグループの活動状況を見極める。

✧ 活動に加われない学習者がいた場合でも、無理に参加させることはせず、基本的にはグループメンバーのやりかたに任せる。

✧ 場合によっては、順番に意見を言うなど、全員が発言できる機会を設け、消極的な学習者にも発言機会を与えるよう、当該のグループまたは全員に向けてアドバイスする。

資料

本田健（2004）「ストレスがないときは、一生やってこない」『人生の目的―自分の探し方、見つけ方―』大和書房、pp.62-65.（本文1,652字）

＜断片A＞

> 私たちは、ストレスのない、楽しいだけの人生が生きられたらと願いがちです。
> けれども、残念ながら、それは非現実的な願いです。
> 実際に、なんの痛みも悲しみもなく、問題を一度も経験しない人はいないからです。
> いままで幸せな人たちにたくさん会ってきましたが、彼らは完璧な人生を送ったから幸せになったのではなく、不完全な状態のなかに幸せを見出したから、幸せになったのだということを知りました。
> 逆に言うと、人生を通じて、ストレスや問題がないという時期は、ほぼないと考えて間違いありません。（235字）

＜断片B＞

> もしも、「自分の人生には何のストレスもない」という人がいたら、それは現状認識が甘くて、あまり問題を見ていないか、ものすごく幸せな人かのどちらかです。
> たとえば小さいとき、友だちとうまくいかなくて悩んだことがないという人は、ほとんどいないでしょう。思春期には、自分の容姿や、男性、女性としてのコンプレックスにさいなまれて、眠れないほど悩んだ経験をもつ人は多かったはずです。また、中学以降、進路についてまったく悩まなかった人は、たぶん一人もいないと思います。（226字）

<断片C>

　いま、あなたが高校生、大学生だとしたら、将来どういうふうに生きようかと迷うのは当然です。逆に、いままったく迷いがないとしたら、あとでしわ寄せがやってくる可能性があると思ってください。

　20代に入ると、自分の仕事はこれでいいんだろうか、会社、仕事内容、人間関係、自分のスキル……そういったことに対して、人は悩みます。そして、自分よりうまくいっている人たちを見て、自分と比較して落ち込む、というのはよくあることです。

　悩みは、それだけにとどまりません。お金のことや恋愛も心配事がいっぱいです。恋人がいなければ、それも悩みの種だし、誰かとつき合っていたとしても、その人との未来がどうなるのかなど、心配や不安がいっぱいです。（306字）

<断片D>

　30代になったら、ようやく問題が解決するかというと、そういうものでもありません。結婚するかしないかで悩み、結婚したとしても、「子どもが生まれた」「子どもが病気だ」「親の介護だ」……それまで思いもしなかった課題が次々に降りかかってきます。

　自分がよくても、パートナー、両親の誰かが病気になる可能性まで含めると、心に一点の曇りもない幸せな状態は、なかなか実現しません。

　40代、50代になっても、同じように悩みは続きます。ただ悩みとストレスのポイントが、それまでとは違うところに移っていくだけです。

　50代に入ると、自分自身の病気、両親の病気や介護、自分の老後、そして自分の職業的な悩みが、それまでよりも深刻になります。それに加えて、子どもがいる場合は、子どもが悩みの種になることもよくあります。（343字）

<断片E>

　10代で死ぬほど悩んだとき、大人になったら悩みから解放されるのかなと思っていた人は多いと思います。実際に自分が大人になってみると、たしかに10代の頃の悩みは消えています。ですが悩みの総量は、減るどころか、逆に大幅に増えてしまっているということに愕然とするのではないでしょうか。

　60代になって、仕事からリタイアすれば人生が幸せになるかというと、たしかに仕事のストレスは減りますが、こんどは老後のお金のストレスと健康のストレスが増えてきます。

　そう考えてみると、人生のストレスは、その原因が入れ替わるだけで、じつは、いろんなところに移動しているだけだということがわかると思います。（287字）

＜断片F＞

　　ある幸せな成功者に、人生のストレスについて聞いてみたところ、「私自身はな
んの問題もないけれども、40代になった自分の娘が病気になって、入院している。
孫が小さいから、それがすごく心配だ」ということを言っていました。

　　そうやって見ると、幸せになればなるほど、心配の種も増える可能性がある。そ
れが人生なのです。

　　いろんな心配事を抱えながらも、毎日を生きていく。これが、ある意味で、普通
の人生だということを認識しておきましょう。悲しいことや心配事が起きたとき、
「これが普通なんだ」と考えることで、きっと楽になると思います。（255字）

参考文献

有田佳代子（2004）「日本語教員養成入門科目におけるジグソー学習法の試み」『日本語教育』123, pp.96-105.

石黒圭（2018）「第10章　ピア・リーディング授業の考え方—ピア・ラーニングにおける対話とは何か—」石黒圭（編著）『どうすれば協働学習がうまくいくか—失敗から学ぶピア・リーディング授業の科学—』pp.233-247, ココ出版.

大島弥生（2009）「ジグソー型ブック・トークを通じた日本社会に関する知識の構築」『言語文化と日本語教育』37, pp.82-85.

志賀玲子（2010）「教室環境作りにおけるジグソー学習法の可能性—中国人大学生を対象に—」『一橋大学国際教育センター紀要』1, pp.47-56.

砂川有里子・朱桂栄（2008）「学術的コミュニケーション能力の向上を目指すジグソー学習法の試み—中国の日本語専攻出身の大学院生を対象に—」『日本語教育』138, pp.92-101.

舘岡洋子（2005）『ひとりで読むことからピア・リーディングへ—日本語学習者の読解過程と対話的協働学習—』東海大学出版会.

早野香代（2018）「日本語のコミュニケーション力向上を図るジグソー法の試み—留学生と日本人学生の協働学習から—」『人文論叢』35, pp.27-41.

高等教育教学指導委員会（編）（2018）『普通高等学校本科专业类教学质量国家标准（大学の学部における専攻教育の質に関する国家基準）』高等教育出版社.

王金洛（2005）「关于培养创新型英语人材的思考（創造型英語人材の育成に関する考察）」『外語界』5, pp.37-41.

第**11**章 速読の教室活動
: 批判的で深い読みとしての速読

今村和宏

>>>>>

　速読において、単に文字を速く追うだけでなく、情報の選択的な読み取り、批判的で深い読みを目指すには、自らの読みを振り返ることを出発点に、読む目的と効用、潜在力を確認しつつ、効率的な読みの条件を徐々に特定していく必要があります。この章では、課題を解決するプロセスを学習者同士が共有しながら、そうした条件を自ら能動的につかみ取るよう促す工夫についてご紹介します。

1. はじめに

　視野を拡大し、動体視力を高める。スキャニングやスキミングの訓練を重ねるほか、制限時間内に速く読むことに全力を尽くす。一般の速読コースで使われる、そうした手法では、内容理解が浅くなり記憶に残らないばかりか、速く読む能力さえなかなか高まりません。そこには、与えられたプログラムに追い立てられてストレスを感じる受け身の学習者がいます。

　それに対して、これとはまったく異なるアプローチもあります。様々な制約と条件の下で訓練しながら、一つひとつの小さな成功体験を大切にし、失敗さえ前進するための糧にする。与えられるままの技法を学ぶのではなく、自らの「読み」を見つめなおし、他者と対話しながら、目的に合わせて読み方を自由に制御する感覚を徐々につかみ取り、納得の上で訓練を積み重ねていく。そのような能動的な学習者こそ、速読においても、情報の選択的な読み取りや「批判的で深い読み」を自分のものにすると期待できます。

　一橋大学で、筆者は 2009 年から 10 年間、上級～超級レベルの学習者を対象に「批判的で深い読みとしての速読」の能力を育てる試みを続けています。その間、試行錯誤を繰り返した結果、課題のタイプとタイミング、対話の促進方法など、コース内容は変遷してきましたが、とりわけ教室内課題と教室外課題の位置づけは大きく変化しました。

　教室内の訓練は、教師の側で時間管理が容易である一方、宿題は、コントロールが効かないうえ、負担が大きくなり学習意欲を削ぐ恐れさえあります。そこで、当初、宿題は、補助的な位置づけにとどめていました。しかし、実践と議論を年々重ねるうちに、「立ち読み」の課題をはじめとする教室外課題の有効性が明らかになった

186

ことに励まされ、教室外課題の比重を徐々に高めることができました。そして最終的には、教室は訓練の場というより、学習者が教室外課題を振り返り、創造的な対話を通して、速読のための様々なヒントを自ら能動的に学び取る場となりました。その結果、学習者が大きく成長する効果が現れ、図らずも、反転授業として望ましい形に落ち着いたとも言えるでしょう。

2. 具体的な活動の手順

この節では、試行錯誤の結果、課題のタイプとタイミング、対話の促進方法などの細部を含め、授業内容が一定の幅に収斂した 2016〜2017 年度の実践に基づき、具体的な活動の手順をご紹介します。

◉目　標	速度を上げつつ批判的に深く読むわざを自らつかみ取ること。
◉レベル	上級〜超級(学部正規生及び交換留学生)
◉時　間	90 分×15 回程度
◉人　数	15〜20 名
◉資　料	新書(実用書、教養書)

◉授業の流れ (簡略版)		
	第1回	ガイダンス、速く深い読みを目指す、受講者のレベル確認、立ち読み課題1
	第2回	課題1の確認、潜在力を実感、スキャニング訓練1、立ち読み課題2
	第3回	課題2の確認、批判的・能動的に読む感覚、タスク読解1、立ち読み課題3
	第4回	課題3の確認、宣伝するために読む、スキャニング訓練2、立ち読み課題4
	第5回	課題4の確認、小説と速読、リラックス、タスク読解2、立ち読み課題5
	第6回	課題5の確認、予測しながら読む、タスク読解3、立ち読み課題6
	第7回	課題6の確認、筆者と対話するように読む、比較読解、立ち読み課題7
	第0回	課題7の確認、遅読と速読の類似点、タスク読解4、中間まとめ課題、スキーマ指示サインを列挙する課題
	第9回	中間まとめの確認、スキーマ指示ラインに注目、立ち読み課題8
	第10回	課題8の確認、メリハリをつけて読む、タスク読解5、立ち読み課題9
	第11回	課題9の確認、レビューを書く、タスク読解6、力試し課題1
	第12回	力試し課題1の確認、立ち読みの技術を見直す、力試し課題2
	第13回	力試し課題2の確認、5分の復習速読、総合的認知力、力試し課題3
	第14回	力試し課題3の確認、味わう読み方、速読技術の総まとめの課題
	第15回	総まとめのシェア、「対話の意味」再考、無記名アンケート

大枠としては、中間まとめがメインテーマになる第9回までの前半に大切なポイントのほとんどは扱っています。しかし、学習者の主体的な学習のために、後半は、不可欠なプロセスです。なぜなら、後半では、前半に出てきた内容を折に触れて再確認しながら、力試しとしての実践的で大きな速読課題をこなし、速読のコツを学習者それぞれが自分のものとしていく貴重な機会になっているからです。

■授業の流れ（詳細版）

　表1～表4は、速読の教室活動の核となる第1回から第8回までを特に詳細に示したものです。以下では、それぞれについて、簡単に補足説明を加えていきたいと思います。

表1　授業の流れ(詳細版)：第1回と第2回

回	宿題の確認／問いかけと答え	気づき／意識化	教室内課題	宿　題
1	● 教室内外で課される課題をすべてこなすことが受講の条件。 ● 本授業の目的は何か？ ・ ただ速く読むことを目指すのか？	▼ 速く浅い読みは意味がない。深く読む。目的に従って読み方を制御可能にする。 ▼ 訓練だけでなく、意識、姿勢を学ぶことが必須。	■ レベル確認 情報探し読解(新聞記事) ・ 10分 ・ ペアで採点	◆ 宿題1：立ち読み1 ① 5分で新書2冊選択 ② 10分で2冊の概要をつかむ(読むより見る感覚。メモなし) ③ 帰宅後、10行で文章化
2	● 宿題1の確認と発表 ・ どこに注目？→タイトル、目次、はしがき、あとがき、帯、裏表紙、見出し、図表など ・ タイトル確認→概要発表 ● 読書の目的は何か？ ・ 情報／知識／考え方の獲得 ・ 想像力や思考力の鍛錬 ・ 味わう・楽しむ・元気になる	▼ 速読のノウハウの多くは無意識に使っている。それを意識化し、整理し、駆使する訓練で、格段に上達する。 ▼ 極端に時間が短いなら、左の要素などを利用して、全体像の把握に集中するとよい。 ▼ 目的意識が明確なら、より能動的に読める。	■ スキャニング1 視野拡大訓練 ・ 単語位置探し ・ 10分 ・ ペアで採点	◆ 宿題2：立ち読み2 ① 5分で新書1冊選択 ② 15分で概要を把握 ③ 帰宅後、20行で文章化

　1回の授業は4つの要素から成ります。(1)宿題の確認・発表とそれを糸口にした問いかけと答え、(2)議論を通して学習者が気づいた重要ポイント、(3)教室内課題、(4)宿題。教室内課題は小さな速読練習、宿題は本屋で行う立ち読み課題が中心です。

　第1回では速く読むだけでなく深く読めるようにする授業目的を押さえ、第2回では宿題の確認から、議論に進み、すでに使っている速読のノウハウを整理し訓練する意義を明らかにし、目的意識が明確なら能動的に読めることを意識化します。

表2　授業の流れ（詳細版）：第3回と第4回

回	宿題の確認／問いかけと答え	気づき／意識化	教室内課題	宿　題
3	● 宿題2の確認と発表 ● 深く、批判的に読むとは？ ・ 書いてあることを疑う ・ 知りたい情報を見つけ出す ・ 筆者の主張を探り出す ・ 筆者に問いかけて対話する ・ 短い書き込みをする	▼ ふだんは漫然と読み、受け身。速くても遅くても、意識して能動的に読む感覚を磨けば、上滑りせず深く読める。 ▼ 能動的に読む様々な方法の中から、その都度、適した方法を選ぶ姿勢を持つことが大切。	■ タスク読解1 「誘拐」 ・ 約1,500字 ・ 11問 ・ 15分 ・ 答合せ	◆ 宿題3：立ち読み3 ① 5分で新書1冊選択 ② 25分で概要を把握 ③ 帰宅後、20行で文章化 （時間があるからと読み込まないように注意する）
4	● 宿題3の確認と発表 ・ 25分では15分の時より把握量が減少。普通に読み始めて時間切れ。 ① タイトルの確認は全員 ② 隣の人にわかりやすく説明 ③ 隣の人はメモ・評価・発表 ④ 読んでみたい本3冊選ぶ	▼ 強く意識しないと、読み方は制御できない。訓練より意識や姿勢、イメージが大切。 ▼ 読んだ内容を短時間に人に説明する作業は楽しく、それを前提に集中して能動的に読める。 ▼ 楽しさがあれば、リラックスして集中できる。	■ スキャニング2 視野拡大訓練 ・ 単語位置探し ・ 10分 ・ ペアで採点	◆ 宿題4：立ち読み4 ① 5分で新書1冊選択 ② 15分で宣伝材料を探す ③ 帰宅後、15行で文章化

　第3回では、「深く、批判的に読むとは？」の議論で、意識して能動的に読む意義を押さえ、第4回では、制限時間の延長で逆に把握量が減った事実から、読み方の制御のむずかしさを実感させ、人に説明する意識が能動的な読みを生むことを確認します。

表3　授業の流れ（詳細版）：第5回と第6回

回	宿題の確認／問いかけと答え	気づき／意識化	教室内課題	宿　題
5	● 宿題4の確認と発表 ① タイトルの確認は全員 ② 隣の人にわかりやすく説明 ③ 隣の人はメモ・評価・発表 ・ 宣伝材料探しは楽しかった。 ・ 小説を選んだら、全然うまくいかなかった。 ・ 集中を求めて緊張した。 ● 緊張を解く方法は？	▼ 小説は味わうものなので速読の練習には適さない。しかし、予測し、疑問を持ち、感情移入する速読力がつけば、自ずと速く読めてしまう。 ▼ リラックスの様々な方法 ・ 深呼吸、ストレッチ、入浴、瞑想、音楽、イメージ・トレーニング	■ タスク読解2 「訪問者」 ・ 約1,800字 ・ 6問 ・ 16分 ・ ペアで採点	◆ 宿題5：立ち読み5 ① 5分で新書1冊選択 ② 15分で前半だけ読む ③ 帰宅後、15行で文章化 ④ 10行で後半を予測・文章化 ◆ 宿題6：イメージ・トレーニングについてネットで調べる
6	● 宿題5,6の確認と発表 ・ 目次と本の前半から後半がかなり推測できた気がする。 ・ 予測の効用は？ ・ イメージ・トレーニングの効用は？	▼ 予測は先を読みたくさせる。 ▼ 予測・確認の能動性は吸収力と集中度を高める。 ▼ 予測は、当たっても外れても、深い記憶を残す。	■ タスク読解3 「なぜ宗教」 ・ 約4,500字 ・ 4問 ・ 15分 ・ ペアで採点	◆ 宿題7：立ち読み6 ① 宿題5と同じ本を探す ② 予測的中度を15分で確認 ③ 帰宅後、当たり外れを10行で文章化

第5回では、宿題の振り返りで、単に本の内容を説明するだけではなく、本の面白さを宣伝する材料を探すのは特に楽しいということを実感し、小説が速読の練習に適さないとしても速読力がつけば結果として小説も自然に速く読めるようになることを確認するほか、速読にも役立つリラックスの様々な方法を列挙します。

　第6回では、予測の意識が先を読みたくさせ、その能動性が吸収力と集中力を高め、予測が当たっても外れても深い記憶を残すことを明らかにします。

表4　授業の流れ（詳細版）：第7回と第8回

回	宿題の確認／問いかけと答え	気づき／意識化	教室内課題	宿　題
7	●宿題7の確認 ・予想は当たったか。ピタリ？大枠OK？大外れ？ 　─話の展開方向はほぼ当たったが、具体的な中身は半分。 ・予測は新鮮で面白かった。 ・文章化後も頭が活性化。	▼筆者との対話の効用 　筆者に問いかけ答えを求めれば筆者の人格が意識でき、得られた生きた答えを全体の文脈に位置づけやすい。 ▼能動的な読みは楽しいが、制御がむずかしい場合もある。	■比較読解 ・同じ事実を綴る記事2本比較。印象の違いを分析。 →読者誘導の表現に注意	◆宿題8：立ち読み7 ①5分で新書1冊選択 ②15分で概要把握 ③1章だけ選び20分で内容把握 ④帰宅後、内容をA4で1枚にまとめる
8	●宿題8の確認と発表 ・全体像が見えれば、1章の理解に20分は十分。 ・関心があり詳しく読みすぎた。 ●ある本の目次を見せ、内容を推測させる。 ・読書・速読の技術？ 　→実は遅読の指南書	▼速読でも遅読でも深く読むための意識と技術は類似。 ・同じ本を再読して復習 ・読了することを目指さない ・予想を裏切られながら読む ・筆者の意図外の事を考える ・自分にとっての価値を意識 ・批判的姿勢で読む	■タスク読解4 「日本の犯罪率」 ・約10,000字 ・内容理解4問を作成 ・20分 →質問例と解答例を確認	◆宿題9：中間まとめ これまでに学んだことと感じたことをA4で1枚程度にまとめる ◆宿題10：スキーマ指示サインを列挙する

　第7回では、予測の当たり具合を学習者間でシェアする中から、予測活動の新鮮さと楽しさが能動的な読みに役立つことを再確認し、筆者との対話の効用に考えを巡らせます。

　第8回では、速読でも遅読（精読）でも深く読むための意識と技術が類似しているという一見驚くべき事実に気づくように促します。

■速読の勘どころ

・前提：自分の潜在力の自覚

　最初にもっとも重要なことは、学習者各々が自分の潜在力に気づくことです。

　第1回授業で出した「立ち読み課題」（宿題1）に面食らっている学習者が多数います。面白そうな新書を5分で2冊選び、たった10分で概要をつかみ、タイトル以外

のメモはとらずに帰宅して文章化するよう指示されているからです。1冊5分しかないので、細かいことは気にせず、とにかく試しにゲーム感覚で大枠だけつかむよう促されても、半信半疑でやる学習者が通常、半数を超えます。

しかし、第2回授業で、実際に課題をやってみた感覚、できたかどうか、かけた時間などを尋ねると、おおむね以下のような反応が返ってきます。

・たった5分で2冊の本を選ぶのはスリルがあった(ほぼ全員)
・1冊5分は内容把握にはとても短かったが、予想以上にできた(12～16人)
・1冊目に7～8分かかり、2冊目は時間が足りなかった(3～5人)

時間が不足した者には、「時間管理がむずかしいのは当然で、今回できなくても気にする必要はない」と断った上で、「今後は読み方を制御する感覚を磨いてほしい」と告げる一方、予想以上にできた者には、その成果を褒めるとともに、「今後も油断しないように」と伝えるようにします。

次に、概要把握のために、実際にどのような方法を使ったかを尋ねると、次々と活発な意見が出ます。10分ほど議論を交わせばほどなく、タイトル、帯文、裏表紙、目次、はしがき、あとがき、小見出し、視覚情報(写真、イラスト、グラフ、図表など)を見るというコツが自然と引き出されるものです。そのタイミングで、この課題の種明かしをすると効果的です。

速読のノウハウ(勘どころ)は、個人差はあっても、皆すでにある程度持っていて、無意識に使っている。本の選択や概要把握などでもその一部を使ったはず。それを実感することが課題の目的だったと知らせるのです。自分たちが潜在的に持っていたそうした力に気づくと目を輝かせる学習者が何人もいます。さらに本コースでは、これら以外の潜在的な能力と技術を含め、多くの速読の勘どころに自ら気づき、意識化し、整理した上で、系統立てた訓練を積むので、それぞれの能力は格段に高まっていく。それを確かめていくプロセスをじっくり楽しみ、教室では積極的に意見を出してほしいと告げます。

次頁の図1は、速読力をつけるための勘どころを学習モデルとして簡略的に示したものです。しかし、これを学習者にあらかじめ種明かしするようなことはしません。それは、学習者が具体的な課題をこなし、考えたことを教室に持ち寄り、皆で議論を交わす中で、自ら発見して勝ち取っていくプロセスこそが何より大切だと考えられるからです。

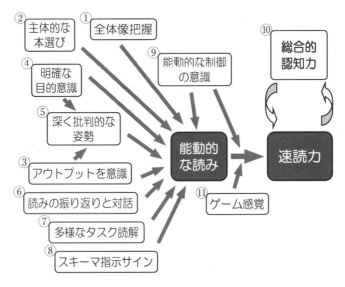

図1　速読の学習モデル（簡略版）

以下では、番号の振ってあるそれぞれの勘どころについて見ていきます。

速読の勘どころ①：まず全体像をつかむ

　たった5分で選んだ新書2冊の概要を10分で把握・記憶したものを帰宅後に再現するという「無茶な」課題には、全体像の大切さを実感してもらう意味もあります。通常の読書では、細部に気をとられて大枠の確認がおろそかになり、結局読んだ内容を後で再現することもなかなかできません。ところがこのように超短時間の内容把握では、欠落情報はたくさんあっても、細部を読まなくても全体像はだいたい把握できているし、それを記憶し、再現することさえある程度はできます。その事実を実感する機会をこの実践は与えてくれていることを議論の中で明らかにします。

　宿題1ではあえて通常の読み方が不可能な極端に短い時間を設定しました。ですがその後は、1冊の選択に5分、概要把握に15分を基本とします。最初の5分では、タイトルを見比べて2、3冊を手に取り、帯文、裏表紙、目次をざっと見る程度の時間しかありません。ぼんやり大枠をつかみ、本を選ぶ。その上で、次の15分で、はしがきを読み、目次を再確認し、ぱらぱらとページをめくれば、帰宅後、人に伝えられる程度に本の概要は再現できる。学習者たちは一連の宿題でそれを体験します。

　もし、与えられた新書の本文20ページを30～40分で読んだらどうでしょうか。全体像はもちろん、その部分の概要の再現さえむずかしかったでしょう。逆に、はし

がきと目次などで本の大枠を理解してから本文を読めば、全体の文脈の中に位置づけられる文面は楽に理解でき、記憶にも残りやすくなります。このように、速読でも、そして実は精読でも、最初に全体像をつかむことは何重にも有益なのです。

速読の勘どころ②：自分で本を選択し、主体性を高める

本は、強制されずに自由に選ぶと、読む意欲が高まり、集中して速読しやすくなる。それは、内容に興味があり、楽しめるからだけではありません。本を自主的に選択したという事実が主体的な読みを後押しするからです。

また、自分にとって意味のある本を短時間に選ぶには、まさに速読のわざが問われます。ある学習者は、魅力的なタイトルだけに惹かれて本を選んだところ、つまらない内容だったせいで、集中して読み進むことができず、苦労する羽目になる。しかし、その後は、タイトルに騙されまいと、目次やはしがきを真剣に速読し、中身も手早く確認する練習を重ねる。その結果、回を重ねるごとに、情報を効率的に読み取る技術を磨いて、納得のいく本を選択できるようになるとともに、15分で全体像をつかむ速読力も向上させていく。速読の訓練はまさに本を選ぶところから始まっているということを学習者自身が体験の中で理解するのです。

速読の勘どころ③：アウトプットを意識して読む

把握した内容をその場でメモせず帰宅後に文章化する意味は小さくありません。メモをとらなければ、把握した内容を記憶にとどめる意識を強く持って読み進むので、集中力が高まる。そして、帰宅後の文章化は、自分のことばで全体像を再構成して、知識として定着させるのに役立つ。そうした意義を議論の中で徐々に浮き彫りにすれば、学習者自身が納得し、今後の動機づけになります。

さらに、本の要旨は、文章化したものの提出の前に、他の学習者に披露させます。全員分のタイトルを確認してから、数人に内容を発表してもらうのです。単に文章を読み上げるのではなく、話し言葉で説明しなおすように求めます。口頭でわかりやすく伝えようとしてこそ、把握内容を再度噛み砕いて相対化することにつながります。

第2回授業ではじめて実施する発表は、事前準備なしなので簡単ではないはずです。ところが、発表者は、ほとんどの場合、手元の資料を参照せずに、各々2冊の本の概要を滞りなく説明できるので、そのすばらしさを本人たちに実感してもらい、褒めます。そして、今後は人に説明することを前提に本を読むようにと促すわけです。

コースが進むにつれ、帰宅後の文章化と授業中の発表というアウトプットを意識すればするほどインプットとしての速読の質が高くなることを学習者はますます強く実

感していきます。

速読の勘どころ④：明確な目的意識を持つ

　目的意識は動機づけになります。本の内容を人に説明するという目的を意識しながら読むことは、能動的な読みを促し、集中力を高める。第3回から第4回の授業では、宿題2と宿題3を振り返って、それが実感できています。

　ただし、この動機づけには工夫がいります。毎回一人ずつ発表させては、聞く側が退屈します。そこで、第4回授業以降は、タイトルだけ全員分を確認した後は、ペアを組ませ、相手にわかりやすく説明するように促すのがよいでしょう。聞く側にはメモをとらせ、わかりやすさと面白さを評価させ、何人かには発表もさせれば、インセンティブは格段に高まります。また、宿題4のように、単に説明するのではなく、本の魅力を宣伝する材料を集めることにすれば、さらに強い動機づけになり、能動的な読みが期待できます。読んだ本の内容を友人に話す、読書サークルを利用する、ネット上で書評を書くなどの方法もあると、学習者から指摘されることもあります。

　そもそも読書の目的は何か。第2回授業で問いかけると、「新しい情報や知識、考え方を獲得する」「内容や文章を味わう」などの目的が即座に挙げられます。また議論を進めるうちに、想像力や思考力の鍛錬、自己発見、自己形成、自己変革という目的もあぶり出されます。もちろん、それら抽象的な目的を意識するだけでも、一定の動機づけにはなります。

　しかし、何か具体的な知識や情報、目前の課題の解決策を求めるのなら、動機づけは一層強くなります。通常、私たちは目的を強く意識せず、漫然と読む。もし明確な目的意識があるなら、より集中して能動的に読める。そして、その時、読むスピードは自然に速まる。実際、学習者自身がこのメカニズムに気づき、課題をこなす中でしっかり意識して実践すれば、大きな効果が実感できる、ということが、教室内の議論や授業アンケートから明らかになっています。

速読の勘どころ⑤：批判的で深い読みの手法を駆使する

　深く批判的な姿勢も能動的な読みを促します。第3回授業で「深く、批判的に読むとは？」という問いを学習者に投げかけてみると、ほどなく様々な意見が出てきます。

　まず、当然ながら、「書いてあることを疑う」、「批判的な気持ちで読む」などが出てきますが、それだけではありません。「批判的ということばをもっと広くとらえてほしい」と告げると、「知りたい情報を見つけ出す」や「筆者の主張を探り出す」なども、読んだままを受け入れるのではない点で批判的であるということに気づく学習

者が現れます。その際、筆者の主張を「知る」や「理解する」ではなく、「探り出す」という積極的な姿勢なら、広い文脈に照らして、言外の意図まで読み取れそうなことに気づかせることができます。さらに、「筆者に問いかけて対話する」イメージを持つことや「短い書き込みを残す」ことなども批判的な読みであると教師の側から指摘することもできますが、慌てることはありません。その後の授業で折に触れて議論すれば、様々な手法を具体的にイメージし、実践を通して意識を強化することができます。学習者が自ら気づく楽しみを残しておくのが賢明なのです。

コース後半で学習者の思いつくものがなくなったころに、表5を配布します。

表5 批判的で深い読みの手法(タイプ別)

タイプ	手　法	
関連付け系	(1) 全体像を意識する (3) 要約しながら進む	(2) 他の部分と関係づける (4) 骨組みに肉付けする
価値獲得系	(5) 知りたい情報を見つけ出す (7) 疑問を持ち、答えを探す (9) 必要なものを吸収する	(6) 筆者の主張を探り出す (8) 先を予測し、確かめる (10) 不要な内容は飛ばす
純粋批判系	(11) 書いてあることを疑う (13) 情報操作に気をつける	(12) 別の可能性を考える (14) 筆者の意図を意識する
立場堅持系	(15) 立ち位置を決めて進む (17) 反論材料を探す	(16) 自分の主張の論拠を集める (18) 賛成の理由を探す
筆者と対話系	(19) 筆者に問いかけて対話する	(20) 筆者に喧嘩を売る
手動かし系	(21) 短い書き込みを残す	(22) マインド・マップを描く
ワクワク系	(23) 意外性や驚きを楽しむ	(24) 好奇心のアンテナを張る

「関連付け系」は理解しやすいでしょう。読んでいる部分を全体や他の部分と関係づければ、その部分の理解が深まるとともに、内容が統合されやすく、要約にもつながる。それは、骨格に肉付けをしていくイメージと重なります。

「価値獲得系」は、「生きるための糧を獲得する」という読書の究極の目的に直結します。その意味で、疑問を持った後に「答えを探す」ことや予測した内容を「確かめる」プロセスは欠かせません。宿題5と宿題7では、予測手法を試し、教室で感想を報告し合う。予測すると早く先が読みたくなり、その確認における能動性は集中力と吸収力を高め、当たっても外れても、強い印象を残す。それを教室内の議論で確認し、実践を通して体験した学習者は、予測手法を積極的に取り入れるようになります。

「純粋批判系」の項目のうち、情報操作や筆者の隠れた意図は、具体例を挙げて意識化する必要があります。第7回授業の課題で同じ事実を異なる表現で綴る記事2本

を比較して、印象の違いを実感させれば、自然に読者誘導の表現に注意が向きます。

「立場堅持系」では、立ち位置を決めて進む感覚がつかめれば、他の３つの手法もむずかしくありません。わずかなヒントで、学習者は自らそれに気づき実践します。

「筆者に問いかけて対話する」手法は、「価値獲得系」の「疑問を持ち、答えを探す」のとは質的に異なります。人間は社会的な生き物。生きた人格とのやりとりが意識できると、そこで得られた答えは筆者という人格に統合され、強く記憶に残る。話し合いの結果それに気づくと、学習者はこの手法を喜んで実践するようになります。

「意外性や驚きを楽しむ」や「好奇心のアンテナを張る」などの手法は、ワクワクする気持ちで他の手法の質を高めます。

表中の手法すべてを同時に使うことはありません。どの手法を実際に採用するかは、本の内容、自分の性格、目的や状況に応じて、その都度、主体的に選ぶものです。それを議論の中で明らかにすると、それぞれがいろいろと試行錯誤するようになります。

速読の勘どころ⑥：自分の読みを振り返り、他者と対話する

本授業では、自分の潜在力を自覚させることから始め、課題を課した後には、必ずその感想を確認しています。学習者が自分の読みを振り返り、他者と対話する意義は極めて大きいと言えます。与えられた知識を取り込むのではなく、それぞれが自分の中にあるものを確認した上で、主体的に前進する意識が高まるからです。できたかどうか、成功や失敗の理由は何かなど、学習者が自らの読みを振り返り分析し、さらに、議論を通して、他の学習者と体験や意見を交換すれば、様々な発見があります。模索と発見のプロセスをゲームのように楽しみ、見出した知見を次の課題に生かせば、大きな成果が得られます。

ただ、どのような対話でも望ましい成果に結びつくわけではありません。

教室内の対話には、以下のように様々な種類があります。

（1）教師の質問に学習者の一人が答えて始まる対話
（2）教師の質問に複数の学習者が答えて始まる対話
（3）学習者の質問に教師が答えて始まる対話
（4）学習者が教師に意見を表明して始まる対話
（5）学習者の答えや意見に、教師が他の学習者に意見を求めて始まる対話
（6）教師の明確な指示のもと学習者間で始まるペアワークとしての対話
（7）教師の明確な指示のもと学習者間で始まるグループワークとしての対話
（8）あるテーマについて自由にペア、グループ、クラス全体で繰り広げられる対話

当然ながら、(1)～(4)の対話にとどまっていては学習者間の対話にはつながらないので、(5)～(8)を目指すわけですが、理想を求めすぎて無理をしてもいけません。対話の工夫については別途、3節でも4節でも触れますが、(6)のペアワークは手軽であるうえ効果が高いので、まずはそこを糸口に、徐々に別の形態を加えていくのが得策でしょう。

速読の勘どころ⑦：多様なタスク読解で読み方の多様性を実感する

宿題だけでなく、教室内で課される多様なタスク読解も、読み方の多様性を具体的に実感し、能動的に読み方を制御する感覚を磨くために役立ちます。

タスク読解1では、約1,500字の本文を読んで11問に答える。時間は15分でぎりぎりである一方、タスク読解2は約1,800字に増えますが、事前に問いを確認しておけば、集中して読めるので15分で終了できることを大半の学習者が体験できます。ただ、設問を読んで答えを書く時間を考慮しても、読む速度は、タスク読解2でも1分150字程度なので、速読とは言えません。

それに対して、タスク読解3では、15分で約4,500字を読み、4問に答えているので、分速300字以上と推定されます。なぜそれができたのか。それは、タスク読解3は、タスク読解1や2のような物語文ではなく、飛ばし読みでも質問に答えられる論述文であるためだと、議論を通して学習者は自ら納得します。

タスク読解4は、読んだ内容にかかわる意味ある問いを自ら4問作成する課題です。20分で約10,000字読んで作問ですから、大半の学習者はスキミングが必須だと気づきます。スキミングしなければ、前半部分についての作問しかできません。

詳細版にはない第10回授業のタスク読解5では、約10,000字を15分未満で読んで10問に答える必要があり、スキャニングとスキミングを併用しても困難です。しかし実際には、大半が時間内に答え、約8割が正解なので、速読に成功していると言えます。

以上のように、具体的な目的を強く意識すると読み方が自然に変わることを学習者は実感することになります。

速読の勘どころ⑧：スキーマ指示サインに注目する

要点をつかむためには、節や項の最初と最後、段落の最初の文だけ追うなど、文の位置を目安にする以外に、「言語サイン」に注目する手法もあります。宿題10では、スキーマ指示サイン（要点や筆者の主張、談話構造を示唆する接続詞、副詞、文末表現）を列挙する課題を課します。表6は、これを受けて教室で議論した項目の例です。

要点や筆者の主張、段落間の関係や談話構造が見えると、内容が正確に速く読み取れ、先が予測でき、記憶にも残りやすくなるなど、非常に有益です。しかし、当初から個々の言語サインにこだわると、大枠としての全体像を把握する習慣の定着が妨げられるため、その習慣が定着するのを見計らって、コース後半で、ポイントをスキミングする際に利用するように促すのが望ましいでしょう。

表6　スキーマ指示サインの例

表　現	サインの内容
つまり、すなわち、要するに、したがって、このように、以上、〜がわかる、〜ことになる	まとめ、結論、要点を述べる
確かに、一般には、もちろん、当然、理論的には、〜と言われている、〜と考えられている	筆者以外の視点や一般論を提示、後に筆者の論点が続くことが多い
しかし、だが、実際は、ところが、むしろ、かえって	前の内容を否定して、筆者の主張を述べる可能性が高い
〜のだ／〜のではないか	筆者の主張、話の核心を提示
さて、ところで、そこで、では、しかし	話題の分岐点を示す、問題提起する
必要だ、重要だ、問題だ	要点を述べる、問題提起する

　以上のようにして促進される能動的で深い読みは、速読だけでなく、質の高い精読のためにも役立つものですが、それだけで速読が実現するわけではありません。速読のためには、以下の3つの勘どころが必須です。

速読の勘どころ⑨：時間を管理しながら、読み方を能動的に制御する感覚を磨く

　速読にかぎらず、効率的な読書を目指すなら、目的に合った手法を主体的に選ぶ姿勢が重要です。短時間に求める情報だけ探すならスキャニング、大まかな内容が知りたいならポイントだけをすくいとるスキミングがよいでしょう。求める情報と大まかな内容の双方が必要ならスキャニングとスキミングを組み合わせるべきです。一方、どうしても精読が必要な場合もあります。さらに、批判的な読みの手法のどれかを選んで読み始め、途中で読み方を柔軟に切り替えることもあります。読み方を速やかに選択し、自在に制御する醍醐味は格別です。

　とはいうものの、強い自覚がなければ、制御は困難です。実際、1冊の概要把握に25分かけた宿題3では、15分の時ほど把握できないのを多くの学習者が体験します。それは、余裕ができたと感じて気が緩み、普通の読み方に戻り、全体像の把握ができなくなるためとわかります。逆に15分の時より多くを把握した者は、まず15分で大枠を把握し、残りの10分を肉付けに使う形で、厳しく読み方を制御しています。

また、15 分の概要把握の後、1 章を 20 分で読み取る宿題 8 でも、速読力が高いはず
の数人は強い興味が湧いてじっくり読み始め、時間切れになる。精読を自ら選んだの
ではなく無自覚に流された点が問題だと学習者自身が気づきます。深く批判的な読み
も、さじ加減を間違えると、際限なく時間を要するリスクがあるのです。

　ではどうするのか。まず、骨組みとしての全体像を 15 分でつかむ。次に、肉付け
に使える時間を見極め、批判的な読みの手法のどれを使うか決定し、集中して読み進
む。その際、強い意志で読み方を上手にコントロールする自分を鮮明にイメージして
おくと効果的です。試行錯誤を繰り返し、成功した時の感覚を楽しみ、反芻・強化
し、イメージ・トレーニングに生かせば、読み方を能動的に制御する感覚が研ぎ澄ま
されていきます。実際、コース終盤で、時間内にバランスよく内容を把握する者が大
幅に増えています。

速読の勘どころ⑩：認知力を総合的に鍛える

　文字を追う速度が高まっても、増大した文字認識量を処理する認知力が追いつか
なければ価値がありません。「内容把握 → 記憶 → 文章化 → 発表」の流れで、理解・
分析・記憶・再構成・伝達の能力を総合的に鍛えてこそ、速読力が大きく向上しま
す。把握内容の発表に本授業が多くの時間を割いているのもそのためです。

　ペアを組んだ相手から短い質問を受けながらの発表や、相手から聞いた内容をメモ
して評価した上で全員に紹介する作業は、様々な能力を駆使する集中力を培います。
しかも、学習者がスリルを感じ、ワクワクする作業なら、柔軟な思考で自由に想像力
や創造力を働かせることにもつながります。ふだん自分に馴染みのない多様なテーマ
に触れることも視野を広げ脳の活性化に役立ちます。実際、このペアでの発表の時間
は、明るい雰囲気の中で学習者の目が輝き活気に満ちています。

　本の前半を読んで後半を予測する宿題 5 と宿題 7 や，ある章の後半を読み前半を推
測する宿題、上下反転させたテキストを読む教室内課題も、ゲーム感覚の楽しい実践
が脳の活性化・柔軟化と認知力の向上を促します。

　以上、総合的な認知力の向上で速読力が大きく伸びれば、高まった速読力がさらに
認知力を刺激するという好循環が生まれることを学習者自身が実感します。

速読の勘どころ⑪：ゲーム感覚を楽しむ

　本授業ではワクワク感とゲーム感覚を重視しています。教室活動の中心的な部分を
占める模索と発見のプロセスをゲームのように楽しむことで、これまでに見てきた速
読の勘どころがしっかり身につくからです。しかし、それだけではありません。ゲー

ム感覚を楽しむ姿勢は、速読の質を高めることに直接役立ちます。

　第5回授業では、真面目であるだけでは、気張りすぎて結局なかなか集中できないのに対して、ゲームのような楽しさ、スリルやワクワク感があれば、リラックスして集中できることを確認します。また、リラックスそれ自体も、速読力をつけるための条件になることを意識化した上で、リラックスのための方法として、深呼吸、ストレッチ、瞑想、音楽、イメージ・トレーニングなどがあることを議論の中で共有します。もちろん、リラックスの方法には個人差がありますから、学習者それぞれの性格や感覚、状況に合うものを適宜選べばよいことを押さえます。

　なお、楽しむことやリラックスすることの大切さは、理屈として理解させるだけでなく、様々な活動の中で実際に体験できるようにするほか、議論の中でもユーモアを絶やさないなど、教室内の雰囲気づくりを工夫しています。そうすると、学習者自身もリラックスした雰囲気の中で自由に意見交換するようになったり、気軽に冗談でツッコミを入れたりするようになり、授業をどんどん盛り上げてくれます。

　以上、学習者が速読の勘どころを自ら能動的につかみ取っていけるように促すための様々な工夫をご紹介しました。

　その学習プロセスを詳細に記述した「速読の学習モデル（詳細版）」（図2）はコース終盤に「授業の総まとめ」のディスカッションの後に学習者に示します。

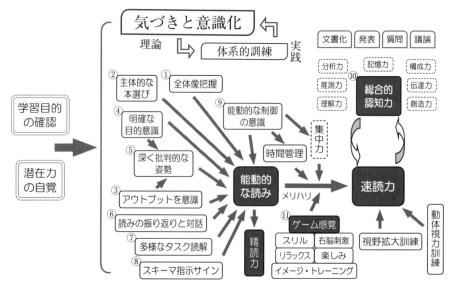

図2　速読の学習モデル（詳細版）

3. 活動の背景

　以下では、読者のみなさんが抱くと想定される疑問点に答えながら、上記の活動に至った背景を明らかにします。

　まず、自分で自由に選んだ関心の高い本ばかり訓練に使っていることに疑問を持たれる読者も少なくないのではないでしょうか。最初から読む意欲が高ければ、速読が楽なのは当然。ただ、現実には、あまり関心が持てない本を読む機会も多いわけで、そうした本で訓練しなければ意味がないのではないか。

　10年前に速読授業の担当をはじめたころは、筆者も同じように考え、教室内課題として大部分は教師側でテキストを用意しました。ただ、教師側でテキストを用意するにしても、ペアで2種類のテキストのうち好きなほうを選び速読した内容をシェアする教室内課題では学習者の積極的な姿が見られたので、選択させることの重要性には気づいていました。そして、教室外課題でも自由選択の本で試すたびに、学習者の主体的な取り組みとその成果を目の当たりにして、自由選択で実施する立ち読み課題の比率を年々高めていったという経緯があります。

　その成果とは、能動的な読みの感覚を実感するということで、そのためには、高い集中力の前提となる読む意欲を最初に保証することがもっとも重要です。そして訓練を繰り返すうちにその感覚を研ぎ澄ますことができていれば、あまり関心のないテキストに直面しても集中して能動的に読めるということを、教室内課題で確認することができました。それだけではありません。能動的に読む主体的な態度が身についていると、面白そうに見えなかったテキストでも関心の持てる面を新たに見つけ出す積極性が生まれるとの証言を多くの学習者から得ているのです。

　しかし、教室内でも自ら能動的に学ぶように促すことが本当にできるのだろうかとの疑問が浮かぶかもしれません。実際、筆者も当初からうまくできたわけではありません。能動的に読む姿勢の大切さははじめから認識していたのでそれを学習者に伝える努力はしていましたし、対話型の授業も実践していました。ただ、対話をしつつも、力んでいたようです。啓発セミナーの講師さながら熱弁で学習者を圧倒して説得する場面が多く、学習者の自主性を真に尊重するというより、主体的・能動的に読む姿勢を持つように「誘導」していた面が否定できません。その結果、筆者の「教え」に感化されて熱心に取り組む学習者がいる一方、批判的で主体性の強い学習者の一部を遠ざけていました。それでは自己矛盾です。

　この問題を解決するカギは「聞いて待つ」姿勢でした。問いかけをして待つ。反応がなければヒントを出して待つ。発言があったら、合いの手を入れながら最後まで話を聞く。発言したそうな他の学習者に発言を促す。的確な答えは評価するが、そうで

ない答えも否定的な扱いはせず、他の発言を待つ。正解らしきものが1つ出た後も、他の可能性がないか問いかける。多くの学習者が納得して頷くタイミングで論点を整理して再提示する。適切な答えが自分たちの気づきの中から引き出されること、正解は1つとはかぎらず答えに幅があり得ることを実感した学習者は積極的に発言し、謎解きをする感覚でワクワクしながら協力して課題を解決する。ここまでくれば、教師対学習者の対話だけでなく、学習者同士の対話も活性化されています。当然、教師が結論を与えて説得する必要もなくなり、待つ姿勢が年々定着していったわけです。

では、学習者同士の議論に時間がかかり、教師のほうからまだ出ていない論点を補足したいと思ったらどうすればいいのでしょうか。包括的な情報を与えては元の木阿弥ですが、まとまりのない状態のままでは不安が残ります。そんな時は、ごく簡単に補足しながら暫定的な中間まとめをすればいいでしょう。その後の授業で機会をとらえて議論を再開すれば、新たなアイディアが出てくるので心配には及びません。

学習者の失敗をどう手当てするかも気になるところではないでしょうか。課題がうまくこなせない学習者に「そのうちできるから気にしなくてよい」というだけでは、失敗を本人の能力不足のせいにすることを助長します。反対に、失敗の具体的な原因が特定できれば、同じ失敗を防ぐための指針が得られます。

たとえば、うまく速読できなかった、覚えられなかった学習者に「なぜできなかったのでしょうか」と尋ねると、多様な答えが返ってきます。

・各章が独立の内容でつながりも一貫したテーマもなく、大枠がつかめなかった。
・各章のつながりが強く、細かな部分がわからないと次の章が理解できなかった。
・難解な内容でなかなか理解できなかった。
・物語だったので、興味が湧いてじっくり読み始めてしまった。

どの学習者の場合も、速読に不向きな本を選んだだけなので、今後は本の選択に気をつければよいとわかり安心します。

・立ち読みをしてから概要の再現までの時間差が大きく、内容を忘れてしまった。

毎年、このような学習者が何人も現れます。ただ、時間差の大きさだけが問題ではありません。帰宅までの時間が15分でも2時間でも、漠然と本のことを考え続けていれば記憶の保持と再現力にあまり差は出ませんが、部活の練習やパーティが間に挟まった場合は、記憶が断ち切られて、再現は困難になります。ましてや、まる1日の

日常生活が挟まった場合、よほどの能力がなければ十分な再現は無理です。これがわかれば対策は明らかです。

こうした生きた知見が対話を通して得られるなら、自分や他人の失敗はすべて前進するための糧にできると学習者は確信するようになるわけです。

4. 実際にやってみて

コース終盤には、1時間程度かけて1冊の本をかなり詳細に速読する力試しを3回ほど実践します。すると、試行錯誤の末、学習者は1つの効果的な方法に辿り着きます。5分で本を選び購入して帰宅。15分で骨格としての大枠を把握。肉付けのために45分。数時間空けて5分で復習。このように同じ本を4回速読すると、ほとんどの学習者は詳細に内容を再現でき、自信を深めます。中には本を閉じた状態で2,000字以上の文面をすらすらとまとめる学習者が何人かいて驚かされます。これだけの成果を目の当たりにすると、教室内外の課題を振り返り、創造的な対話を通して、批判的で深い読みとしての速読の力を伸ばすためのノウハウを自ら勝ち取るのがいかに有効かを改めて痛感します。

最後に、2017年度の授業終了後のアンケートから、本コースに対する学習者の感想のいくつかを見てみましょう。

a. 課題の時も授業中に配られたプリントを読む時も、他人に伝えることを意識しながら読んだほうが効率的だし、ディスカッションによって新たな意見がたくさん出てくるので、とてもよかったと思う。（中国人、交換留学生）

b. 「相手に内容を伝えられるような読み方をする」という概念は実は最初少し曖昧に感じたが、実際にそれを他の人と練習した時にはしっくりきた。相手の話を聞いて、他人に伝えるというのも楽しかった。（ブルガリア人、学部3年生）

本の内容を人に伝えられるように読む活動が広く受け入れられているのは、授業中の発表が毎回活気に満ちていた点から見て取れましたが、それがこれらの感想からも裏打ちされました。とりわけ、当初疑いの気持ちを抱いていた学習者でも一度の実体験でその意義に納得したのは注目すべきでしょう。

c. 特にインタビュー形式で相手が読んだ本の内容を聞いてから発表するのが面白くて勉強になった。（シンガポール人、学部2年生）

d. この授業でよかったと思ったことは、授業内でクラスメートと先週の課題の為にどのような本を読んだかを聞き、インタビュー形式で自分が興味を持ったことを聞けるところだった。（日系アメリカ人、交換留学生）

e. インタビューで友達から質問された時に、改めて違う角度から本の内容について考えることができ、新たな発見もあった。（中国人、交換留学生）

f. 聞く姿勢を少し変えるだけで内容がより簡単に頭に入るし、自分の関心のあるところについて相手の意見を理解することもできて、話し手にも聞き手にもいいことだと感じた。（シンガポール人、学部2年生）

cとdはインタビューする立場、eはインタビューされる立場、fは両方の立場の意見ですが、インタビュー形式の活動を高く評価する意見が数多く寄せられました。

過去10年、教室内で対話にかける時間を年々増やしていったわけですが、以下3つの感想は対話が果たした役割の大きさを示唆しています。

g. 1回目の立ち読みの後、授業中に立ち読みのコツやうまく行かなかった点を教え合ったが、先生とクラスメートが勧めてくれたやり方を実践したら、意外なことに2回目は1回目より全然うまく行った。（シンガポール人、学部2年生）

h. ただ受動的に授業に参加するだけではなく、話し合いながら授業が行われたことはものすごくよかった。（韓国人、交換留学生）

i. 他の人と読んだ本について話し合う時に、また新しいことを思いついたり、「なるほど、こういう考え方もあるのだ」と感じたりすることもたくさんあった。（中国人、交換留学生）

特にiに代表される意見や、授業中の発言などからは、学習者同士がお互いの学習体験や意見、価値観などを共有する対話プロセスを通して、「唯一無比の最適解」ではなく、一定の幅と選択肢を許容する一般的指針を自ら獲得し、適宜、自分に適した方法を選び取れるようになる成長の過程が垣間見えます。

以下のjでは、批判的に読んだり聞いたりすることが集中力を高め、興味のなかった内容さえ面白く感じさせる力があることを証言しています。

j. 批判的に「読む」あるいは「聞く」というのは積極的に「考える」「関わる」ことだと思う。たとえそれほど興味のある内容ではなくても、批判的に考

えることで集中力が上がるし、面白く感じる。(中国人、交換留学生)

いずれにしても、教室外で読む訓練を十分にこなせば、教室内では「話す」活動にかける時間が長いほど「読む」力が伸びるというのは、やはり驚くべき事実です。

批判的で深い読みをともなう速読に必要な一般的指針を理論的に説明するだけなら、90分授業が3回あれば十分でしょう。しかしそれではいくら訓練を積んでも、大きな成果は期待できません。主体性を持った能動的な学習者自身が振り返りと創造的な対話を通してそうした指針に自ら気づき意識化し、密度の高い訓練を通して実践的な感覚を徐々に磨いていってこそ、稀に見る成果が収められます。その成長のプロセスを間近に目撃するのは、教師にとってこの上のない喜びです。

本授業の要の「気づき」の感度と「意識化」のレベルは、本コースの学習者の場合、母語話者以上と思えるほどです。それは、母語話者よりも日本語を意識的・客観的に学んできた彼らが「意識化」に有利な立場にあったためだと考えられます。

教師の目の行き届かない教室外課題の指示が実際に守られているのか。毎年、不安が頭をよぎります。しかしそれは、最終授業の無記名アンケートで解消されます。時間制限などを宿題14回中3回以上守らなかったのは、2013年の3人が最多でその後は減少傾向を示し、2016～2018年は1人もいませんでした。

この原稿の校正段階に入った頃、分析対象に含められなかった2019年度コースの第2回の速読授業が行われました。「立ち読み課題1」をゲーム感覚でやってみた結果を教室に持ち寄った学習者たちは、今回も予想どおり、自分たちがもともと持っていた潜在力の大きさに気づいて、目を輝かせていました。ただ、上級前半の学習者の何人かが超級の学習者より明らかに高い「気づき」の感度を示したことに驚かされた筆者は、これからの展開が実に楽しみになりました。

読者のみなさんのまわりにも、「短時間にたくさん読みたい、でも記憶にしっかり残るように深く読みたい」と思っている学習者がいるのではないでしょうか。ここでご紹介した方法を参考に、それぞれの教育現場に合わせて「批判的で深い読みとしての速読」を育てる工夫をしてみてはいかがでしょうか。

[付記]

本稿は、今村和宏(2014)「能動的読みへの気づきと意識化に重点を置いた速読学習—読みの速度と深さを同時に向上させる条件—」(『日本語／日本語教育研究』5, pp.217-235)の内容を、本書に向けて加筆・修正したものです。

第**12**章 批判的読解の教室活動
：批判的思考を育てる読解授業のデザイン

楊秀娥

❯❯❯❯❯

　読解授業は、テキストを正確に理解する力だけを身につければよいのでしょうか。そうではないでしょう。なぜなら私たちは、書くことを目的としてテキストを読む機会が非常に多いからです。書くためには、テキストを批判的に読む必要があります。では、どうすれば批判的に読む力が身につくのでしょうか。この章では、批判的思考を育てる読解授業をどのようにデザインしたらよいかについて紹介します。

1. はじめに

　批判的思考は「クリティカル・シンキング」(critical thinking)と呼ばれ、「論理的思考」(logical thinking)や「反省的思考」(reflective thinking)とも呼ばれます。批判的思考には、様々な定義がありますが、そのなかで比較的一般に受け入れられているのは、教育哲学者 Ennis(1987: 10)の次の定義でしょう。批判的思考とは、「何を信じ何を行うかの決定に焦点を当てた、合理的で反省的な思考である。」批判的思考は幅広い概念で、論理的思考から創造的思考まで含んでいます(道田 2003)。

　批判的思考は、教育一般においても日本語教育においても重要視されています。例えば、大学教育において育成すべき学士力、ジェネリックスキル、社会人基礎力などで重要な位置を占めています(楠見 2011)。日本語教育においても、批判的思考は目指されてきています。日本国内において、教育者が学習者と真の対話を試みる日本語教育、既存の知識の枠組みを超えた批判的思考を意識した日本語教育(佐藤 2005)が提案されています。

　この章では、実際の読解授業において、学習者の批判的思考力をどのように育成できるか、実践してみてどうだったのか、また、教師に工夫できる点は何かについて、具体的に、2014 年前期にあるベテラン教師が日本国内の大学で行った授業実践を例に見ていきます。

◉目　標	「深く正確に読む」こと、「批判的創造的に読む」こと
◉レベル	N1、またはそれと同等の日本語力を備える上級学習者
◉時　間	90分×15回
◉人　数	22名(学習者の母語や専門、日本語学習歴、日本滞在歴には多様性が見られた)
◉資　料	石黒圭(2013)『日本語は「空気」が決める―社会言語学入門―』(光文社)の一部
◉授業の流れ	〈1週目〉　オリエンテーション 〈2〜7週目〉　「深く正確に読む」 〈8週目〉　課題1　要約文を書く 〈9〜14週目〉　「批判的創造的に読む」 〈15週目(最終週)〉　課題2　書評を書く

2. 具体的な活動の手順

2.1　授業内容

　本授業は、週に1回行われ、初回のオリエンテーションを含むと、全15回から構成されているピア・リーディングの実践です。グループ・ディスカッションによる協働学習を通して、批判的思考力の育成が志向されています。全15回のクラスは、N1、またはそれと同等の日本語力を備えている多国籍の上級学習者からなっています。読解のテキストは、社会言語学の新書(石黒 2013)の一部です。この本が選ばれた理由は、学習者の専門が社会科学の諸分野であることに加え、社会言語学は社会科学につながるものであり、かつ日本語学習者にとって身近でアカデミックな内容にするためです。

　授業の詳細は、表1の通りです。前半は、「深く正確に読む」ことを目指し、後半は、「批判的創造的に読む」ことを目指しています。前半の授業は、後半の授業の基礎になっており、「キーワードを定義する」(2回目)、「行間を読む」(3回目)、「文章構造図を書く」(7回目)などから構成される前半の授業は、解釈・分析といった認知技能に重きを置いていると考えられます。一方、「疑問点に反論する」(11回目)、「代替案を考える」(12回目)、「自分の関心を説明する」(13回目)、「書評を書く」(15回目)などから構成される後半の授業は、評価・推論といった認知技能に重きを置いていると考えられます。特に、後半の授業は、文章の正確な理解を踏まえたうえで、学習者の思考を総動員して論理的な評価を行い、そして自らの新たな推論に基づいた説明を求めているため、学習者の批判的思考力の醸成を目指しています。

表1　全15回の授業シラバス

回	授業項目	課題の内容
1	オリエンテーション	授業の内容、形式など全体の紹介。
2	キーワードを定義する	文章のキーワードを選び、理由を考える。
3	行間を読む	文章を読んで、「フォーリナー・トーク」「ティーチャー・トーク」のわかりやすい実例を考える。
4	接続詞を入れる	文中にある空欄に入る接続詞を考え、文章のもっとも大切な接続詞および接続詞が果たしている役割を考える。
5	予測をする	文章の空欄に入る内容を予測し、数文で表現する。
6	キーセンテンスの連鎖を見る	文章を読んで、もっとも重要な文を3文、重要な文を12文抜き出す。
7	文章構造図を書く	文章を読んで、文章構造図を作成する。
8	課題1 要約文を書く	文章を読んで、要約文を書く。
9	事例を収集する	文章に載っていない男性語、女性語と若者語をたくさん挙げる。
10	参考文献を探す	参考文献を調べ、「フォーリナー・トーク」「ティーチャー・トーク」の定義を考える。
11	疑問点に反論する	文章を読んで、疑問や誤っていると思う点を見つける。
12	代替案を考える	文章で挙げられた三分類をよりよく修正する。
13	自分の関心を説明する	文章を読んで、自分にとって面白い文を抜き出す。
14	他者の関心とすり合わせる	文章を読んで、「日本語とはどんな言語か」について、ワールドカフェの形で他者と自由に意見交換をする。
15	課題2 書評を書く	文章を読んで、書評を書く。

（回2～8：深く正確に読む／回9～15：批判的創造的に読む）

2.2　授業の流れ

　ここでは、後半の授業、9回目から14回目の授業の内容を紹介します。大事なことは、担当しているクラスの学習者の専門やニーズに合わせて、選ぶテキストを変えることです。テキストは、大学で使われている概説書や専門書、学術論文やレポートなどで、一部を抜粋したものであっても、鮮度が高く、発想が斬新なものがよいでしょう。

　9回目の「事例を収集する」では、文章に載っていない男性語、女性語と若者語をできるだけ挙げるという課題を行います。この課題の目的は、テキストに書いてある内容を自分でやってみるとどうなるかを体感することです。テキストに書かれた内容を調べてみたり実践したりすることで、事実に立脚した骨太の批判的思考ができるようになることを目指します。

　10回目の「参考文献を探す」では、参考文献を調べ、「フォーリナー・トーク」

「ティーチャー・トーク」の定義を考えるという課題を行います。この課題の目的は、文章に書いてある用語の説明を、別の文献でも調べて互いに比較することで、その用語のとらえ方の相違や巧拙を検討するというものです。比較という観点からの検討は、批判的思考力養成の格好の材料です。

11回目の「疑問点に反論する」では、文章を読んで、疑問や誤っていると思う点を見つけるという課題を行います。この課題の目的は、論文に書いてある内容に疑問点を見出し、それが疑問だと判断する根拠を示す力をつけることです。学術的な批判的思考では、先行研究の疑問点を出発点に自分なりの考えを持つことが大事です。この課題は後半の授業のなかで特に重要なので、4節で詳しく取り上げることにします。

12回目の「代替案を考える」では、文章で挙げられた状況の三分類をよりよく修正するという課題を行います。この課題の目的は、疑問を抱くところからさらに一歩進め、自分なりの代替案を出すところにあります。批判だけなら誰でもできますが、それを建設的な批判にするのに代替案は不可欠です。この作業も11回目の授業と同様、批判的思考養成に特に有益な授業なので、4節で詳しく説明します。

13回目の「自分の関心を説明する」では、文章を読んで、自分にとって面白い文を抜き出すという課題を行います。この課題の目的は、自分の関心を他者と共有することです。学問の学際性が増し、市民の科学に注目が集まるこの時代、自分と専門を異にする人に自分の関心の所在を伝える技術はますます重要になっており、ものの見方を相手に合わせて多面的に伝える方法を学び、批判的思考力を高めます。

14回目の「他者の関心とすり合わせる」では、文章を読んで、「日本語とはどんな言語か」について、気軽で自由に対話ができるワールドカフェの形で他者と自由に意見交換をするという課題を行います。この課題の目的は、関心の共有をさらに深め、他者との関心の相違を調整し、協働することの意義を体感してもらうところにあります。協働によって新しい考え方が生まれ、創造的な批判的思考に結実することを目指した活動です。

なお、毎回の90分の授業は3つの部分に分かれ、図1のようにそれぞれ30分前後になっています。最初の30分は、教師が課題を説明した後、学習者が各自で文章を読み、課題シートにある課題をこなす「自己との対話」です。次の30分は、課題についてグループ・ディスカッションをしてよりよい解答を作る「他者との対話」です。最後の30分は、クラス全体に対してグループで話し合った結果を発表し、教師やほかの学習者からフィードバックを受ける「全体との対話」です。3節の「活動の背景」で詳しく説明しますが、3つの対話という構成は、批判的思考の育成に対話が欠かせないためです。

図1 授業の3つの部分

3. 活動の背景

　批判的思考の育成には、対話の重要性が唱えられています。ブラジルの教育者フレイレ(1979[1970]: 104)は、「批判的思考を要求する対話だけが、同時に批判的思考を生み出すことができる」と指摘しています。また、道田(2004)は、批判的思考のある学びを考察するため、批判的思考のない学びについて論じています。批判的思考のない学びを論じる際に、その対極に出てくる言葉として、「納得」、「自問自答」、「既有ネットワークへの知識の取り組み」（そのための展開のやり取り）、「対等な立場での対話」が挙げられています。道田(2004)は、これらのキーワードをさらにまとめると、「対話」になるとし、批判的思考のある学びとは、「一言で言うと、対話のある学び」(p.165)であると述べています。以上のまとめから、批判的思考と対話の同義性が明らかになってきました。つまり、批判的思考は、対話によって育まれるのです。

　批判的思考に不可欠な対話は、日本語教育でも求められてきています。池田・舘岡(2007: 43)は、日本語教師の関心は「言語のしくみ」から「教え方(教授法)」へ、さらに「学習者の学びとその支援」へと移ってきたと述べています。この教育的関心の変化によって、「他者との対話」は不可欠なものとして位置付けられ、近年、対話に基づいた教育実践が広がり、多く報告されてきています。

　日本語の読解授業も同じ流れを受け継ぎ、読みのプロセスを共有し、他者とともに読みを創っていく読解授業、すなわちピア・リーディング授業が注目され、展開されつつあります。舘岡(2011)は、日本語の読解授業には正解を求める読解授業、リーディング・ストラテジーを身につけるための読解授業、他者と読むという開かれた読解授業の3種類があると述べています。そして、前の2つは、個体主義的な言語能力観に支えられており、3つ目は、作者との対話、仲間との対話になり、対話として開かれたものであると指摘しています。

　また、石黒(2018a: 4)では、読解のプロセスを次の3つに分けており、①よりも②、②よりも③がよりピア・リーディングに効果的であることを述べています。②は、本授業の前半に、③は本授業の後半にそれぞれ対応します。

① 文字列の意味論的解析を中心としたボトムアップの読解プロセス

文字列に寄り添って理解するもので、具体的には、文字を認識して文字列を分節し、脳内の辞書と文法を用い、文字列に意味を見いだすプロセス。

② 文字列の語用論的解析を中心としたトップダウンの読解プロセス

読み手の頭に引きつけて理解するもので、具体的には、先行文脈や形式スキーマ・内容スキーマに照らして書いてありそうなことを推測し、文字列に意味を見いだすプロセス。

③ 文字列の批判的解析を中心とした創造的な読解プロセス

現実世界に引きつけて理解するもので、具体的には、①と②の理解を前提に、その内容を批判的に吟味し、自身の思考・発想・発信など、創造的活動につなげていくプロセス。

　本授業の1回分は各30分の3つのパートに区分され、「自己との対話」、「他者との対話」、「全体との対話」からなっています。対話の対象は、テキスト、自己、他者としての教師とクラスメートになります。そして、この3つの対話の背後には「筆者との対話」があり、その「筆者との対話」によってテキストに対する固有の理解が一人ひとりの読み手のなかに形作られ、定着するとされます（石黒 2018b: 235）。このような多様な対象との対話によって学習者の批判的思考の活性化は促されることが予想されるでしょう。

4. 実際にやってみて

　このような授業を実践すると、学習者のなかにいったいどのような変化が起きるのでしょうか。ここではそれを、学習者の課題シートやグループ・ディスカッションを通して見ていきましょう。特にこの節では、批判的思考で重視される「批判」「創造」という要素に着目し、11回目「疑問点に反論する」、12回目「代替案を考える」を選んで詳細に見ていくことにします。「疑問点に反論する」回は、「評価」が中心に求められ、「代替案を考える」回は、「推論」が中心に求められていると考えられます。2回の授業とも、学習者は5つのグループに分かれて授業活動に参加しました。

4.1 「疑問点に反論する」（11回目）において

①「疑問点に反論する」（11回目）の詳細な流れ

「自己との対話」〈約30分〉：

　学習者は「自己との対話」の時間に、俗語と標準語について論じた文章（資料の第2

章の一節「俗語と標準語」)を読み、下記の課題を完成させます。

> 【一人でやる作業】まず、与えられた文章を読み、一人でやってください。スマホなど
> を調べたり友人に相談したりしないでください。
> 　「俗語と標準語」を、続きをふくめて読み、疑問や誤りだと思う点を見つけてください。
> そして、それを、疑問や誤りだと考える理由を説明してください。

「他者との対話」〈約 30 分〉：

　グループのメンバーとそれぞれの解答について話し合い、グループの解答を決め、
下記の課題を完成させます。

> 【話し合ってやる作業】3〜4 名のグループになり、「俗語と標準語」の疑問や誤りだと
> 思う点の情報を交換してください。そして、なかでももっとも問題が大きいと思う点を
> 話し合って決め、それが疑問や誤りだと考える理由をまとめて書いてください。

「全体との対話」〈約 30 分〉：

　それぞれのグループの代表者がグループ全体の解答を発表し、教師やほかのクラス
メートからフィードバックを受けます。

② 「疑問点に反論する」(11 回目) における学習者の評価とその評価の変化

　「疑問点に反論する」の回では、学習者は「自己との対話」において俗語と標準語
について論じる文章を批判的に読んで課題シートに疑問や誤りだと思う点を書き、そ
れが全体で合計 43 個確認されました。その後の「他者との対話」において、各自が
書いた内容についてグループ内で批判的に話し合い、グループの解答を決めました。
次の【例 1】は、ある学習者が書いた評価、およびその評価がグループの批判的な対
話を通して変化していく姿を示したものです。

【例 1】

　資料の次のところは、聖書を標準語で翻訳する意味について論じています。学習者
G22 はそれに納得できなかったようで、「なぜ聖書を方言版で出してはならないのか」
という疑問を発し、それに 2 点の理由を加えました。

> 聖典は神の声ですので、特定の声が聞こえてはなりません。すべての人を超越し
> た誰のものでもない声で書かれなければならないのです。また、特定の色を塗っ
> てしまうと、それ以外の色を持つ言語共同体の話者が疎外感を感じるということ

もあります。俗語は仲間内だけで通じる閉じられた言葉だからです。聖典は、その表現形式を意識させず内容のみを伝え、多様な読みこみを保証しておく必要があります。聖書が標準語で翻訳される意味はそうした点にあるのです。

(石黒圭『日本語は「空気」が決める—社会言語学入門—』p.61)

> なぜ聖書を方言版で出してはならないのか、という点に疑問。
> ―悪口のような言葉が混ざると確かに神聖さが損なわれることもあるかもしれないが、純粋な関西弁だけを使うのならば何も問題はないのでは…?
> ―昔、大きく反発されたドイツ語の聖書が今は普通に使われているように、地域による違いを考慮すれば、方言版が別途に使われてもいいのでは? また、それによって聖書の神聖さが落ちるという観点は、人間の方言はよくないというステレオタイプによって生まれたのでは?

「他者との対話」の時間において、学習者G22の疑問に関して、グループでは活発なやり取りが行われました。メンバーの学習者G21は、方言版の聖書に関して、聖書翻訳の目的がキリストの言葉の普及にある以上、方言によって親しみやすくなる効果が得られるのならば、「人が求めるようになるのならば、いいんじゃないですか」と付け加えました。また、学習者G24は、キリストの言い方がちょっと悪口っぽく聞こえてしまうのは、「それはただ私たちのステレオタイプだから」であり、大阪弁が一般化すれば、むしろ東京弁がそうなる可能性もあるという意見を出し、それに応える形で、学習者G21自身も「その聖典書いたの、その神の声だって書いてあったけど、別にって、実際神じゃないんですよね」とさらに人間の書き手によって書かれたという現実的な解釈を加え、著者の神学的な解釈と異なる解釈の可能性を示しました。次の対話をご覧ください。なお、この章の対話の記録は、すべて宇佐美(2011)が定めた基本的な文字化の原則(BTSJ)によって文字化が行われています。

G22	地域による違いをちゃんと考慮すれば、方言版が別途に使われてもいいんじゃないか、<と思いました>{<}。
	(中略)
G21	いやあ、で、それに加えて(あ)、あとクリスト'キリスト'教などは、1つの目的は、私、よくわからないですけど、だと思ってる。
G21	その目的は、そのキリストの言葉を普及するんじゃないですか。
G21	で、そ、だから、その人に、あのう、親しみやすくなる,,
G24	あーあー。
G21	言葉にしたら、なんでそれはいけないんですか、という。
G24	あー。
G22	あー。

G21	その、**人が求めるようになるのならば、いいんじゃないですか**って。
G21	もともと、その、ね。
G22	あ、はい。
G24	ま、まれですけどね、あのう、ま、彼が言った通り、なんつーか、あの、ま、キリスト、キリストの言い方がちょっと悪口っぽいっていう感じもしたんですね。
G24	で、ま、それもそれなりに、ま、ありはありなんですけど、**もしかしてそれはただ私たちのステレオタイプだからこそ、そう感じるかな、と思います**し、もしかして、あのう、こういう話し方は一般的になっちゃった時代だとしたら、むしろ東京弁が悪口に聞こえるかなと <いう >{<}。
G22	<あー >{>}。

（中略）

G21	だから、<少し笑い >、で、一番、うふ、これちょっと極端なんだけど、<少し笑いながら >、その聖典書いたの、その神の声だって書いてあったけど、**別にって、実際神じゃないんですよね**。
G22	あ、はいはい。
G21	神様が書いたものじゃないんじゃない。
G21	<だから、書いた人と >{<}„
G24	<え、一番めは >{>} 【【。
G21	】】その „
G24	人。
G21	解釈があるんじゃないですか?< 笑い >。
G22	あー。

　このように、【例1】では、学習者は文章の内容を批判的に読んで根拠とともに疑問を提起し、そして、それに共感したグループのメンバーとの活発な対話のなかで新たな解釈が加えられ、その批判的な評価はグループ内でさらに深く理解され、共有されたと言えるでしょう。

　上記の例に従って、「疑問点に反論する」(11回目)で学習者が課題シートに提示した「疑問」や「誤り」をすべて分析したところ、計43個の「疑問」や「誤り」が確認されました。これらの「疑問」や「誤り」は、「質問」と「コメント」に分けられます。「質問」は、学習者が理解できないことや理解困難なことについてグループのメンバーに投げかけたもので、10個見られました。「質問」の対象は、語彙、モダリティ、助詞などについての「表現」、文や段落の「意味」などが挙げられます。一方、「コメント」は、学習者が読解のテキストについて疑問に思ったことや誤りだと思ったことで、33個見られました。「コメント」は、文章の「表現」「情報」「論理性」「観点」に関するものが中心でした。このように、質問だけではなく、文章にコメントすることを通じて、学習者が文章の様々な面に対して批判的に考えて評価していることがわかります。学習者の場合、どうしても目標言語で書かれているものが正しいと信じてしまう傾向があり、文章を読んでも質問に留まってしまうことが多いのですが、この授業のスタイルを通じて専門家が書いたものでも誤りがありうるという批判的な姿勢で読めていることが明らかになりました。

また、学習者が「自己との対話」によって課題シートに提示した質問とコメントは
グループ・ディスカッションという「他者との対話」のなかで変化する様子が観察さ
れました。これらの変化を、その変化の質によって「解決」（提起者の問題点が解決
された場合）、「深化」（提起者の解答に他者の新しい観点・解釈が入った場合）、「共
有」（他者が提起者の解答に対して理解や共感を示した場合）、「留保」（他者が提起者
の解答について相づち以外の反応を示さなかった場合）の4つに分類すると、43個の
「疑問」や「誤り」に、「解決」「深化」「共有」がそれぞれ7個、9個、5個確認され
ました。「他者との対話」のなかで約半数の「疑問」や「誤り」が俎上に乗り、参加
者の既有知識や経験に基づく意見のすり合わせが行われ、学習者の元々の「疑問」や
「誤り」が建設的に検討される可能性が示されたと考えられるでしょう。

なお、残りの22個は「留保」であり、4.3で詳しく見ることにします。

4.2 「代替案を考える」（12回目）において

①「代替案を考える」（12回目）の詳細な流れ

「自己との対話」〈約30分〉：

学習者各自は、資料（石黒 2013: 120-122）にある、発話の状況を決める3つの軸を
批判的に読んだうえ、下記の課題を完成させます。

> 【一人でやる作業】まず、与えられた文章を読み、一人でやってください。スマホなど
> を調べたり友人に相談したりしないでください。
>
> 　本書では、状況は、場面、話題、機能の三つが想定され、場面にたいするふさわしさは、
> 「あらたまった」「くだけた」という軸で、話題にたいするふさわしさは、「硬い」「軟ら
> かい」という軸で、機能にたいするふさわしさは、「丁寧な」「ぞんざいな」という軸で、
> それぞれ考えられています。この三分類をよりよい分類（三分類のままでも、二分類でも、
> 四分類でもかまいません）に直してください。

「他者との対話」〈約30分〉：

グループのメンバーとそれぞれの代替案について話し合い、グループの代替案を
作って、下記の課題を完成させます。

> 【話し合ってやる作業】3〜4名のグループになり、場面、話題、機能の三つが想定され
> た状況の三分類を、よりよい分類（三分類のままでも、二分類でも、四分類でもかまい
> ません）に話し合って修正し、状況の分類の決定版を作ってください。

「全体との対話」〈約30分〉:

　それぞれのグループの代表者は代替案を発表し、教師やほかのクラスメートからフィードバックを受けます。

②「代替案を考える」（12回目）における学習者の推論とその推論の変化

　「代替案を考える」の回では、学習者は「自己との対話」において各自が推論した代替案を課題シートに書き、「他者との対話」においてそれぞれの代替案について批判的に話し合い、グループとしての代替案を作りました。その結果、合計で、22個の代替案が確認されました。【例2】に示しているのは、ある学習者が提示した代替案、および「他者との対話」のなかで行われた代替案の変更です。

【例2】

　資料には、発話の状況を決める3つの軸として、場面、話題、機能が挙がっており、この3つの違いによって選ばれる言葉のスタイルが変わってくると述べられています。場面、話題、機能という筆者の3つの軸という説に対して、学習者G11は、課題シートに歳、性別、内・外という代替案の図を描きました。G11のこの代替案は、資料に示された原案とはまったく異なるもので、そこには「全体的変化」が認められます。

　「他者との対話」の時間において、学習者G11の代替案を巡り、次のような対話が行われました。学習者G11の説明を受けた学習者G13は、性別という軸について「これ要らないんじゃないんですか？」と疑問を呈し、学習者G12も「でも、性別が＜あまり関係ない＞」と同調しました。学習者G13はさらに「女、女の子の場合と男の子の場合、何が違うんですか？」と質問をし、たたみかけました。日本語に対するステレオタイプなものの見方では男性語・女性語という性差があるとされますが、実際の若い学生の会話のなかではこうした性差はほとんど見られなくなっているという現実を反映したやり取りが交わされているわけです。こうしたやり取りを通じて、学習者G11は性別という軸を除き、歳、内・外という2軸の新しい代替案に変更しました。このように、学習者G11の代替案は「他者との対話」によって、「自己との対話」時のものと比べてより一般性の高い説得力のあるものに「深化」したと言えるでしょう。

G13	あ、でも、＜そしたら＞{＜},,
G11	＜考えます＞{＞}。
G13	＜これ要らないんじゃないんですか?＞{＜}。
G12	＜ここで #＞{＞}、そうですね、＜それは、どう、これは＞{＜}。
G11	＜はい＞{＞}。
G13	んー、じゃ、歳と、実は＜外の人＞{＜} 〚。
G12	〛＜2次元ですけど＞{＞}、なんか、性別として ,,
G11	＜少し笑い＞。
G12	どういう基準は 〚。
G11	〛基準は自分で、自分に＜とって＞{＜},,
G12	＜そうですね＞{＞}。
G11	あい、相手です。
G12	**でも、性別が＜あまり関係ない＞{＜}**。
G13	＜でもね＞{＞},,
G11	はい。
G13	相手が ,,
G11	はい。
G13	**女、女の子の場合と男の子の場合、何が違うんですか?。**
G13	結局このフォーマルとインフォーマルを決めるのは 〚。
G12	〛＜内、親疎関係と＞{＜},,
G11	＜はい＞{＞}。
G13	うん。
G12	年齢…ですね。
G11	そうですか＜笑い＞。
G13	＜少し笑い＞、え、でもこれはすごく…＜いい＞{＜}。
G11	＜わかりやすかったですか?＞{＞}。
G13	興味深かったですから。
G11	は…ありがとうございます。
G11	以上です。
G13	2つの軸だけでいい、いいんじゃないですか?、だったら。
G11	これだけ?。
G12	え、2つの軸ね、＜X と、X と＞{＜},,
G11	＜あーあー＞{＞}。
G12	Y。
G12	てか…内と外と歳?。
G11	なるほど。

　上記の例に従って「代替案を考える」の回を分析した結果、22 の代替案が確認されました。これらの代替案には、資料で提示された原案からの「拡大」（対象の増加）、「絞り込み」（対象の減少）、「全体的変化」（構造、要素などの全面的な変化）、「局所的変化」（構造、要素などの部分的な変化）、およびそれらを組み合わせた変化が観察されました。こうした多様な代替案から、学習者の創造的な思考がうかがえます。

　また、学習者が提示した代替案は、「他者との対話」を通して「深化」（提起者の代替案に他者の新しい観点・解釈が入った場合）、「共有」（他者が提起者の代替案に対して理解や共感を示した場合）といった変化を見せました。そして、グループのメンバーは、原文の考えと異なる代替案を協働で作っていました。この回においても、

「他者との対話」によって、よりよい代替案の創造を目指す批判的思考は促進されたと考えることができるでしょう。

4.3 「他者との対話」における「留保」

ここでいう「留保」は、学習者の提示した評価や推論がグループの話し合いを経た変化の1つのバリエーションで、グループの他者が提起者の評価や推論などについて相づち以外の反応を示さなかった場合を指します。「他者との対話」の分析を通して、「留保」の多さに気づきました。「疑問点に反論する」(11回目)において22個観察され、約半数を占めており、「代替案を考える」(12回目)においても5つ観察され、1/5強を占めています。

大きくとらえれば、「留保」には、「グループの雰囲気による留保」と、「グループのメンバーによる留保」の2種類が見られます。「グループの雰囲気による留保」は、グループのメンバーが順番で発表していき、意見のやり取りがあまり起こらないという雰囲気のもとで生まれた留保です。「グループの雰囲気による留保」の場合、形としてのグループは存在するものの、留保したグループのメンバーは、それぞれ個人の発表しかしておらず、そこに対話は起きていません。グループのメンバーによって醸成されたグループの雰囲気は、批判的読解授業の効果を大きく左右します。こうした授業を担当する教師には、グループ内の話し合いを注意深く観察し、真の意見交換が行われていないグループを見極めて必要な範囲で介入し、ファシリテートすることが求められるでしょう。

一方、「グループのメンバーによる留保」は、グループの雰囲気が影響したものではなく、問題解決につながる実質的な発話が困難であるとグループのメンバーが判断し、発言を控えた場合の留保を指します。例えば、テキストに書かれた観点やほかのメンバーから出された観点を学習者自身が理解できない場合、理解できても自分なりの考えを持つに至らない場合、問題解決につながる実質的な発話をしないことが予想されます。文法や言葉遣いなどの表現に対するコメントが「留保」になるのは、批判的読解授業の参加者が日本語学習者であるため、日本語母語話者のような直感が働きにくいという可能性が大きいでしょう。「グループのメンバーによる留保」は対話に自然に起こる現象ととらえられ、教師によるその場での介入は特に必要なく、フィードバック・セッションである「全体との対話」で対応されるべき問題でしょう。

4.4 教師が工夫できる点

学習者の批判的思考を促進させるために、これまで述べてきた「自己との対話」

「他者との対話」「全体との対話」といった学習環境をデザインする以外に、読解授業を担当する教師に工夫できることとして、どんなことがあるでしょうか。

① 課題の設定

　まず、批判的思考を育成するには、対話に適した課題設定が欠かせません。具体的に言えば、学習者が対話を通して、批判的思考の認知技能を活性化し、問題を発見・分析・解決できるような課題設定が望ましいでしょう。この章で見たのは、「疑問点に反論する」（11回目）と「代替案を考える」（12回目）のみですが、分析結果が示すように、学習者が提示した評価や推論から、学習者は批判的に読んでいることがうかがえ、学習者が提示した代替案から、学習者は創造的に読んでいる様子がうかがえました。そして、学習者の評価や推論に「解決」「深化」「共有」などの変化が見られたことから、学習者が「他者との対話」を通して、各自の既有知識・経験に基づいた意見のすり合わせを行い、問題解決に向かっていく様子が確認されました。したがって、疑問点を探し、代替案を作るような課題が、学習者の批判的思考の育成に有効であると言えるでしょう。この章で紹介できなかった14回目「課題2：書評を書く」でも、本の内容を論理的・批判的に分析、評価していくことが求められるため、批判的読解授業におけるよい課題となっていました。また、「代替案を考える」（12回目）の課題に似た、書き換えるという課題も有効だと考えられ、その実践例としては、熊谷・深井（2009）が参考になりそうです。

② 素材の選択

　課題の設定に合わせ、素材の選択も重要になります。学習者の批判的思考の認知技能を多く活性化するため、学習者がある程度理解でき、学習者のこれまでの経験とかかわりのある素材が望ましいでしょう。本授業実践で使われた素材は、すでに出版されている社会言語学の新書です。出版されている専門家の執筆したテキストの場合、完成度が高く、そこに疑問点を見いだし、さらに代替案まで示すのは、学習者にとってかなりハードルの高い作業です。事実、そこから疑問点を探し、或いは、テキストにある案に代わる案を作る課題に対し、「無理やりに探した」り（学習者G54のインタビューによる）、内容を巡る深い疑問ではなく、表面的な質問を出さざるをえず、その後の検討にも支障をきたしかねません。この点から見れば、今回紹介した2回の授業の課題設定はよいものの、素材となる文章を見直す余地は残っていると言えましょう。

③ 教師のファシリテーション

最後に、批判的思考の活性を促進させるための教師の役割について触れます。担当教師は、授業全体のデザインを工夫するだけでなく、「自己との対話」で課題を説明する際に、学習者が批判的思考を行うようメタ的に導き、「全体との対話」でフィードバックを行う際に、学習者の考え方を受け止め、学習者の批判的思考を積極的に評価していました。「疑問点に反論する」（11回目）と「代替案を考える」（12回目）を例に取ると、次頁の表2のような教師の発話が確認されています。これらの発話から、教師が積極的に学習者の批判的思考をファシリテートする姿がとらえられます。

また、学習者がグループ活動を行う際に、教師が注意深く観察することも必要です。前述したように、批判的思考の育成には対話が不可欠です。本授業は、「自己との対話」「他者との対話」「全体との対話」から構成されています。これまで見てきたように、「他者との対話」において、学習者間、グループ間には差が見られます。教師として、教室を見渡す場合、意見のやり取りがあまり起こっていないグループがないか、つねに注意を払うべきでしょう。教師が観察する際、グループ内の発話数と他者の反応が有効な指標になります。グループ活動は、各々の解答を順に紹介して終わるのではなく、それぞれの解答に対し、ほかのメンバーを巻き込んで活発な対話を起こすほうが、建設的な問題解決に向かうことは言うまでもありません。グループ内の発話数が少なく、会話があまり活発ではないとき、そして、1人のメンバーが発言しても、ほかのメンバーがそれに反応しないとき、必要な範囲で介入し、適切にファシリテートすることが必要になることもあるでしょう。具体的な方法として、司会役を決めてその役割を果たしてもらうこと（胡・石黒 2018）、教師やティーチング・アシスタント（TA）が入って話し合い方を見せること、メタ的に対話の価値を与えず繰り返し明示していくこと（布施 2018）などが挙げられます。

表2　学習者の批判的思考をファシリテートする教師の発話

批判的思考への働き	教師の発話
導き	ですから、これから話し合いに入ってもらいますけれども、できれば、私に対する挑戦（注：担当教師自身は読解テキストの執筆者である）のつもりで来てほしいわけです。
	つまりは、○○さん（注：担当教師）がこういう文章を書いたわけで、その、えっと、"こういう文章を書いた人を困らせよう。"
	"実は、ここらへん、危ないこと書いてありますよね"、とささやかれると、あのー、私たちは結構、教師というのはびっくりしますし、あの、もっといい水準の授業をしようという期待、ということにもつながります。
	ですから、みなさんにはぜひ、そういうふうな、学問というこの正確さを大切にする、学問につながる発想、そういうふうに先生の、を、困らせるぐらい、びしっと面白いことを言えるような、そういう力を身に着けてほしいと思います。
	で、この本のなかで、実は一番うまくいかなかったと考え、感じてるのが私ここの部分なんです。（中略）そこで、実は、みんなの知恵を借りようかと、思ったんです。
	そこのところを読んで、○○さん（注：著者）が、一生懸命3つに分けたんだけど、この分け方って本当にいいのかな、適切かな、というところですね。
	それで、つまり、書かれてある文章よりも、よ、もっとよい考えを自分たちで生み出そうと、いうことを今日、あの、「創造的に読む」っていうのは、そういうことだと思うんですよね。
積極的な評価	こういう質問があると、読みが深まりますね。
	だから、そのことも含めて、だから上の人だから有標なんじゃないかという指摘は当たってるんです。
	だ、そういうのが、だから、り、そういうことを質問されると理解が深まる、ということです。
	そう言われると、そういうことは全然、あの、考えていなかったわけですけれども。
	じゃ、それは、確かに鋭い指摘ということで（後略）。
	こういう指摘は当然あっていいし、言われたら困るなあと私が思っていたことの1つです。
	あのーまあ、ここも多分言われると思って覚悟をしていたんですが、つまりその、学問的な説明をしようとするときに、比喩、メタファーを使っていいのかという問題があります。
	この、特に、ポイントは、「ウチソト」という観点でしょうかね。
	このところが非常に面白かった感じがしますね。
	あ、「感情」も重要。
	「自己主張」という軸を新たに入れた、っというのは、非常に、これまでない斬新なものだと思います。
	（前略）いうところがこれまでにないところだと思います。
	人間関係の距離感ってのが重要なんだということですね。
	（前略）実はその方がシンプルではないか、という、そういう考え方も当然＜少し間＞私も出るかなと思っていたらやっぱり出たという感じの考え方です。
	一次元で考えたというところが非常に面白い。

参考文献

池田玲子・舘岡洋子 (2007)『ピア・ラーニング入門―創造的な学びのデザインのために―』ひつじ書房.

石黒圭 (2013)『日本語は「空気」が決める―社会言語学入門―』光文社.

石黒圭 (2018a)「ピア・リーディング授業の概要―何を指針に授業を組み立てるか―」石黒圭 (編著)『どうすれば協働学習がうまくいくか―失敗から学ぶピア・リーディング授業の科学―』pp.1-13, ココ出版.

石黒圭 (2018b)「ピア・リーディング授業の考え方―ピア・ラーニングにおける対話とは何か―」石黒圭 (編著)『どうすれば協働学習がうまくいくか―失敗から学ぶピア・リーディング授業の科学―』pp.233-247, ココ出版.

宇佐美まゆみ (2011)「基本的な文字化の原則 (Basic Transcription System for Japanese: BTSJ) 2011年版」(宇佐美まゆみ (2007)『談話研究と日本語教育の有機的統合のための基礎的研究とマルチメディア教材の試作』(平成15-18年度科学研究費補助金基盤研究 B(2) (研究代表者 宇佐美まゆみ)研究成果報告書) 所収の「2007年3月31日改訂版」の2011年改訂版) <http://www.tufs.ac.jp/ts/personal/usamiken/btsj2011.pdf> (2019年8月10日閲覧)

楠見孝 (2011)「批判的思考とは―市民リテラシーとジェネリックスキルの獲得―」楠見孝・子安増生・道田泰司 (編)『批判的思考力を育む―学士力と社会人基礎力の基盤形成―』pp.2-24, 有斐閣.

熊谷由理・深井美由紀 (2009)「日本語学習における批判性・創造性の育成への試み―「教科書書きかえ」プロジェクト―」『世界の日本語教育』19, pp.177-197.

胡方方・石黒圭 (2018)「司会役の役割―司会役はグループ・ディスカッションにどこまで貢献できるのか―」石黒圭 (編著)『どうすれば協働学習がうまくいくか―失敗から学ぶピア・リーディング授業の科学―』pp.127-150, ココ出版.

佐藤慎司 (2004)「クリティカルペダゴジーと日本語教育」『WEB版リテラシーズ』1(2), pp.1-7. <http://literacies.9640.jp/dat/Litera1-2-sato.pdf> (2019年8月10日閲覧)

舘岡洋子 (2011)「協働による学びがはぐくむことばの力―「教室で読む」ということをめぐって―」『早稲田日本語教育学』9, pp.41-49.

布施悠子 (2018)「教師の介入―学習者主体の授業に教師はどこまでどのように介入すべきなのか―」石黒圭 (編著)『どうすれば協働学習がうまくいくか―失敗から学ぶピア・リーディング授業の科学―』pp.179-203, ココ出版.

フレイレ，パウロ (1979[1970])，小沢有作・楠原彰・柿沼秀雄・伊藤周 (訳)『被抑圧者の教育学』亜紀書房.

道田泰司 (2003)「批判的思考概念の多様性と根底イメージ」『心理学評論』46(4), pp.617-639.

道田泰司 (2004)「学びにおける(無)批判的思考に関する覚書」『琉球大学教育学部紀要』65, pp.161-171.

Ennis, R. H. (1987) A taxonomy of critical thinking dispositions and abilities. In J. B. Baron, & R. J. Sternberg (eds.) *Teaching Thinking Skills: Theory and Practice*, pp.9-26. New York: W. H. Freeman.

第13章 学習者主体型の読解の教室活動
：教師がやってみせる「小説の宝探し」の授業実践

大工原勇人

>>>>>

　近年、学習者主体型の教授法が注目を集めています。しかし、いざ実際にやってみると、さまざまな原因で教室活動が思うように進まないことがあります。この章では、「小説の宝探し」という授業実践を例に、教師が「やってみせる」ことによって、教室活動を軌道に乗せ、授業を活性化する工夫についてご紹介します。

1. はじめに

　「小説の宝探し」は、北京市の中国人民大学日本語学科4年生を対象とした日本語精読の授業において、筆者が2012年から行っている活動です。その概略は、90分×週2回の授業で、学期の半分（16回程度）をかけて村上春樹の短編小説「中国行きのスロウ・ボート」を精読し、この小説に隠された「宝」を探すというものです。

◉目　　標	「正解」のない事柄について、問いを立て、仮説を形成することができる。
◉レベル	上級〜超級（中国人民大学日本語学科4年生）
◉時　　間	90分×16回程度
◉人　　数	20名程度
◉資　　料	村上春樹(1980)「中国行きのスロウ・ボート」 （『中国行きのスロウ・ボート　改版』中央公論新社、1997年、pp.7-51）
◉授業の流れ	1.「小説の宝探し」という活動の趣旨を学習者に説明し、参加を動機づける。　　　　　　　　　　　　　　　　　　　　　　　　〈3回〉 2. 学習者が「宝の穴」（小説の読みを深める問い）を探し出す。〈1回〉 3. 学習者が「宝」（2. で立てた問いに対する仮説）を探し出す。〈1回〉　［2セット］ 4. 教師が「宝探し」を「やってみせる」ことで、学習者の成長を促す。　　　　　　　　　　　　　　　　　　　　　　〈1回〉 5. 学習者が教師の代わりに「小説の宝探し」の授業を行う。〈6回〉 6. 学習者が「中国行きのスロウ・ボート」論をレポートにまとめて、クラスで発表する。　　　　　　　　　　　　　　　　　〈1回〉

223

まず「宝」とは何か、また、それを「探す」とはどういうことかを説明します。

> 本を読んでいると、「どうしてこんなことが書いてあるんだろう？」と疑問に思う部分が多々ある。…中略… 大切なのは、立ち止まって、「どうして？」と考えてみることだ。本というのは、そういった疑問を持った瞬間に、そういう疑問を持った人にだけ、こっそりとその秘密を語り始めるものなのだ。

> (平野 2006: 72-73)

> 小説家はどうやって宝物を埋め込むのだろうか。その一つの方法は、肝心の事柄を省略して書かないことである。宝物を埋め込むというより、穴だけ掘ってあると言うべきだろうか。…中略… では、何が埋まっているのか。たぶん、何も埋まってはいない。読者はお好みの宝物を自分で「発見」すればいいのだ。

> (石原 2002: 20-21)

つまり、小説には「宝物」(「秘密」や「肝心の事柄」)が書かれていない場合があることを前提として、小説中で各自が疑問に思った箇所を「宝の穴」と呼び、その「穴」を各自の知識や想像によって埋め、そうやって発見した「宝」(自分なりの解釈)を口頭発表やレポートにおいて論じる活動を「宝探し」と呼んでいます。発見された「宝の価値」は、論の①独創性、②説得力、③分かりやすさの３つの観点から評価します。

この活動の目標は、学習者が小説の精読を通して「自ら問い、考える」能力を高めること、すなわち、課題発見能力と仮説形成能力の養成です。それは第一に、卒業論文執筆を目前にした４年生に「自ら問い、考える」という研究活動の核心を体験させたいからであり、第二に、社会の成熟や情報技術の発達に伴い、「正解」のない事柄について「自ら問い、考える」能力が今後ますます重視されると考えられるからです。

したがって、「宝」を探すとは、あらかじめ用意された「正解」(作者の意図や教師の思惑)を言い当てることではなく、学習者各自が「自分なりの問いと答え」に辿り着くことだ、というのが、この活動の重要なポイントです。言うなれば、「宝」とは、次の引用にある「豊かな誤読」に相当します。

> 「誤読」にも、単に言葉の意味を勘違いしているだとか、論理を把握できていないといった「貧しい誤読」と、スロー・リーディングを通じて、熟考した末、「作者の意図」以上に興味深い内容を探り当てる「豊かな誤読」との二種類がある。

> (平野 2006: 68)

このように、むしろ「誤読」こそが「宝」であり得るとすることで、学習者が「正解」に拘泥せず、積極的に「自ら問い、考える」ことができるよう心がけています。

教材(「宝探し」のフィールドとする小説)は、適度な「穴」(学習者が問いを発する余地)があれば、どのようなテキストでもよく、学習者のレベルや興味に応じて、お選びいただくのがよいと思いますが、ここでは「中国行きのスロウ・ボート」(村上春樹が1980年に発表した自身初の短編小説。五部構成で、主人公「僕」が3人の中国人との出会いを追憶する物語)を用いた実践をご紹介します。この小説は、一読して何を意味するのかがよく分からない謎めいた箇所(=「宝の穴」)が数多くある一方、現代日本を代表する小説家の作品に「中国人」や「中国」をめぐって、どのような「宝」が隠されているのか、という中国人学習者の好奇心を刺激できます。

2. 具体的な活動の手順

この節では、主に2017年度の実践に基づき、「小説の宝探し」の具体的な活動の手順を6つの段階に分けて紹介していきます。

なお、実際の授業では、本文の朗読やプリントを使った語彙・文法の説明と練習も並行して行っていますが、説明が煩雑になるのを避けるために、以下では特に必要な場合を除き、「小説の宝探し」に関連する部分に限ってご紹介していきます。

■第1段階：オリエンテーション〈3回〉

第1段階の目標は、活動の導入として、学習者に「小説の宝探し」の趣旨を理解させ、参加意欲を高めることです。まず、2回の授業で、前節で引用した石原(2002)、平野(2006)の文章(それぞれ2,000文字程度の抜粋を教師が準備する)を読み、3回目の授業では、その内容をふまえた話し合いを行います。

〈1回目・2回目〉「小説の宝探し」に関する文章を読む

進め方	教師の指示と留意点
1. 学習者が石原千秋『大学受験のための小説講義』(筑摩書房、pp.20-25)を読む。(90分)	・「筆者によると『小説を読む』とはどのようなことか」と発問し、学習者に文章の要旨をまとめてもらう。
2. 学習者が平野啓一郎『本の読み方 スロー・リーディングの実践』(PHP研究所、pp.67-74)を読む。(90分)	・文章から読み取れる「『宝の探し方』のポイント」を学習者にまとめてもらう。

225

〈3回目〉「小説の宝探し」の導入としての話し合い

進め方	教師の指示と留意点
1. 教師が「そもそもなぜ小説家は宝を隠そうとするのか」と発問し、学習者がペアで話し合う。(15分)	・この問題には「正解」がないので、できるだけ多くの仮説を出してもらう。
2. 話し合った結果をクラスで発表してもらう。(15分)	・学習者の答えは全て板書する。
3. 教師が「もし自分が作家なら、『中国行きのスロウ・ボート』というタイトルで、どんな小説を書くか」と発問し、学習者が考える。(20分)	・この小説は、"On A Slow Boat to China"という楽曲に触発されて書かれたという裏話(『村上春樹全作品1979〜1989　第3巻』付録「自作を語る」(講談社、1990年))を紹介する。
4. 学習者が4名程度のグループで各自のアイデアを発表し合う。(15分)	・これは小説の内容について学習者が立てる最初の仮説である。
5. グループ内で一番おもしろいプロットを選んで、クラスで発表してもらう。(20分)	・学習者のアイデアを板書する。 ・他にも自分のアイデアを発表したい学習者がいたら、発表してもらう。
6. 宿題として、国慶節の連休(10月初旬)に、「中国行きのスロウ・ボート」を通読しておくよう指示する。(5分)	・意味が分からなくてもよいので通読し、疑問に思った箇所に下線やメモを残しておくように指示する。

【「そもそもなぜ小説家は宝を隠そうとするのか」に対する学習者の実際の答えの一部】

(1) 読み方を一つに決めたくないから

(2) 読者が発見の喜びが味わえるから

(3) 未成年でも読めるように(規制回避)

■第2段階：「宝の穴探し」〈1回×2セット〉

　第2段階の目標は、学習者が「宝の穴」を見つけられるようになること、すなわち、学習者自身が「小説の読みを深める問い」を立てられるようになることです。

　なお以下では、小説の第一部について、第2段階「宝の穴探し」、第3段階「宝探し」、第4段階「やってみせる」の授業展開を説明していきますが、実際には第一部読了後に、第二部についてもこの3つの段階を繰り返します。つまり、第一部(4、5、6回目)、第二部(7、8、9回目)の計2セットを同様のやり方で行います。

〈4回目（7回目）〉「宝の穴探し」

進め方	教師の指示と留意点
1. 教師が「中国行きのスロウ・ボート」の第一部を範読する。（15分）	・語彙や文法の学習が先に済んでいる場合は、学習者に読んでもらう。
2. 学習者はペアで話し合いながら疑問に思ったことを書き出す。（20分）	・「ペアで10個以上」など、ノルマを与えると、活動が活性化しやすい。
3. 学習者は、ペアで話し合い、自分達が書き出した疑問点の中から「宝の埋まっていそうな穴」を1つ選んで、クラスで発表する。（45分）	・学習者が立てた問いは全て板書する。 ・全ペアの発表が終わった後、他にも「穴」があれば、追加で発表してもらう。
4. 宿題（板書した中から「これ」と思う問いを選んで、自分なりに答える）について説明する。（10分）	・次の授業で各自1つ以上、自分が見つけた「宝」を発表してもらうことを伝える。

【第一部について学習者が実際に作った問いの一部】

(1) なぜ「死はなぜかしら僕に中国人のことを思い出させる」のか？

(2) 「僕」が「最初の中国人に出会った」のは1959年なのか1960年なのか？

(3) なぜ、「にわとり」を見た後に、僕は「変化」したのか？

(4) 「僕の中で何かが確実に変化していた」とあるが、何が変化したのか？

(5) 詳しく「脳震盪」の話を書いているのはなぜか？

(6) 「埃さえ払えばまだ食べられる」という言葉が突然出るのはなぜか？

(7) 実際には図書館に入っていないのに「図書館に別れを告げた」と表現するのは大袈裟で変ではないか？

(8) 「にわとりと煙草一本分の距離」とは何メートルか？

(9) 「コマ数の少ない昔のニュース映画」とはどのようなものか？

(10) 「これ以上お互いに分かち合うべき何が存在するのか」という文はどのような意味か？

　以上の作業を通じて、学習者に「宝の穴」を探すセンスを磨いてほしいと考えています。たとえば、上の(1)～(6)は、答えを出すことで小説の読みが深まりそうな問い（＝「宝の穴」）と言えそうですが、(7)、(8)は、仮に答えることができたとしてもあまり読みが深まりそうには思えません。また(9)、(10)は、単純に語句や文の文字通りの意味に関するもので、やはりあまり「宝」の匂いがしません。(1)～(6)のような問いを選び、自らに問うことができるようになるのがこの段階での目標です。

■第3段階：「宝探し」〈1回×2セット〉

　第3段階の目標は、学習者が自分なりの「宝」を見つけられるようになることです。

〈5回目（8回目）〉「宝探し」

進め方	教師の指示と留意点
1. 前回の復習（小説第一部本文と「問い」を再確認する）（25分）	・前の授業で学習者が立てた「問い」をPPT等にまとめておく。
2. 学習者各自が宿題として探してきた「宝」（自分なりの解釈）を4名程度のグループ内で発表し合う。（25分）	・最終的にグループの意見として、①独創性、②説得力、③分かりやすさの観点から特に「価値」がありそうな「宝」を1つ選ぶように指示する。
3. 各グループの代表者がクラスで意見を発表する。（20分）	・学習者の答えは全て板書する。 ・できるだけ学習者の意見を称揚する。
4. 追加の意見や他のグループの意見に対するコメントなどを学習者に自由に発言してもらう。（20分）	・教師が学習者の意見にコメントしてもよいが、あまり批判的にならないように気をつける。

【例：（1）「なぜ『死はなぜかしら僕に中国人のことを思い出させる』のか？」という問いに対する学習者の答え】

 a. 中国人と僕の出会いの過程は人生のようだ。最終到達点は死である。

 b. 第二部に出てくる中国人教師が死んだのではないか。

 c. 戦後日本に残留した中国人は帰国できずに苦しんだ。死んだら帰れるという彼らの故郷への思いが語られている。

　上のa〜cの仮説は、それぞれ発想自体は興味深いものの、まだ論として物足りないところもあります。たとえば、aはどういう意味なのかよく分かりませんし、bも根拠が不明です。またcは、なぜ「僕」が「日本に残留した中国人」の心境を代弁することになったのかも説明されていません。さらにこれらの仮説は、（1）の問いに答えるだけのもので、他の問い（（2）〜（6））とは関係づけられていません。これらの点を改善できれば、さらに「宝の価値」は高まるはずです。

　とはいえ、こうした問題点を正面から指摘するのも避けたいところです。学習者を萎縮させてしまうかもしれないし、学習者主体の理念からしても、教師があれこれ指示するより、学習者自身が能動的に工夫してくれるに越したことはないからです。

　そこで、明示的な批判や指示を避けつつ、学習者の向上欲を刺激し、レベルアップを促す方法が、次節で紹介する「やってみせる」というやり方です。

■**第4段階：「やってみせる」〈1回×2セット〉**

　「やってみせる」とは、教師が学習者と同じ課題に取り組むことで、学習者を刺激し、成長を促すという筆者なりのファシリテーションです。

　それはたとえば、ゴルフのレッスンプロが生徒と一緒にプレーしながらコースを回

るようなイメージです。生徒は普段一緒にコースを回っているアマチュアとは違うプロの「すごいプレー」から何か技術的なヒントを得るかもしれません。あるいは、プロのプレーへの憧れ（ないし対抗心）が芽生え、向上欲が高まることもあるでしょう。

　ゴルフのようなスポーツに限らず、学術においても熟達者が「やってみせる」ことで学習者の意欲や能力が賦活されることはあり得ます。たとえば、筆者が大学院生時代に所属していた神戸大学の定延利之ゼミでは、毎回冒頭で「まだ答えのない問題」が提示され、それについて参加者が議論を交わしていました。学生はいつでも自由に発言することを許されていましたが、先生がご自身の考えをひとしきり話されることもよくありました。また時には、先生が考え込むことも、結局答えが出ずじまいのこともありました。しかし、その「生の姿」こそが私達学生にとってこれ以上ない教材でした。先生は「正解」を「教える」わけではなく、ただ学生同士の議論を「見守る」わけでもありません。リアルタイムで学生と同じ問題に挑んでくださったのです。私達は目の前で展開されるプロの「すごいプレー」に憧れ、見よう見まねで議論し、背伸びしながら研究者として成長できたように思います。

　このように、典型的な教師主体型における教師の役割（「教える」）と典型的な学習者主体型における教師の役割（「見守る」）との間に、教師自らが「やってみせる」という役割もあってよいのではないかと思います。

　つまり、「小説の宝探し」の第4段階「やってみせる」とは、「宝探し」をただ学習者に丸投げするのではなく、教師もまたそこに参加することによって、学習者を刺激し、成長を促すことです。具体的には、学習者による「宝探し」が終わった段階で、教師は「次の時間に皆さんの作った問いに私もできるだけ答えてみます。私と皆さんのどちらがすごい『宝』を見つけられるか勝負しましょう」と宣言するのです。

　このように見栄を切った以上、当然、教師は、「自ら問い、考える」ことの熟達者としての力量を示すべく、全力で準備に取り組み、本気で発表に臨みます。

〈6回目（9回目）〉「やってみせる」

進め方	教師の指示と留意点
1. 教師が、学習者の立てた問いに対して、自説を披露する。（60分）	・教師が提示するのは「正解」ではなく、一つの解釈であることを強調する。 ・一方的な説明にならないように、適宜学習者に問いかけたり、質問を受け付けたりする。
2. プリントを使って、語彙・文法を練習する。（30分）	・「小説の宝」に関する議論を優先して、プリントは宿題としてもよい。

たとえば、(1)の「なぜ『死はなぜかしら僕に中国人のことを思い出させる』の
か？」という学習者の問いに対する筆者の答えは、「『僕』の『父』が日中戦争に従軍
したから」というものです。その根拠は、村上春樹による次の文章です。

　　私の父は昨年の夏に九十歳で亡くなりました。…中略…　大学院在学中に徴兵さ
　　れ、中国大陸の戦闘に参加しました。私が子供の頃、彼は毎朝、朝食をとるまえ
　　に、仏壇に向かって長く深い祈りを捧げておりました。一度父に訊いたことがあ
　　ります。何のために祈っているのかと。「戦地で死んでいった人々のためだ」と
　　彼は答えました。…中略…　そこにあった死の気配は、まだ私の記憶の中に残っ
　　ています。それは私が父から引き継いだ数少ない、しかし大事なものごとのひと
　　つです。　（村上春樹「『壁と卵』―エルサレム賞・受賞のあいさつ―」pp.99-100）

　つまり、「僕」は「父」の記憶を介して「中国」や「死」とつながるという解釈です。
　さらにこれを敷衍して、この小説中の「僕の記憶」は、実は「父の記憶」が混濁し
たものであるという仮説を立てました。本文中にもその根拠となる記述があります。

　　僕の記憶はおそろしくあやふやである。前後が逆になったり、事実と想像が入れ
　　かわったり、ある場合には僕自身の目と他人の目が混じりあったりもしている。
　　　　　　　　　　　（村上春樹『中国行きのスロウ・ボート　改版』p.12）

　このように、「中国行きのスロウ・ボート」を「父の記憶」（＝日中戦争の記憶）の
物語として読み解こうというのが筆者の方針です。詳細は省きますが、この仮説に
よって他の多くの疑問にも答えられます。さらに、このような観点から「中国行きの
スロウ・ボート」を解釈した先行研究は筆者の知る限りないので、独創性や説得力と
いう点で、それなりに「価値のある宝」と言ってよいのではないかと思います。
　しかし、重要なのは、こうして「やってみせる」のは、教師が「正解」を示して、
問いの「答え合わせ」をするのが目的ではないということです。学習者には事前に教
師の仮説に賛成するも反対するも無視するも自由だと伝えています。また当然、筆者
が全ての疑問に答えられるわけではありません。答えられなかった問いについては、
正直にその旨を学習者に伝えます。つまり、「やってみせる」とは、答えという「結果」
を示すことより、教師が問題に取り組む「過程」を学習者の前に曝すことなのです。
　これに対して、学習者からの反応はさまざまです。教師の仮説に賛同し、補完しよ
うとする者もいれば、さまざまな疑問を投げかけ、批判を試みる者もいます。また、

あえて異論を提出し、対抗しようとする者もいます。しかし、いずれにしても教師が「やってみせた」ことに触発されて議論が盛り上がり、活動は以前より活性化します。

■**第5段階：学習者による授業〈準備2回＋実践1回×4グループ〉**

　第5段階は、小説の第三部と第四部について、学習者が教師の代わりに授業を行うというものです。具体的にはまず、学習者を4つのグループ（各5名程度）に分け、それぞれに本文を割り当てます。各グループは、担当箇所の授業を受け持ちます。この段階で筆者は、教師ではなく学習者側（「優等生」という設定です）に回り、他の学習者に混じってペア・ワークやグループ・ディスカッションに参加します。

〈10回目・11回目〉学習者による授業準備／〈12回目〜15回目〉学習者による授業実践

進め方	教師の指示と留意点
1. 学習者がグループに分かれて、授業に向けた準備（役割分担や「宝探し」に関する相談）をする。（90分×2）	・授業についての指示は次の3点。 　ア）授業は、範読、語句の説明、「宝の穴探し」、「宝探し」、「やってみせる」の5つの活動を含むこと。 　イ）できるだけ分かりやすくて、おもしろい授業にすること。 　ウ）授業中に困ったことがあったら「優等生」を活用してもよい。
2. 学習者のグループが授業を行う。（90分×4）	・授業自体の運営よりも、内容の準備に集中してほしいので、厳密な授業時間の制限は設けていない。 ・中途半端に時間が余った場合は、優等生が教師に戻って「やってみせ」たり、授業者に助言したり、語彙・文法の練習などを行うなどして、臨機応変に調整する。

　授業を任された学習者達（以下、便宜的に「授業者」と呼びます）は、基本的には筆者の授業運営を真似しつつも、そこにさまざまな創意工夫を加えてくれます。たとえば、「範読」を授業者による「演劇」に差し替えたり、授業者全員できめ細かい机間巡視を行ったり、授業時間内に学習者が新たに発見した「宝の穴」について、次の授業までに授業者が考えてきて「補講」を行うなどの工夫が見られました。

　授業者の腕の見せ所は何と言っても「やってみせる」部分です。授業者全員で議論して、統一見解をまとめてくるグループもあれば、グループ内が複数の「派閥」に分かれて、それぞれの解釈を発表する場合もあります。いずれにしても、前段階までの比較的気楽な立場から、授業者という責任を伴う立場に変わったことで、より真剣に「自ら問い、考える」ようになり、必然的に論の完成度も高まります。たとえば、小

説に登場する「駒込駅」の歴史や構造を調べて登場人物の気持ちを推測したり、「昔のことを忘れたがっているんだよ」(p.41)という「彼」の台詞から昨今の歴史教科書問題を連想し、私見を述べたりといった興味深い論が発表されました。発表を聴く学習者から驚きや感心の声が上がることもしばしばです。

■第6段階：個人レポート発表会〈1回〉

最後の第6段階は、学習者が各自宿題として、「中国行きのスロウ・ボート」論をレポートにまとめて、クラスで発表するというものです。執筆に関する指示は、①授業で未読の第五部について「宝探し」を行うこと、②資料を参考にした場合は出典を明記すること、③採点基準(独創性30％、説得力20％、分かりやすさ20％、日本語表現30％)の3点で、文字数は2,500～3,000字程度、執筆期間はおよそ2週間です。このレポートは学期の中間試験も兼ねています。提出されたレポートは、教師が採点し、表現の添削と内容に関するコメントを付して返却します。

〈16回目(15回目からおよそ3～4週間後)〉個人レポート発表会

進め方	教師の指示と留意点
1. 小説の第五部を読む。(30分)	・適宜語句や文法の説明をする。
2. 学習者が個人レポートの抜粋を読む。(60分)	・はじめに問いの一覧を提示し、それぞれの問いに対して、自分がどう答えたのかを学習者に説明してもらう。 ・教師も適宜、学習者と同じ問題に挑み、「やってみせる」。

この発表会の魅力は、一つの問いに対して、多くの異論が提出され、議論できることです。たとえば、「おい、ここは僕の場所でもない」(p.49)という台詞について「『ここ』とはどこか」、「どんな気持ちで発せられたのか」などをめぐって、さまざまな解釈が披露されます。こうして学習者全員と教師の解釈を集大成し、クラスの「中国行きのスロウ・ボート」論が完成する発表会は、例年かなりの盛り上がりを見せます。

なお、理想を言えば、学習者がレポートを相互に読み合ったり、学習者に発表を準備してもらったほうがよいのですが、本学では、例年この時期、大学院入試が間近で学習者に余裕がありません。そこで、事前に教師が各自のレポートの抜粋や要約をPPTやプリントにまとめておき、授業では執筆者にそれを読み上げてもらっています。

3. 活動の背景

以上、「小説の宝探し」という学習者主体型の読解の手順と、学習者を刺激するた

めに教師が「やってみせる」というファシリテーションをご紹介しました。

おそらく読者の中には、教師が「やってみせる」ことに違和感をお持ちの方がいらっしゃるのではないでしょうか。というのも、「教師は何もしないのが理想」（石黒2016: 172）と言われるように、一般に学習者主体型の授業において、教師は活動の世話役（ファシリテーター）として学習者を「見守る」ことが重視されており、教師が出しゃばるのはあまり好ましくないことだと考えられているからです。

そこでこの節では、本活動において筆者があえて「やってみせる」ようになった背景をご説明するとともに、その是非について考えてみたいと思います。

2010年に中国人民大学に着任した当初、筆者は学習者主体型の活動が教本通りには機能しないことに悩んでいました。その主な原因は次の3つです。

ⅰ 学習者の不慣れ

多くの学習者はこれまでに自らが主体となって学ぶ学習形態を経験したことがありませんでした。それゆえ、「自分の考えを自由に述べる」、「『正解』ではない他者の意見に耳を傾ける」、「『競争相手』と協働して事を為す」といった「学習者主体型らしい」活動に戸惑いや無関心や反感を示す者がいました。

ⅱ 評価に対する不安

学習者主体型らしい成績評価法に対しても不安や不満が生じました。たとえば、「自分の考えを論じなさい」という「正解」のない試験や、学習者同士の相互評価を成績に加味することについて、客観性・公平性を欠くとの抗議を受けたことがあります。学習者にしてみれば、大切な成績（GPA）が、客観的な正誤ではなく、個人の主観に左右される（ように見える）ことが不安であり、万が一意に沿わぬ評価を受けた場合、容易には受け入れかねるのです。

ⅲ モチベーションの低さ

本学では、日本語専攻の学生の大半が、日本や日本語への関心によってではなく、志望大学に合格するための手段として日本語学科を選択しています。また、入学後も興味が芽生えず、できれば学びたくない、転科したいという態度をあからさまにする者は一部ではありません。このように、学習者主体型の活動の動力となるはずの学びへの能動性は必ずしも旺盛とは言えません。

以上の要因が複合し、活動において、学習者は総じて自分の意見を述べることに消極的で、強引に発表をさせても、一般論やインターネットで調べた他者の説の引用で

「無難に」済ませようとする場合が多く、何より学習者の表情には活動を「やらされている感」が漂い、白けた雰囲気になりがちでした。

こうした状況を改善する手立てとして筆者は、教師自らが活動を「やってみせる」のはどうかと考えました。つまり、活動に不慣れな者には「こうやるのだ」と手本を示し、評価に敏感な者には「このレベルを求めているのだ」と基準を示し、意欲の低い者には「『自ら問い、考える』とはこんなにも楽しいのだ」ということを伝えようと企んだのです。結果として、この企てはかなりうまくいきました。

ちなみに、筆者の専門分野は言語学であり、文学ではありません。当然、浅学非才ゆえの限界はあります。しかしそれも含めて、教師が「自ら問い、考える」姿を見せることには教育的意義があったと思っています。すなわち、学習者に「さすが」と手本にされるにせよ、「賛成できない」と叩き台にされるにせよ、「あれくらいなら自分にもできそうだ」と安心されるにせよ、教師が「やってみせる」ことで、教室活動が活性化し、それぞれの学習者の成長につながったと自己評価しています。

しかしなお、次のような批判があり得ます。「確かに教師が『やってみせる』ことは、活動を軌道に乗せる上で一定の効果があるかもしれない。しかし一方で、学習者を誘導し、思考の幅を狭める危険もある。学習者が『自ら問い、考える』という活動目的に照らしても、教師が『やってみせる』のは可能な限り控えるべきではないか」。

もっともな批判です。また、それは筆者自身が常に危惧しているところでもあります。しかし、それでも「やってみせ」続けているのには、3つ理由があります。

第一に、教師が「正解」を「教えている」わけではないことさえ十分に説明すれば、経験上、教師が「やってみせ」たところで、学習者の自立性を深刻に損なうことはありません。確かに、教師の仮説に影響され、「中国行きのスロウ・ボート」を「日中関係」の物語として読み解こうとする者は少なくありません。しかし、一口に「日中関係」と言っても、筆者と学習者とでは当然、認識や意見や思いがさまざまに異なります。したがって、小説を読み進むに従って、自然と解釈は分岐していき、最終的には、筆者とは全く異なる彼らの「中国行きのスロウ・ボート」論が作られるのです。

また先述のように、教師の説に対してあえて批判や異論を提出する学習者も例年います。たとえば2017年度に印象的だったのは、ある学習者が「先生の説に『洗脳』されるわけにはいかない。私は『女子』という視点からこの小説を解釈します」と笑顔で宣言したことです。もちろん「洗脳」という不穏な言葉づかいは彼女なりの冗談なのですが、「学習者を誘導し、思考の幅を狭める」ことに対する筆者の懸念を吹き飛ばす嬉しい「反抗」でした。

第二に、「教師の解釈を聞きたい」という学習者の要望が少なくありません。2017年度の授業終了後のアンケートでは、「いつも自分の話を聞かせてくださって、ありがとうございます」、「先生がより多く発表していただければ私達はうれしいと思います」、「自分の解釈や理解がかなり大切だと思うが、先生の発想もすごくおもしろいので、みんなのレポートの観点を整理しながら、先生の発想をシェアしてくれるという形式が好き！」といった感想がありました。ちなみに最後の「好き！」というコメントは先ほど「『洗脳』されるわけにはいかない」と宣言した学習者からのものです。

第三に、本音を言えば、仮に学習者の能力養成に寄与しないのだとしても、筆者は「やってみせ」たいのです。初めて「小説の宝探し」を実践した2012年当時の北京市は、尖閣諸島国有化に端を発する反日活動が盛んで、過激な文言が街頭に溢れる「アウェイ」状態でした。そんな中で筆者は「日中関係」をめぐって中国の大学生と率直な意見を交わしてみたいと思うようになりました。それは、教師の立場を利用して彼らを「洗脳」したいということではもちろんありません。否が応でも「日中関係」に振り回されざるをえない、荒波の上の小舟のような立場にいる日本語教師と日本語専攻の学生として「今、自分達は何をすべきなのか」を本音で語り合いたかったのです。つまり、筆者にとって「やってみせる」とは、教師として学習者に手本（ないし叩き台）を示すこと以上に、一個人としての自分を包み隠さず曝け出し、彼らと対話しながら、自ら考えることだったのです。また、この対話を通じて、日本語学科の学生達にも、この問題を「自ら問い、考え」てもらえるならば、「やってみせる」ことには、日本語やその他の能力の養成以上の意義があると思っています。

4. 実際にやってみて

以上、「小説の宝探し」という学習者主体型の読解活動と「やってみせる」という「非」学習者主体的なファシリテーションの組み合わせをご紹介しました。

最後に、2017年度の授業終了後のアンケートから、「小説の宝探し」に対する学習者の感想をいくつか抜粋してみましょう（表記は原文のまま）。

a. 宝探しの時間が楽しいです。皆さんの答えや質問を聞くのがおもしろい。

b. 今後もこのような「面倒くさくて、面白い発表」を後輩たちにやらせてください。彼らにとってもきっとすばらしい経験になると思います。

c. 宝探しのやり方と日中関係の問題に直面することはとてもよかったと思います。とても勉強になりました。ほかの作品も読みたくなります。

d. 「中国行きのスロウ・ボート」のグループ・ワークは個人的に言えばちょっと無理矢理に宝をさがしていたと思います。

e. 正直言って今でも内容やテーマがよく分かりません。もう少し「穴」の少ない文章のほうがいいのではないでしょうか。

　全体的にはa〜cのような好意的な感想が多く、学習者が「自ら問い、考える」活動、そして、そこから生まれる各自の解釈の違いを楽しみ、充実感を得ている様子がうかがえます。また、あえて日中関係に触れる気概も評価してくれているようです。

　一方、dやeのように「教材が難解すぎる」という不満の声もあります。しかし平易な文章を教材とした場合、学習者が「正解」や一般論を志向しやすく、「自ら問い、考え」、「自分なりの解釈」に至るという活動の目的にそぐわないように思われるため、あえて「穴」の多い文章を使って、「無理矢理」にでも「宝探し」をさせています。

　ところで、以上で紹介した「小説の宝探し」について、「学習者が優秀でなければ成立しないのではないか」、「低学年ではどうなのか」、「活動が大掛かりすぎる」などとお感じになった読者の方もいらっしゃるのではないかと想像します。

　確かに、中国人民大学は中国トップレベルの難関校であり、学習者の知的レベルが高いのは事実でしょう。しかし、この活動の核心である「学習者が自ら問いを立て、自らそれに答える」という部分に関しては、工夫次第で、さまざまな教育現場のさまざまなレベルで取り入れることができると思います。

　たとえば筆者は、「小説の宝探し」のミニチュア版として、本学3年生(中上級〜上級)の精読授業において「自分でテスト問題を作る」という活動をしています。これは簡単に言えば「下線部の意味を答えなさい」「下線部における登場人物の気持ちを答えなさい」というような読解問題を学習者が自ら作るというものです。学習者は、テキスト中の意味がよく分からない箇所(たとえば多義的な表現や比喩表現)を見つけ、それに対する自分の解釈をワークシートに書いて提出します。教師は、次の時間までに回収したワークシートを添削し、優れた問題と解答をプリントにまとめて配布して、その問題が期末テストにも出題される可能性があると伝えます。

　この活動の魅力は、「自ら問い、考えることによって、テキストの理解が深まる」ことを実感できる点です。例として、2018年度の授業で『小説　言の葉の庭』(新海誠、KADOKAWA、2016年)について学習者が作った問題を紹介しましょう。

　まず場面を説明すると、主人公「孝雄」は、中学校に入学した時点では「藤沢」という父方の姓でしたが、3ヶ月後に両親が離婚して、「秋月」という母方の姓に変わりました。しかし、学校では途中で姓が変わるのは気の毒なので、卒業まで「藤沢」という姓を使い続けてよいことになっています。次のやりとりは、孝雄が両親の離婚について友人の美帆に打ち明けた時のものです。

「じゃあ、藤沢くんは本当は秋月くんなの？」

「らしいね。親権は母親のはずだから」 (pp.17-18)

　この箇所について、ある学習者が「孝雄はなぜよく知っているはずの自分の家庭の事情についてわざわざ『らしい』という表現を使って答えたのか」という問題を作り、「表面的には平静を装っている孝雄が、内心では離婚を受け入れがたく感じ、母親との間に心の距離が生じていることの表れだ」と答えました。

　このように、教師が事前に考えつきもしなかったすばらしい問題を学習者自身が作り出すことができるのです。この時、学習者はまさに「学びの主体」として自らテキストの理解を深めたと言えるでしょう。

　「自分でテスト問題を作る」活動は20〜30分程度で実施できますので、テキストを読み終わった後や途中で手軽に取り入れることができます。また、ペアでお互いに問題を出し合ったり、グループワークとして行い、どのグループが一番おもしろい問題を作れるかを競い合ったりするといった教室活動も可能です。さらに、学習者のレベルが「自分で問題を作ることはできても、それに答えるのは難しい」という場合であっても、自分が作った問題をグループやクラスで共有して、（教師も含めた）皆で考えるなどの工夫ができます。あるいは、学習者が戸惑い、教室活動が停滞するようなら教師が「やってみせる」のも一つの手です。

　「自分でテスト問題を作る」活動においても、学習者が「すごい宝」を掘り出した瞬間の喜びと感動は、本格的な「小説の宝探し」と何ら変わるところがありません。そして、その喜びと感動は、きっと今後、学習者がそれぞれの分野に進んで「自ら問い、考える」ことにつながるでしょう。ぜひ多くの教育現場で多くの「宝」が発見されることを望みます。

用例出典

新海誠（2016）『小説　言の葉の庭』KADOKAWA.

村上春樹（1997）『中国行きのスロウ・ボート　改版』中央公論新社.

村上春樹（2015）「『壁と卵』—エルサレム賞・受賞のあいさつ—」『村上春樹　雑文集』pp.94-103, 新潮社.

参考文献

石黒圭（2016）「教師は何もしなくていい—学習者が主体的に学べる環境作り—」五味政信・石黒圭（編著）『心ときめくオキテ破りの日本語教授法』pp.170-184, くろしお出版.

石原千秋（2002）『大学受験のための小説講義』筑摩書房.

平野啓一郎（2006）『本の読み方　スロー・リーディングの実践』PHP研究所.

おわりに

　「読む」「書く」「聞く」「話す」という四技能のなかで、もっとも市販の教材数が多いのは「読む」、すなわち読解教材です。その理由は、読解教材がもっとも作りやすく、かつ教師のニーズもあるからです。よさそうな文章を見つけてきて、使用の許諾を著作権者に得て、練習問題と語彙リストをつければ、読解教材はできあがります。教師もそうした1冊があれば、何とか読解授業らしきものを成り立たせられます。もちろん、考え抜かれたコンセプトに基づいて丁寧に作られた読解教材も近年増えてきていますが、安易なコンセプトで作られた教材が多いこともまた事実でしょう。

　私は前著『日本語教師のための実践・作文指導』で、優れた作文教師を育てたいという一念で編集作業を行いました。作文では教材よりも教師が重要であり、それには教師を育てる良質の作文指導書が必要だと感じたからです。作文は、教師が用意するものではなく、学習者自身が書くもので、学習者が書いてきた作文が第一の教材です。その意味で、原理的には作文教材は不要です。学習者の作文力は、優れた教材ではなく、優れた教師が育てます。

　しかし、学習者の読解力も同じではないでしょうか。学習者の読解力も、優れた教材ではなく、優れた教師が育てます。

　もちろん、読むための文章は、学習者が書いたものではなく、教師が探してきたものです。教師の代わりに適当な文章を選んでくれている読解教材は便利であり、だからこそ授業のなかで市販の読解教材が広く使われているのでしょう。そうした市販の読解教材が整っていればいるほど独習が可能になり、読解授業は要らなくなります。読解教材に過度に依存した「ぬるい授業」が横行し、学習者は読解授業に出る意義を失いがちです。

　しかし、優れた教材があれば、読解授業はほんとうに要らなくなるのでしょうか。そんなことはありません。しばしばいわれることですが、語学を学ぶ教室は「教科書を学ぶ」のではなく「教科書で学ぶ」場です。「教科書で学ぶ」ためには、学習者と教師という人間が集う教室が必要です。そのさい考えるべきことは、「教科書で『何を』学ぶか」です。そして、その「何か」とは経験だという結論に、本書の執筆者の一人である藤原未雪さんとの雑談のなかで至りました。藤原さんは「人は経験からしか学ばない」と言いました。至言です。日本語教育の読解授業は、日本語を読むという経験から文章の読み方を学ぶ場です。

読解授業は、語彙知識を教える場でも文法知識を教える場でもありません。そもそも教師が知識を一方的に入れるという意識で臨んではいけない場でしょう。もし読解授業が教えるだけの場であれば、教室も教師も不要です。優れた教材があって、それに沿って学ぶだけで済むのなら、一人で学べばよいのです。

　外国語教育の教室は、学習者がやってみる場です。いろいろ試してみて、失敗してもよい場です。学習者がお互いにやってみたことを見せ、共有し、ときには教師自身がその輪に加わり、やってみせるのが教室です（第13章の大工原勇人さんの実践を参照）。教室という失敗の許される空間で試行錯誤を重ねるなかで、学習者は自分なりのやり方を身につけていきます。

　読解授業でいえば、教室は学習者が読むという経験を積み重ねる場です。学習者が語彙知識や文法知識を使って文章を読んでみる場であり、頭のなかにある記憶と照らして内容を理解してみる場であり、そうして読んで理解した内容と学習者どうしで対話してみる場です。自分でやってみたり、他人がやっているのを見たりして、初めてわかることは少なくありません。

　一人で読む場合、決定的に欠けてしまうのが、やってみたことを対象化・意識化する機会です。やってみたことを対象化・意識化しないと、自分の弱点がわからないのです。作文であれば書いたものが目の前にありますので、まだ対象化・意識化しやすいのですが、読解の場合、読んだ結果が目に見える形を取りませんので、いつまで経っても問題点が改善されずに残ります。だからこそ、読むという過程を対象化・意識化できる教室という空間が重要なのです。

　したがって、教師は、学習者に何を教えるかではなく、学習者に何を経験させるかを明確にして授業に臨む必要があります。そうした意識があれば、読解授業が「教科書を教える」場ではなく「教科書で教える」場、つまり、文章の内容を読む場ではなく、文章の読み方を学ぶ場におのずと変わります。読解授業が自分の読み方の可能性を広げてくれる場であれば、学習者は喜んで読解授業に参加するようになるでしょう。一人では学べないことが学べるのが教室です。

　本書が示した多岐にわたる教室活動をつうじて、「経験する読解授業」の魅力に触れていただけたと思います。本書の内容を糧に、読者のみなさま一人ひとりが自分なりの工夫を加えて魅力的な読解教室を作っていかれることを、執筆者一同、心から願っています。

2019年10月　執筆者を代表して

石黒　圭

索　引

C
Can-do 139
CEFR 139

J
JFL 環境 119
JF 日本語教育スタンダード 139
JSL 環境 119

M
MOOCs 98

N
NPO 型 154
NPO 修正型 154

T
think aloud 法 166

W
WeChat 177

あ
アイカメラ 165
アウトプット 193
暗示的知識 42

い
意図的な語彙学習 40
意味推測 139
意味の再構築 41

う
ウォーミングアップ 122

え
エピソード 43

お
オノマトペ 87
音形 33

か
外来語 35, 66, 84
会話のための文法 60
書き手との対話 170, 172
学習経験 138, 144
学習者主体型 114, 233
学習スタイル 138, 144
仮説形成能力 224
課題発見能力 224
カタカナ語 35, 66, 85
活性化 19
活用形 52
漢越語 82
眼球運動 165
慣用句 37
慣用表現 37

き
記述内容 77
機能語 50, 52, 55
基本語 41
協働学習 103, 105, 118, 138, 144, 168, 207

く
クリティカル・シンキング 206

240

グループ・ディスカッション　121, 132, 143,
　　172, 207, 209, 231

け

ゲーム感覚　199

原因帰属論　164

検索　19, 145, 147

こ

語彙ネットワーク　42

語彙力　30, 40

語彙レベルでの誤読　18

高頻度語　44

誤検索　18

誤読　12, 14, 224

語の推定　142, 145

誤分節　17

コミュニケーション能力　174

固有名詞　36

コロケーション　37, 42

さ

作文のための文法　48, 60

し

ジグソー・リーディング　118, 168, 174

字形　32

自己決定理論　164

自己との対話　121, 170, 172, 209, 211, 215

指示詞　70, 92

事前学習シート　106

社会言語学　120, 132

ジャンル　76

修飾　50

自由読書型　154

主語の省略　51, 89

主語の特定　54

使用言語　132, 133

小説　154, 224

小説・新書型　154

省略　21, 51, 70, 89

新語　40

新書　120, 154, 190, 192, 219

心的辞書　19

す

スキーマ指示サイン　197

スキミング　186, 198

スキャニング　186, 198

ストラテジー　144, 146

せ

潜在力　190, 196

全体との対話　121, 209, 211, 212, 216

そ

速読　186

ソロ　133

た

大規模公開オンライン講座　98

対面授業　109

対話　170, 174, 186, 196, 210

宝　224, 227, 237

宝探し　224, 229

宝の穴　224, 226

多義語　34, 40

他者との対話　121, 170, 172, 209-212, 215

タスク読解　197

立ち読み　186, 188, 190

達成目標理論 164

多読 154

多読用教材 155

ち

中国語母語話者 65

中心義 35, 41

て

テキストからの学習 113

テキストの学習 113

テキストの内容理解 171

と

動画教材 107

同形異義語 65

読書シート 161

読解ストラテジー 98, 146, 210

読解能力 114

読解のための文法 47, 48, 56, 59, 60

トップダウン処理 13, 211

な

内容再生率 165

は

背景知識 13, 76, 142

派生義 35, 41

反省的思考 206

反転授業 98, 187

ひ

ピア・リーディング 28, 118, 170, 207, 210

筆者との対話 211

必要性 145

批判的思考 206, 210

批判的で深い読み 186, 194

比喩的表現 53

評価 145, 147

ひらがな表記 67, 87

品詞 38

頻度 44

ふ

フィードバック 121, 143, 172, 209

複合語 34

付随的語彙学習 145

普通名詞 36

文化的背景 138, 144

文型 47

文型導入 120, 122, 124, 127, 129, 131

文章構成 72, 76, 180

分節 17, 52

文の構造 46, 55, 69, 90

文法 46, 49

文法レベルでの誤読 20

文脈 70

文脈情報 142, 145

へ

ベトナム語母語話者 82

ほ

母語背景 138, 144

ボトムアップ処理 13, 26, 211

本の紹介 163

ま

マインドマップ 109

み

自ら問い、考える 224, 229, 231, 234, 237

未知語 39, 139

め

メンタルレキシコン 19

も

文字列の誤読 15

モニタースキル 27, 28

や

やってみせる 228, 230, 231, 234, 239

ゆ

豊かな誤読 224

よ

予測 190

読み誤り 145

読み飛ばし 22

読みのスタイル 138, 144, 146

り

略語 35, 40

ろ

論理的思考 206

わ

ワークシート 142

分かち書き 17, 33

話題導入 120, 123, 126, 128, 131

執筆者一覧 （五十音順）

◎編著者

石黒 圭 （いしぐろ・けい）　　　　　　　　　　　　　　序章
国立国語研究所 教授、一橋大学 連携教授

◎著者

今村和宏 （いまむら・かずひろ）　　　　　　　　第2部 第11章
一橋大学 経済学研究科 特任教授

烏日哲 （うりじゃ）　　　　　　　　　　　　　第1部 第4章
国立国語研究所 日本語教育研究領域 プロジェクト非常勤研究員、
一橋大学 国際教育交流センター 非常勤講師

王 麗莉 （おう・れいり）　　　　　　　　　　　　第2部 第6章
長春師範大学 外国語学院 准教授

木谷直之 （きたに・なおゆき）　　　　　　　　　第2部 第8章
国際交流基金 日本語国際センター 専任講師

熊田道子 （くまだ・みちこ）　　　　　　　　　　第2部 第9章
東京外国語大学 留学生日本語教育センター 非常勤講師

胡 方方 （こ・ほうほう）　　　　　　　　　　　　第2部 第7章
洛陽師範学院 外国語学院 講師

佐藤智照 （さとう・ともあき）　　　　　　　　　第2部 第8章
島根大学 学術研究院教育研究推進学系 准教授

朱 桂栄 （しゅ・けいえい）　　　　　　　　　　第2部 第10章
北京外国語大学 北京日本学研究センター 准教授

鈴木美加 （すずき・みか）　　　　　　　　　　　第2部 第9章
東京外国語大学 大学院国際日本学研究院 教授

砂川有里子 （すなかわ・ゆりこ）　　　　　　　第2部 第10章
筑波大学 名誉教授

大工原勇人 （だいくはら・はやと）　　　　　　第2部 第13章
中国人民大学 外籍教師

野田尚史 （のだ・ひさし）　　　　　　　　　　　第1部 第3章
国立国語研究所 教授

244

藤原未雪（ふじわら・みゆき）   第1部 第2章

　元国立国語研究所 日本語教育研究領域 プロジェクト非常勤研究員、
　武蔵野大学大学院 言語文化研究科 非常勤講師

ポクロフスカ オーリガ（Olga Pokrovska）   第1部 第1章

　元キエフ国立言語大学専任講師

蒙 韫（Meng Yun）   第1部 第4章

　国立国語研究所 日本語教育研究領域 プロジェクトPDフェロー

築島史恵（やなしま・ふみえ）   第2部 第8章

　国際交流基金 日本語国際センター 専任講師主任

楊 秀娥（よう・しゅうが）   第2部 第12章

　中山大学 外国語学院 准教授

Dang Thai Quynh Chi（ダン・タイ・クイン・チー）   第1部 第5章

　フエ外国語大学 講師、
　国立国語研究所 日本語教育研究領域 プロジェクト非常勤研究員

Nguyen Thi Thanh Thuy（グエン・ティ・タイン・トゥイ） 第1部 第5章

　元ハノイ国家大学外国語大学 講師、
　元国立国語研究所 日本語教育研究領域 プロジェクト非常勤研究員

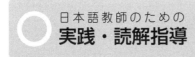

2019年11月27日　第1刷発行

編著者	石黒 圭
著者	今村和宏，烏日哲，王 麗莉，木谷直之，熊田道子，胡 方方，佐藤智照，朱 桂栄，鈴木美加，砂川有里子，大工原勇人，野田尚史，藤原未雪，ポクロフスカ オーリガ，蒙 韞，築島史恵，楊 秀娥，Dang Thai Quynh Chi, Nguyen Thi Thanh Thuy
発行人	岡野秀夫
発行所	株式会社くろしお出版 〒102-0084　東京都千代田区二番町 4-3 TEL 03-6261-2867　FAX 03-6261-2879 URL http://www.9640.jp e-mail kurosio@9640.jp
印刷所	シナノ書籍印刷
装丁	工藤亜矢子（OKAPPA DESIGN）
イラスト	村山宇希（ぽるか）

© 2019 ISHIGURO Kei, Printed in Japan
ISBN978-4-87424-816-4 C0081

乱丁・落丁はおとりかえいたします。本書の無断転載・複製を禁じます。